大方廣佛華嚴經

八十華嚴講述 ❷

世主妙嚴品

【中冊】

夢參老和尚主講

方廣編輯部整理

目錄

凡例

本書的科判大綱是以〈華嚴經疏論纂要〉為參考架構，力求簡要易解，如欲學習詳密的科判，請進一步參考清涼國師〈華嚴疏鈔〉與李通玄〈華嚴經合論〉。

書中的經論文句，以民初鉛字版《大方廣佛華嚴經》（方廣校正版《八十華嚴》）暨〈華嚴經疏論纂要〉為底本；惟華嚴經論的名相用典，屬唐代古雅風格，與現代習慣用詞大相逕庭，尚祈讀者閱讀之餘，詳加簡擇。

凡書中列舉的傳說典故，係方便善巧，以得魚忘筌為旨趣；有關文獻考證，僅在必要處以編者按語方式，註明出處。

夢參老和尚主講之〈八十華嚴講述〉正體中文版DVD光盤，業已製作完成，流通日久；惟影像的講經說法與書籍的文字書寫，呈現方式有所差異，為求義理結構的完整敘述，書中文字略經刪改潤飾，如有誤植錯謬之處，尚祈不吝指正，是為禱！

方廣文化編輯部 謹誌

世主妙嚴品

【中冊】

○得法讚佛

◎欲界諸天衆

他化天十法

以下就講六欲天，六欲天的解釋較少。過去的祖師，像清涼國師在〈疏鈔〉上，還把諸天略微解釋了一下，〈合論〉就不解釋，大家知道涵義就行了。這都是顯示來這裡聽法的大衆，或者來參加華嚴法會的聞法大衆，表現他們的功德而已。

他爲什麼能夠進入這個法會？能夠參加華嚴法會呢？因爲我們在末法的時候，只能學習、持誦，像這些天王所進入的境界，我們還不可能。他們證得這些法門，就知道這些天王不是天王，證明他們是菩薩化身，這叫寄位顯勝，寄著天王的位，顯他殊勝的菩薩事業，以下的六欲天也如是。這是欲界天衆，前面講的都是梵天，以下是他化自在天。

復次自在天王。得現前成熟無量衆生自在藏解脫門。善目主天王。得觀察一切衆生樂令入聖境界樂解脫門。妙寶幢冠天王。得隨諸衆生種種欲解令起行解脫門。勇猛慧天王。得普攝為一切眾生所說義解脫門。妙音句天王。得憶念如來廣大慈增進自所行解脫門。妙光幢天王。得示現大悲門摧滅一切憍慢幢解脫門。寂靜境天王。得調伏一切世間瞋害心解脫門。妙輪莊嚴幢天王。得十方無邊佛隨憶念悉來赴解脫門。華光慧天王。得隨眾生心念普現成正覺解脫門。因陀羅妙光天王。得普入一切世間大威力自在法解脫門。

這十天王都是他化天的天王，他化天是六欲天的最高層。四王天、忉利天、夜摩天、兜率天、化樂天、他化天，這十個天王他們得到佛的境界，能悟入佛的境界、證得佛的境界，化度眾生的方便善巧都能得到了，所以叫藏。藏是含藏義，含藏了能成化眾生，說法利益眾生、化度眾生，這是第一個天王。

第二個天王，他觀世間的快樂相，樂跟苦是相對的，應該捨這種快樂相。觀世間一切快樂的體，體無相故，觀世間快樂的性體，入佛的聖境、聖人的快樂，究竟成佛了，那也無快樂可言。樂是對苦說的，苦是因，樂是果，那麼我們世間要離苦得樂，知苦了就慕滅修道，就先把因斷了。集是因，苦是果。

你羨慕道，得修，道是可修性，完了證入寂滅的果，那才是真正的樂。在你修樂法的時候，斷一切疑惑，修起正知正見的法門。這是第三個天王。

第四個天王，這個天王所表現的，普攝諸意，徧一切時，徧一切處，爲一切衆生說法。說什麼法呢？說離苦得樂的法，離苦就不要召集苦因，要想得快樂果就要行道，道是樂的因，樂是道的果，集是苦的因，離了集，就沒有苦了，那苦就是集的果。這個裡頭含著兩重因果，一個世間因果，一個出世間因果。

第五個、第六個天王，示現的是大慈大悲。因爲一切衆生都是貢高我慢的，總認爲自己了不起。要摧伏心裡的我慢思想，慢有十種。不論行爲、語言本來就不及別人，還認爲比別人強，這叫慢過慢。我看《阿Q正傳》，阿Q的精神，人家打他，他打不過人家，不能跟人家打，沒有體力，他心裡頭難過，但是他有他的想法：「這是兒子打老子。」經他這麼一想，高興了，這叫慢過慢，本來不及人家，他還認爲比人家強，就是這個涵義。

這些天王所證得的，都是在世間上的，是我們日常生活當中常具的。大悲心得有力，這個力是從哪來的呢？是從智慧來的。以後到〈淨行品〉、〈菩薩問明品〉，講的都是這些問題，前面只是表述一下子，所有這些天王：梵天、六欲天他們所表現的、各個天王所表現的，他們所證得的法門，在經文裡頭都要一個一個講，這是別說。爲什麼叫示現呢？像第六天王，得示現大悲門、摧滅一切憍慢幢解脫門，他僅僅是這一個法門，每個天王所表現的僅僅是一個法門。佛說的法無量、無盡，每個天王所證到的只是佛的一分，無量之中的一分。就只解釋一個大悲法門，經典上所說的好多，各個不同的，我們強調觀自在菩薩是大悲，地藏菩薩、文殊師利菩薩就沒有大悲了嗎？不是這樣的，他專修這一法門。學教的人就不坐禪了嗎？學禪的人就連一點教理都不學嗎？不是這樣的意思，他是偏重他所主修的，輔助的就不說了，學法要理解這麼一個涵義。這說的是示現，示現不是眞實的。

第七個天王，以智慧光照諸世間，令離三毒的苦。智慧光所證得的，調伏一切世間瞋恨心。前面是慢，這個是瞋恨心，瞋恨心感的果是惡趣的果，「瞋癡障重」，瞋是愚癡，也就是煩惱特別重的，對人、對一切衆生，瞋恨心重的，乃至不止對有情說，對無情的，他自己跟自己發火。或者他的日用物品，用的不高興了，他對物品發火；有些人摔碗、砸筷子，乃至吃飯、生活用具，不高興把它丟了、把它砸了；有些人看著衣服不高興把它扯了，把瞋恨心都用到物質上，這是瞋恨心特別重的，屬於瞋毒。這個只是指瞋，沒有舉其他的，調伏一些瞋恨心特別重的，叫瞋害。

第八個天王，他得到念佛三昧，他念十方一切諸佛、無邊諸佛，我們不是普徧都憶念，憶念一佛，一佛即一切佛。在我們這個世界，現在憶念阿彌陀佛的多，因爲這個是最善巧方便了，能得到加持。憶佛、念佛，必定見佛。他這個說是十方諸佛，隨念一佛都可以，念佛三昧純熟了，念佛念到三昧。念佛念到三昧，自然而念的，只要說到三昧，有正知、正見、正定，都叫三昧。念佛念到沒有能念，沒有所念，也沒有極樂世界，也沒個娑婆世界，這叫三昧，這是正知正見了。生即無生，無生而生，隨念哪一方佛都可以，這個娑婆世界你自然就捨棄了，極樂世界自然就得生了，這是最上乘的念，頓念無生，生到極樂世界就是菩薩。

有很多念佛的人觀想力不強，生到極樂世界是下品下生；如果還有點兒懷疑，也能生，依佛的加持力，生到邊地疑城，沒到蓮華池裡頭去，到邊地疑城再修，直至沒有疑惑了再進入蓮華，在那兒受生。決定生有很多種類，你若念〈普賢行願品〉能生到極樂世界；你念十方諸佛，憶念佛的時候，沒有能念所念，也沒有個能生所生。能這樣生到佛的頓悟無生，那是菩薩位了，他是有品級的，無論功力如何也能生。

現在我們講的這段是十方一切諸佛。《華嚴經》裡頭的那些佛，你跟哪個佛有緣？《地藏經》中，地藏菩薩說佛的功德，舉了很多的佛，能消好多的業，隨念一佛名都可以，念佛不是專指著念阿彌陀佛，念十方諸佛都可以。若你只念毗盧遮那佛，你就生華藏世界，那也是一樣的。看你跟哪個有緣，你念哪個能生歡喜心，念佛憶佛一定能見佛。這個是普入一切世間大威力自在法解脫門。這是他化自在天第八個天王。

第九個天王，得隨衆生心念，普現成正覺解脫門；第十個天王，得普入一切世間大威力自在法解脫門。這兩個天王所思惟的、所修的，是相同的。一個應念的現在成就，一個是普入的，寂用自在的調伏衆生。先把這個十個天王大致地總說了一下。每個天王到這個法會來都要讚歎佛。以下是他們所讚歎佛的頌。

爾時自在天王承佛威力。普觀一切自在天衆。而說頌言。

佛身周徧等法界　普應衆生悉現前
種種教門常化誘　於法自在能開悟

「佛身周徧等法界」就是說佛的化身、法身，沒有說報身。佛的化身是因爲佛的法身徧一切處，化身才能徧一切處。哪個衆生有因緣的，應以何身得度者，佛就現什麼身來教化，來誘導你。因爲佛於法自在故，能使你聞法悟解。我在沒講課之前，看了〈華嚴五祖略傳〉，從初祖杜順和尚到五祖圭峯大師。華嚴的五祖都生在唐朝，一共二百多年，他們都是菩薩。這些天王都能示現各種身，爲什麼現在沒有了呢？是我們衆生的業。

佛身周徧，法界無時不現，我們經常說業障，是我們作的業障住了。不過現在還好，我們還能見到《華嚴經》，還能見到佛所教授的經典。從五〇年到八〇年，在大陸上你看不見佛經了，一九八〇年之後才漸漸開始恢復。

我記得圓拙法師倡印《地藏經》。他有個師兄從印度尼西亞回來，修建莆田廣化寺。他認為江蘇、浙江這地方信佛的多，印的《地藏經》用船運去了，全給扣了。經過交涉，一直快到一九九〇年，才把扣的經發還了。這得有因緣，沒有因緣見不到的。現在看經很方便，又開始恢復了。因此，某一個時期、某一個階段，我們自己的業，所作的業障住了。障住就隱了，隱了並不是這部經毀滅了，緣沒有了。緣沒有了，你想學習，學習不到了。緣具則成，緣隱就不現了。當你學的時候很容易，沒有什麼困難，當失落的時候，你想求非常難。

所以佛本身所說的法，說的言語，形成文字所留下的，是普應的，普現的。有緣得到的時候，我們感覺著好像沒有什麼困難，當你無緣失掉，再想得的時候非常地困難。世間財富也如是，你的福報也如是，一切法你都作這樣理解。這不是世間上講的運氣，這不是運氣，而是錯綜複雜的因果。為什麼這麼錯綜複雜呢？因為我們造因的時候非常地複雜，一念善念、一念惡念，善惡交雜。

這點一定要信，先信自己的性體跟佛無二無別，因為這些天、這些大菩薩，都是一分一分證得的，經由他們證明了，一定得信。我們每天的心念，善善惡惡，退退進進，善心所發生了，成長了，勇猛了：打七、念佛、修行，非常地精進，但不能堅持，堅持不到好久又退下來了，又懈怠了，那就等因緣吧！

為什麼修行要經過那麼多劫？一念間開悟了就成了，那一念間怎麼來？怎麼得到那一念間？所以說佛的身是徧法界的。佛經常在衆生面前現，可是我們見不到。

過去的祖師，這種例子很多。當你修行精進的時候，佛菩薩雖沒有現前，你的心裡頭是歡樂心、精進心，等你的宿障一來一懈怠，又不曉得要經過好多年，那就發不起心來了。所以說佛所現的身是周徧法界的，他能應衆生的機，機沒有也就不現了。所以佛教化我們是自在的；但是我們受教育者，受佛的薰陶者不自在，因爲你作不了主，自在不了。

世間所有種種樂　聖寂滅樂為最勝
住於廣大法性中　妙眼天王觀見此

什麼快樂最快樂呢？成佛最快樂。聖寂滅就是成佛了，成了佛是最快樂的。快樂到什麼程度呢？非常的自在，也是最殊勝的，在一切法能得自在。例如說，刀山火海，證個二果的、證個四果神通的人，乃至一個住位菩薩他能得自在，一切都是屬於世間相，束縛不了他的，他就能自在。我們不行，到那兒就恐怖了，就痛苦了。現在我們所處的這個時候是五濁惡世，我們很不自在，冷了熱了，就不自在了，身上不適應了。所以成佛最快樂。佛用種種的法門來誘導，誘是引誘你，讓你信佛，讓你入佛門。入了佛門，在一切法上，一切事物當中你都能得自在，得自在就是明白一切法如夢幻泡影，你就自在了。世間所有的種種樂，成佛是最殊勝的，一切法自在了。

如來出現徧十方　普應羣心而說法
一切疑念皆除斷　此妙幢冠解脫門
諸佛徧世演妙音　無量劫中所說法
能以一言咸說盡　勇猛慧天之解脫

這意思跟前頭一樣的，連清涼國師都不加以解釋的，讓你自己去體會。

世間所有廣大慈　不及如來一毫分
佛慈如空不可盡　此妙音天之所得

世間所說的慈悲，給眾生的快樂，跟佛來相比，連佛一分的毫毛都沒有。佛的慈悲像虛空一樣的，徧一切處，徧一切時，永遠不可盡的。這都是形容詞，無法形容，就用世間相來形容佛的大慈。我們得到沒得到呢？講佛的大慈大悲，說我們現在有沒有享受到呢？我們現在都在享受佛的一分白毫相光的福德。在其他經上說，佛留一分白毫相光的福德給末法的眾生。

法將要滅的時候，人在福中得知福，如果看看報紙，看看電視，看看這個世界人過的什麼日子？再看看我們佛弟子過的又是什麼日子？你的福報已經很大了，享受得很多了。像我們這一代的，那時候出家的師父們，受了好多苦難，包括密宗的喇嘛，包括大陸的和尚，從五〇年到八〇年，這三十年受了好多苦難。你們的福報大，來的晚一點，苦難的時候你沒有趕上，好的時候你來了。別不相信。不愁吃，不愁穿，一天在這裡修道，修道是爲你自己了生死，你得到快樂了，跟人家有什麼關係？

如果會迴向的，有點菩提心的，行菩薩道的，他自己在這裡修行的功德，他知道捨給別人，供養那些衆生。別人不想，想你六親眷屬，你出生在瀋陽的，出生在哈爾濱的，出生在浙江的，出生在江蘇的，你給那地區迴向。你別認爲是空的，這可是眞實的。我們講這都是空的，空的才能通。你別光想自己在這裡享安樂，莫管他人的幸福。你若是這樣觀想，學經的目的是什麼？利益衆生。佛是最殊勝的，我們跟佛比，我們是最下劣的，一點也不殊勝，最下劣的這一點也夠衆生享受，你要去做。當然常住規定有常住的規定，可是你自己上殿過齋堂的時候也得念吧？給衆生祈禱吧？那你就是行菩薩道，鍛煉行菩薩道。懂得這個涵義就行了，要認識苦樂。

現在我們在這個世界上，比起那個受苦難的，生在水深火熱當中的，我們是很快樂的，沒有一點逼迫的痛苦。你不認得沒有關係，可以比較。過去有這麼一句話，不怕不識貨，就怕貨比貨，貨跟貨一比，你知道這個是壞的，這個是好的。

我們行菩薩道，要把甚深的運用到最淺的地方來，運用到你現在的生活當中來，你得到好處了。講這些甚深的道理，像佛的境界，天王證得佛的境界了。我們能如是做，做一分算一分。這一分跟佛相等，就是一分成佛。十分相等十分成佛，一百分相等一百分成佛，完了達到究竟成佛。學習的時候、聽法的時候就是鍛鍊你的行。怎麼行呢？常時不忘眾生，常時念佛是上求，常時不忘眾生是下化。我們這是上求下化，這就是我們的本名字，叫什麼呢？比丘，比丘翻什麼呢？乞士，是個乞討的人。我們乞食，本來是到外頭化緣的，挨家挨戶去要，中國漢地的和尚福報大，不化緣了，那個時候我們的風俗，化緣也沒人給你。最初是由國家供應，佛法傳開了，就由道友供應，由弟子供應。

國家供應有時候會生障礙，我們舉北京京西潭拓寺（按：「拓」或作「柘」）爲例，先有潭拓寺後修北京城。從北魏時候就有潭拓寺，潭拓寺北京西郊的一共有八縣，現在都隸屬於北京市，八縣的土地多分都是潭拓寺的。和尚福報大，吃的不愁，有八縣的土地，那時自己不用去種，有佃農，租給人家種。七處開梆，九處上殿。吃飯的有七處齋堂，上殿的有九個大殿。潭拓寺有這麼大，這是佛的福報，讓末法眾生來享受。現在沒有那個福報了。

你懂得這個道理了，就把極深的運用到極淺的地方。這不是個人的力量，這叫共業。來普壽寺，這是普壽寺的共業；我到靈隱寺講《金剛經》，靈隱寺有靈隱寺的共業；上海那些廟，有那些廟的共業。在這個寺廟能住下去的，就是這個寺廟的共業，其他的僧人到這個廟住不下去，種種的因緣你住不進去。普壽寺也如是，這是女衆。南海普陀山、安徽九華山，各有各的業，各有各的因緣。自有因緣莫羨人，不要羨慕別人，各有各的因緣，我們現在是共業，不要羨慕別人，在一個寺院裡的共業，這也都是業。這是什麼業呢？善業。現在中東地區天天打，到處炸，沒有一天的安靜，這是他們的共業。各各地區是各各地區的共業。你若是跟那個地區有緣，都會趕去受。像日本人、義大利人、西班牙人，他們趕到那兒去受。你有業，想躲也躲不脫。怎麼躲得脫呢？懺悔。

佛教我們一些方法，看起來好像跟經文不相合，其實經文說的就是這些事，他們怎麼成就的道業。這些天王爲什麼不寄位到人間來呢？人間來他沒有這樣說，人間的菩薩很多。《華嚴經》所舉的這些天王，他們自己實證，這樣修成了，也得到了。你修吧！你修你得，他修他得，過去俗話說「公修公得，婆修婆得」。不修的，你得不到。不要一定認爲我坐那念佛，坐那參禪，坐那讀經才叫修行。你怎麼樣約束你的心，一天想什麼、做什麼，這就叫修行。善用其心！把你的心約束好、管好。經上告訴我們怎麼樣去除煩惱，怎麼樣斷我慢，怎麼樣去貪。這些天王都是這樣來的，六欲天也如是。

一切眾生慢高山　十力摧殄悉無餘
此是如來大悲用　妙光幢王所行道
慧光清淨滿世間　若有見者除癡暗
令其遠離諸惡道　寂靜天王悟斯法
毛孔光明能演說　等眾生數諸佛名
隨其所樂悉得聞　此妙輪幢之解脫

這一共有三個偈頌，清涼國師告訴我們，隨著文都能理解，就不解釋了。

如來自在不可量　法界虛空悉充滿
一切眾會皆明覩　此解脫門華慧入

這段文字略微的顛倒一下，前面都是菩薩在前，解脫門在後。這個偈頌相反，「此解脫門華慧入」，天王名字擱到後頭去了。這沒有關係。

無量無邊大劫海　普現十方而說法
未曾見佛有去來　此妙光天之所悟

這是他化自在天的十天。六欲天，我們不解釋了，清涼國師也沒有解釋。知道名字，知道他的大意，參學一下就行了。

化樂天十一法

復次善化天王。得開示一切業變化力解脫門。寂靜音光明天王。得捨離一切攀緣解脫門。變化力光明天王。得普滅一切眾生癡暗心令智慧圓滿解脫門。莊嚴主天王。得示現無邊悅意聲解脫門。念光天王。得了知一切佛無盡福德相解脫門。最上雲音天王。得普知過去一切劫成壞次第解脫門。勝光天王。得開悟一切眾生智解脫門。妙髻天王。得舒光疾滿十方虛空界解脫門。喜慧天王。得一切所作無能壞精進力解脫門。華光髻天王。得知一切眾生業所受報解脫門。普見十方天王。得示現不思議眾生形類差別解脫門。

這是六欲天的第五天，前頭是六欲天的第六天。這是化樂天，前頭是他化自在天。化樂是自己變化，變化使自己快樂，也就是自作樂。他化自在天就高級了，自己不做，自己的福德所感，自然形成的。一切的樂器是化美，自然出現，叫他化。這個化樂天是自化。開示一切眾生，知道是業所感，業用。化也是沒有實體的，變化有什麼實體？那是化的，他化也好，自化也好。但是，他有個作用，化是有利的，有業，諸業從緣起，緣起無自性。雖然沒有自性，所報不亡。就是你所造的業要感果報的，果報不會亡失的。成了道，修行了，報還是有的。你在報上自在了，你受報的時候，不感覺是苦，等於遊戲三昧。像諸佛度眾生，他度眾生要示現眾生，度畜生要示現畜生。畜生道牠苦，佛是示現的不苦。

地藏菩薩在地獄度眾生，地藏菩薩他苦嗎？他了知地獄如幻，沒有。但是眾生不行，這是讓我們理解這個涵義。肉體一樣的，也要生病，也不自由，佛法把你熏陶了，你得到了，不是證得了，而是你明白了，瞭解了，起碼那苦就減半了。他在苦中不苦了，沒有苦的象徵，沒有苦的逼迫性。那他在樂呢？樂，他也不樂了，他也沒有樂的象徵，也沒有樂的享受。懂得這個道理，你就知道業果雖然不失，但是業的作用不起了。對你來說，業的作用沒有了，因爲你在這上頭已經解脫了，解脫了就是不去執著他。

苦是一種逼迫性，你把這個逼迫性撤銷了，沒有感覺到逼迫。比如我們舉個小小的例子。有的人跟我說：「師父呀，不吃肉還能活嗎？」我說：「不吃肉就不能活嗎？我們好多在家居士，優婆塞、優婆夷都吃素，他們照樣活著，活得還很愉快。」他不敢信佛，是因爲怕吃素，吃素是最苦了；我們感覺到不吃肉是苦嗎？我們感覺到腸胃很好的，沒有什麼毛病。特別是像我得了癌症，開過刀的，如果吃葷的話，不但活不長，如果我到這裡頭來，大家聞到，簡直是臭的要死。控制不了，它一天在流。吃葷的沒辦法控制，我們吃素的無所謂，少吃一點，吃多了負擔重，少吃點更好。

少吃就沒精神了？我看我還是有精神，快九年了。主要是思想的問題，要殺眾生的命，來滿足自己，口裡面吃什麼東西，到腸胃裡都一樣。但是他認為不吃肉類，不吃葷，苦的不得了。但是我們四眾弟子，優婆塞、優婆夷，在我們廟裡頭，現在要吃葷，我們反倒看成是最苦的了，你消化不了。第二個那個味道你聞不了，也受不了，吃葷的，你打個嗝，差不多這個屋子裡都有味道，臭得不得了。這就是眾生的執著、習慣。

你學甚深的法，要用最淺的生活去理解，爲什麼他不能斷葷呢？他有業。那個牽纏的，變雞變豬了，他要還債。討債又欠債，欠你的只是一隻腿，你把牠全身都吃了，那你欠牠的債，還吧！以前的蒙古王叫德王，他一頓要把羊吃一半，有的人說是全羊，一頓吃一隻羊，說那福報眞大！我說是造業，哪是福報？那不是造業嗎？得還好多命債。

這個法很深，你可以從淺處講，讓他可以體會嗎！我們講這部經，自性上沒有，緣起就有了，緣起就是業嗎？性體沒有。當你沒悟得性體，你在緣起法的過程當中，一切因果都存在的，躲也躲不脫。「假使百千劫，所作業不亡，因緣會遇時，果報還自受。」你若是能夠悟得了，證得了，幻化空身即法身，幻化身所作的業不存在的。那幻化身所作的業不存在，幻化身還報也不存在。

幻化身還報的時候，你不感覺到有痛苦，因爲業是幻化的，能受跟所受，空的。這就深了。你用《華嚴經》意思來理解這種重重無盡的道理。業是從緣起，緣起無自性。無自性故，所報還要自受，都不亡的。諸天所講的，不論從這個六欲天、梵天，我們是一天一天講的，涵義是一個。生起變化的事物，它的本體、性體是沒有的、虛妄的，但是它有作用的力量。業種從緣起，無性的。雖然是無性的，業所受的報，亡失不掉的。爲什麼呢？你若是攀緣，一切惑的病苦就在你的心跟你所得的境。你捨掉了攀緣的心，離開攀緣的境，那業就當然不存在的；你有攀緣的心，有攀緣的境界相，這就都存在。現在我們講的是華嚴義，在性體上說這一切都是空的。但是你怎麼用你的心，在文殊師利菩薩答覆智首菩薩問的時候，「善用其心」，成就了，那解脫了。解脫了，還報的時候也是解脫。在你受苦的時候不是苦，苦樂原無本，沒有個依止處，緣起是空的。空的，你受嗎？也不感覺什麼，不感覺苦樂了，是這個涵義。

第二個天王，他能開示一切變化力的解脫門。什麼變化力呢？業的變化力，他得著這種解脫，因爲他知道一切法，知道一切法的福德之相，得到清淨慈悲的法門，以大慈悲行利益眾生所得的福德相。因爲這個福德相，在佛來說，無量無邊的。有十蓮華藏世界微塵數，所以說無盡，福德相無盡。這個福德相，爲什麼有這麼大的德力呢？是因爲清淨的大慈悲，利益衆生所得到的，一一因果都是稱眞而起，一一都是無盡的。但是，沒有著相，也就是不執著福德相。他行大慈悲的行門，修行的時候，依著大悲的法門。講因果的話，就是感果，自然就是十蓮華藏世界微塵數，感那麼多果。也就是他慈善的根力，得到這福德相的。讚歎這福德相，打之不瞋，罵之不報，人打他，他不起瞋恨心，人罵他，他也不還報，這是具足福德相的表現。再憤怒的人，見著他，瞋恨心、怒恨心漸漸就消失了；大瞋恨人遇著大慈悲的人，大瞋恨的心就消失了，因爲慈就是無相的福德。涵義就是這樣的。

以下一個一個講什麼是福德之相，是清淨慈悲門所生的，第三種是大慈悲相，也是講的福德之相，這三種都是講福德相。福德相是因爲大慈悲而生的，這個大慈悲生起的，是由智慧而得到的。

以下天王所講的是智，經過過去未來現在三世劫的宿住智慧，常時地這樣子相續不斷，悟得了。我們不是講開示悟入佛之知見嗎？悟得了，入了佛的知見，福德就成了菩提涅槃的根本。開示悟入佛之知見的這個知見，知見的性體就是涅槃。不生不滅，知見就是有相的菩提，用有相的菩提達到無相的本體。

從方便的智慧而證得根本智慧，無論小中大三乘，法身是一個，乃至於地獄、餓鬼、畜生，三惡道的衆生，他的性體也跟佛無二別，性無別故。悟了，明白了，唯此一事實，餘二則非眞，入得一眞法界，我們講《華嚴經》經常這樣說，「無不從此法界流，無不還歸此法界。」你就經常念這兩句話，「無不從此法界流，無不還歸此法界。」就是一眞法界。一切法打開來演說的時候，都是從法界流出去的，離開言說相，離開文字相，離開一切相的時候，那就是還歸此法界了，一切入於寂靜。人說開悟、開悟，開悟了必須得悟得一眞法界，知道這種的根本義理，成就報身的菩提了，證到不退轉地了。初地以上的菩薩，證得菩提涅槃的因，到成佛，自然就感到菩提的果。知道這種義，就知道了，這十個天王都能得到，得到就是他證得了跟佛相等。這十個天王也說些偈子讚佛。

爾時善化天王承佛威力。普觀一切善化天眾。而說頌言。

世間業性不思議　佛為羣迷悉開示
巧說因緣真實理　一切眾生差別業

「世間業性不思議」，六欲天跟人間很接近，梵天跟人間就有距離了，特別是帝釋天跟四王天，六欲天的四天，夜摩天、兜率陀天、化樂天、他化自在天，距離人間就遠些了。大梵天跟人間更遠了。近者就相通，遠了就有點通不到了。天是通的，人間通不到。世間的業就是作用義，這個作用義是業的性。業的性是無性的，但是依眞而起，無明是依眞如而起的了。一念不覺生三細，再加上外頭境界緣，就長六粗。六粗相，六粗相的自相、相續相，得登地的菩薩才能斷，得見了法性才能斷的。因此業的體不思議。我們心裡所想的、所思惟的，有表色的、無表色的，有表色的就是世間相，是看得見的，無表色的，我們沒辦法進入。非空非色見如來，我們見不到，也不是空，也不是色。

種種觀佛無所有　十方求覓不可得
法身示現無真實　此法寂音之所見

我們前天講到「種種觀佛無所有」，這句經文的涵義就是說你要以這個思想去求，想見佛，以能見的心，想見佛的身，化身也好，報身也好，化身也不容易了。「種種」就是想種種的方法，也就是攀緣的心，想求是得不到的。

爲什麼呢？因爲你這個心是虛妄的，虛妄的心取虛妄的惑，因此你是求不得的。這個妄是指著什麼說的呢？有的是常見的，有的是斷見的，有的是邪見的，應當把妄心歇下來，狂妄的心停下來。「狂心頓歇，歇即菩提。」一個覺悟的心這樣去求。常見呢？因爲佛常住世，那麼這個常見也是惑，或者因爲佛根本就沒有，這叫邪見，這兩種都不可以。

「種種觀佛無所有」，因爲我們這個心是對境生心，見著有個佛像的境，有個經的法寶的境，有個僧的三寶的境，但是在對三寶境的時候，你的心要把這個境的相除掉。這個見是要見眞佛的。眞佛在哪裡呢？佛在心頭坐，佛就是在你自己的心頭，以前打的這些妄想見都不可以。「種種觀佛無所有」，不能見佛的。天上人間十方去求覓，不可得的，見不到的。

依著法身而示現的化身，是說你要見眞佛，見法身佛，反觀觀自性。在《楞嚴經》上說：觀世音菩薩是反聞聞自性。這個是觀，觀就是想。說你想見佛，見不到，無所有。「十方求覓不可得」，東西南北中，四維上下，到處去找佛，這是要見佛的眞身。「反聞」，反觀你自己的自性。這是我們讀《心經》上所說的「觀」，觀什麼呢？觀自性，要觀自性才能夠得到自在，得到自在就能夠見到眞實性。因爲我們前頭所說的觀、求，這些都是對境，觀這個境。眞佛不是緣起法，是性空法，因爲性空故，不是有法的這個有，是求眞實得法身。《金剛經》說「法尙應捨，何況非法」，這個地方則說：「佛尙應捨，何況餘境」，在任何境界相不起執著，因爲這個所含的意思是不要在心外去追求。法寂音天，他得到這種眞實的境界，不隨境所轉了。

佛於劫海修諸行　為滅世間癡暗惑
是故清淨最照明　此是力光心所悟

世間所有妙音聲　無有能比如來音
佛以一音徧十方　入此解脫莊嚴主

這兩個偈頌，一個是力光天悟的，一個是解脫莊嚴天悟的，兩個意思是相同的。佛經過長時間的修行，修是修心，行是身口所有的行爲。爲什麼經過這麼長的時間修行呢？想滅掉世間的無明，爲了滅世間的愚癡黑暗，得到清淨光明。力光天他的心領悟到這種境界。

「世間所有妙音聲，無有能比如來音。」世間上任何的音聲跟如來音不能相比，沒有能比如來音聲這樣普徧。這樣的就是含著一種覺悟的意思，如來的音聲能夠使你覺悟。一個是清淨，一個是音聲美妙，能夠除惑，能夠除黑暗。那個音聲能夠使你悟解，這兩個偈頌就是這個涵義。

世間所有眾福力　不與如來一相等
如來福德同虛空　此念光天所觀見

我們現在的修行者，一個是求福，一個是求慧。佛是福慧兩足尊，福怎麼能得到？慧怎麼能生起？現在我們都在求福慧。例如說我們幫助別人，在佛菩薩就是度眾生，在我們說幫助別人，或是資助別人，減少別人的痛苦，減少別人的負擔。

「福力」就是莊嚴相。如來的相好莊嚴是無窮無盡的，不是世間的這些福力所能得到的，要說出世間佛，出世間佛怎麼得到呢？以法為重。以三千大千世界的珠寶供養，不如給人家說一句法。因為那個是有相的，福報是可盡的，享受完了就沒有了。你說的法讓他心開悟解，他這個福報永遠存在，不會失掉的。世間的一切福力跟佛沒法相比，跟佛的一相福德都不能比。佛有無量的莊嚴相，一相的福德，那是利益衆生而得到的。佛的利生福德，佛是無所得的，我們是有所得。

無所得，舉個例子來說吧！我們做一點兒好事，或者幫助別人，供養三寶，供養一枝香，或者一枝花，這是有相的了。但是你的心是無相的，你以心力來供養，這個福德就轉化了。在《地藏經》，地藏菩薩請問佛說：「有的衆生供養的物質並不多，但是他得到的福報，無窮無盡地享受。有的供養很多很多的，一兩生就沒有了。為什麼？」佛就對地藏菩薩：「看他是什麼心供養的！若國王，最尊貴的人，他對那個最貧窮的人，施捨他，是以恭敬心、平等心去供養的，親手給與，不認為他是卑賤，或者派人把他看成很尊貴的，這樣來供養人家，供養衆生就像供養佛一樣，這個福德就大了。輕心、慢心地供養，福德就小了。」

我再跟大家說一說，例如我們現在共同學《華嚴經》，你是以什麼心情來聽的，來學習的？可以說現在一念的善念，學法的這個念，用什麼心來聽？有心來聽呢？還是無心來聽呢？我說這個無心跟我們這個無心不同，無心就是不執著的，不執著的心，或者是一個執著的心。什麼樣是執著心呢？在常住住，你這個班必須來聽，你本來是想睡睡覺，想躲躲懶，不行，你這樣來聽是沒有什麼福德。以一個欣樂心來聽，這個福德呢？有福德，有盡。無求無得無證聞法，這是佛所說的無上最高深的法，我去種個善根種子，什麼目的呢？成佛。這個心一直到你成佛，隨順你。同樣一件事看你怎麼做。

佛在世的時候，一個討口子的貧女，她撿了一枚金錢，她就想：若是拿這枚錢買生活用具，買吃的東西，可以使用很久很久。她又想：「我爲什麼這麼窮？過去沒有種福德，忍受著貧苦，把這枚錢供養佛。」她就到油店去，打了一枚金錢的油，然後到祇園精舍去供養佛。但是她沒有盛油的器具，油店的老闆說：「妳撿這一枚金錢，用它辦生活，夠你過好幾個月的，盡買油妳不吃飯？」她說：「我買油不是自己吃，我供養佛。」油店老闆受她的感動，給她找一個盛油的器皿。在她供養油的這一天，波斯匿王拉了很多車的油，也到寺裡來供佛。她這一點點油怎麼能跟波斯匿王比？但是波斯匿王供養那麼多的油，福報沒有她大。這一天寺裡頭當執事管香燈的，輪到目犍連尊者，目犍連尊者神通第一。夜間點，白天就熄了，在他熄燈的時候，其他的燈都熄得掉，就是這盞燈他熄不掉。

他用神通力來滅這盞燈，越滅光明越大。在這個時候，佛就從他的寢室出來到殿裡跟目犍連尊者說，這個是你的神力辦不到的，布施的人是竭盡施，把所有的財富都拿來供養了，叫竭盡施。她心裡非常虔誠，供油的福德是看你的心。

如來的福德爲什麼同虛空一樣的，虛空是什麼樣子？無邊無盡，佛的福德是無邊無盡的，因爲佛在多生累劫教化衆生的時候，沒有執著心，他也沒有求你報得的心，一切無求無證。我們也學佛、學菩薩，諸佛菩薩終日度衆生不見衆生相。福德是什麼樣子？是性供養，是福德性，如來的福德像虛空一樣。

佛的福德是白毫相光的一相，由末法的弟子來享受，我們現在都是沾佛的福德，但是你得有這個因緣，我們講緣起法，沒有這個因緣得不到，世間的福力怎麼能跟佛的一相相比呢？我們看世間的財富、地位、權勢，那是無常的，那是屬於生滅法，佛的福德是不生滅法，這樣理解就可以了。福德相，沒有相的福德。沒有相的福德是相無盡。人天的福德很小很小，這就是世間法，所以說不如如來的一相。

三世所有無量劫　如其成敗種種相
佛一毛孔皆能現　最上雲音所了知

這個偈子解釋過去、現在、未來三世，過去還有過去，未來也還有未來。一個事業或者一個人，他有種種成相、敗相，我們是屬於成、住、壞、空。敗相就是壞，無論是成、敗、得、失，種種相就是行的意思。無論過去、現在、未來，這麼長的時間，劫是時分，在這個世間所有的成相、敗相，有種種的相。那麼佛在佛的毛孔都能顯現一切的世間相。

十世，三世就是過去還有過去，未來還有未來，三世就是無量世，這是世間的成、住、壞、空的相。成劫、住劫、壞劫，滅了，空了，空劫，佛在一毛孔中能顯現，這是佛的神力。三世過去的世間相有好多，有好大，佛的一毛孔怎麼樣理解呢？一毛孔很小的，這是顯佛的神通妙用。顯佛的功能，有利益衆生大用的意思。佛的一毛孔也不大，一切世間相也不會縮小，也不會減少，佛在毛孔中顯現。《華嚴經》的一毛孔就是一眞法界，一法界，一切法都是還歸於法界之內的，這叫悟得法界性，最上雲音天他了解這種道理。

十方虛空可知量　佛毛孔量不可得
如是無礙不思議　妙髻天王已能悟

這兩個偈子都差不多。佛的智慧像毛孔，跟虛空量相等了，顯什麼呢？前頭講的事法界跟理法界，理能融事，理超於事，這兩個無量的事，在佛的毛孔中顯現，毛孔也沒大，一切的世間相也沒小，顯示一個無礙不可思議，這是以理來成事，小能融大。小能融大，是小變成法界，一切大者皆在法界之內，小大是相對之法。沒有什麼叫小，沒有什麼叫大，這是世間的執著相，這是融攝的意思。一毛孔能融攝一切事物，一毛孔就變成虛空，這樣來理解廣跟狹，廣狹無礙自在。這種如來不思議的境界，妙髻天王他能悟得。

佛於曩世無量劫　具修廣大波羅蜜
勤行精進無厭怠　喜慧能知此法門

「佛於曩世無量劫」，經過無量劫的修行。劫是時分，「劫波」，經過無量無量的時分，修什麼呢？修的是廣大波羅蜜，這裡只說波羅蜜，沒說般若，也沒說禪定，在《華嚴經》講十種波羅蜜。初句就是顯佛經過無量長的時間，從來沒間斷過，修到彼岸的法。前頭沒加，一切的法都叫波羅蜜，把他修到究竟，叫波羅蜜。波羅蜜在經上說「到彼岸」，從生死長流到了彼岸。又者，波羅蜜就是究竟成佛了。他修的哪一個波羅蜜？下文就說了，勤修精進波羅蜜。廣大就是所修的法很多，修到波羅蜜，就修到究竟了。下邊專指一度，精進波羅蜜。「無厭怠」，無厭怠就是不懈怠。這是無量劫，無量劫精進不懈怠才得成就的佛果。

精進跟懈怠兩個是相比的，佛教導我們晝三時夜三時，晝夜六時恆精進。從十來點鐘到兩點鐘，這段時間就算中夜，大概是四個鐘頭，二十四個小時，白日作十二個小時，晚上作十二個小時，這樣來算吧。中夜時間，不是睡覺，而是讀誦大乘。晝三時夜三時如是精進的修行。古來的大德們，沒法克服他們的睡眠，或者把自己置於懸崖之中，置於危險境地，使自己不敢瞌睡，但是辦不到。為什麼呢？人這個肉體受到物質的限制，肉體畢竟有疲勞的時候，疲勞過度了，就是以死畏懼也沒辦法。所以學法要多方面的學，不要執著一點，你這樣看好像叫我們長時精進永遠不要懈怠，但是體力不佳，你這肉體辦不到，除非是入禪定了才可以。

你怎麼調劑呢？少睡眠，多思惟。不是完全不睡，完全不休息也不行。我在美國看見有的道場就是這樣子，夜不倒單日中一食，完全照佛制來做。夜不倒單他支持不了，到了眞正要修行的時候，或者上殿、過堂、聽經、聞法、打坐，都在睡覺，那還不如你乾脆睡三個鐘頭、四個鐘頭，完了起來。你自己要調身、調心、調氣、調息，最後調心，調到適應了，能夠修道就好了，道不是一天修成的。你也不能懈怠，一懈怠，道更不成了，因此你要考慮自己的存在，之後才決定你的意識。怎麼考慮你的存在呢？說我現在的身體適應不適應，盡最大的努力，我一天念幾部經，或者我閱藏能閱好多，像你在常住住不行，得隨常住，一會兒上殿了，一會兒過堂了，一會兒你這班裡做什麼，你得隨常住，這叫隨著常住的修道，這叫共修，不是你單獨修。

有的大德這樣說：「寧在常住睡大覺，莫在小廟去辦道。」在小廟都是散漫的，沒人管，無拘無束，大廟不行，你想做什麼不行，大家監督你，把自己擺於大家監督之下去做，但是你自己調和得跟自己適應，能夠跟自己適合。喜歡參禪的，你不要住念佛堂的道場，不要住佛學院，佛學院不會收你的；你要弘法利生，發心專門幫助別人，就是利益別人，各有各的道理。禪宗標榜禪宗的時候說：「禪門一炷香，立證菩提。」禪門燒一炷香，一坐，開悟了成佛了，一進禪堂，禪堂上面有個匾：「此是選佛場，心空及第歸。」成佛了。教下就不這麼講，教下最大的宣揚就是：「若不弘法利衆生，畢竟無有報恩者。」你若想成佛報佛恩，那就去弘法利衆生，你要想成佛，你不行菩薩道、不弘法，利益不到衆生。若是住念佛堂，你自己很高興，「我念句阿彌陀佛，了生死。」因爲佛道長遠，很容易墮落，那我先到極樂世界去，阿彌陀佛接引，我先來個保險，不再退墮到三塗，那就進念佛堂，一句阿彌陀佛也不好念的，念念你那個心就散亂了。

念佛有一念的，有十念的，有念念不斷的，有默念的，有心念的；行住坐臥，把全部的精力用到念佛，感到最後了，念佛就是念自己，念自己就是念阿彌陀佛，那就心佛不二了，那就高了。

所謂精進者，就是從來不停歇，你出了家之後，不要生厭煩。過去那句話，「出家一年，佛在眼前；出家十年，佛上西天；出家二十年、三十年，佛在哪不知道了，找不到佛了。」涵義是久則生懈。要能保持久遠的長時精進，這個六度之中，禪定、忍辱、般若，都可以專修一度，專門鑽一門修行，不要生疲厭，不要生厭怠，厭怠就墮落了。佛無量劫來就是給我們做榜樣的，從來沒有厭怠過，從來沒有懈怠過，他的分段生死捨不捨呢？捨！你看我們讀《金剛經》的時候，佛做一個仙人，修忍辱行，廣大波羅蜜當中取一個忍辱波羅蜜，一生、兩生、三生、五百生，生生都捨身，他無疲厭。我們修道者、修行人還要注意什麼呢？勇猛心容易發起，持久心難。

五台山壽寧寺，魏國太子在那裡捨身供養諸佛，這叫慷慨捨身命，這個容易。若不能拿身供養，你經常修道，天天供養，時間長了他就退了，所以規定你這一百年，精進不懈，不是一時衝動，拿身供養了，世間法也如是。

我記得古來有那麼兩句話：「慷慨赴死易」，慷慨讓他去死容易，把這個守城的責任交給你，不論什麼敵人來了，你能夠把他擊退。「從容守土難」，從容的把這個城守住。說：「我盡節了，犧牲了，跟敵人拼命了。」這個很容易，一死了就完了，你的責任是把這個城保住，從容想辦法保住城。一時的精進勇猛容易，打一個七、打兩個七，那就拼命吧，什麼都放下了，這很容易。給你十年、二十年、三十年，你天天這樣地行道，這種精進就難了。

很多的道友一提到精進，或者一時衝動，打七了，這一個七很精進，過完七就睡大覺去了，什麼都不管了，這個就不行了。精進是長時間不懈的勤行，勤勤懇懇地去做。我們常住請執事，你看哪個請了執事，頭幾個月精進得不得了，你考察他的勤務，過了半年之後，一天不如一天，一天不如一天，他懈怠下去了，佛是無量劫長時這樣修行，精進不懈，才能成就佛果。長時專修一個行門就可以了。

業性因緣不可思　佛為世間皆演說
法性本淨無諸垢　此是華光之入處

業就是作用義，業就是造作，你造善也好、造惡也好，反正業是個造作、作用義。它是有因緣的，因緣所生的法是不可思議的，但是你理解「因緣所生法，我說即是空。」凡是因緣法，不存在的，爲什麼？緣起無自性。因爲性空緣起，緣起是因性空而起的，這個不可思議。每一位道友，因爲個人的業性，在一生當中，或者這一年當中，善善惡惡，精進懈怠。忍辱是對治瞋恨的，發脾氣的時候，種種的業，不是一件事兩件事，不可思議！你若是跟著你所作的業想，想你所作的業，爲什麼要這樣做？應該做的，爲什麼不去做？不應該作的業，爲什麼要去做？我們經常說業障，是業把你障住了，你爲什麼要造業去、把你障住呢？找找這個原因。

當我們病苦，病苦就是逼迫性，病逼迫你還能修道嗎？還能去學習嗎？你還能克服得了嗎？生、老、病、死苦這四樣，哪樣你能克服得了？不被這個業所轉而又能去轉業？關於業性的因緣，佛爲我們演說的多了！所有這些教義裡頭說的都是這個，一個世間的因緣，一個出世間的因緣；一個世間的業，一個出世間的業，非常地多。那麼佛爲一切衆生在世間說世間相，在世間也說出世間的相，怎麼樣出離？下兩句就是：「法性本淨無諸垢」，說你那妙明的心，本來是清淨的，沒有一切業，心本清淨的，無諸業，業就是垢，善業還是垢嗎？惡業去了，惡是對著善的，善你要捨棄，善業也是障。佛達到性空了，證得了，業性本空，因緣消滅了，那就本來清淨的，一切垢都沒有，這是華光天所得到的入處。

汝應觀佛一毛孔　一切眾生悉在中
彼亦不來亦不去　此普見王之所了

一毛孔很小，一切眾生都在這一毛孔中，這是說佛的。不說佛，觀眾生，觀每個人的一毛孔中，觀自己的一個毛孔中，「一切眾生悉在中」，都在這一毛孔中，毛孔沒放大，一切眾生也沒有縮小，怎麼融攝的呢？這是從理上來講的。理上怎麼講呢？說那一毛孔變成一法界性，法界性是空的、無相的，把這一毛孔作一個法界的整體、大總相法門體，因此一切法無不都在法界之內，所以毛孔就能融了，這個道理是小大相融，一多自在，難思，就是不是凡夫的心所能想得到的，不來不去，而能顯現，來無來相、去無去相，一切無相，這個就要你觀我們的本來面目。

本來面目是什麼呢？觀我們的法身，不是肉體，你必須用觀力，這個我們講過多次了。五臺山、太原、北京、上海，你這麼一思惟，把它都收攝到什麼地方？你找找，你用什麼來融攝這些？這是想。假使你對每一件事，執著那一件事不捨，或者一件事物，那就小了，把它縮小了，縮小了，不是那個物件小了，是你的心小了，不是那個物件大了，是你的心大了。這樣子一切法唯心思所變，都是你自己的心，這是我們觀心的法。說「汝應觀」，觀就是思惟修，就是觀力。觀佛的一毛孔，你觀你的一毛孔也可以，「一切衆生悉在中」，佛是無相的，所以這些有相的到無相當中去，無相的把有相的都包容了，沒來去相，沒有大小相，沒有心緣相，最主要是心緣相，這個，普見王能了知。這是六欲天的化樂天。

知足天十法

以下就講知足天，知足天就是兜率天，兜率天就翻「知足」。

復次知足天王。得一切佛出興世圓滿教輪解脫門。喜樂海髻天王。得盡虛空界清淨光明身解脫門。最勝功德幢天王。得消滅世間苦淨願海解脫門。寂靜光天王。得普現身說法解脫門。善目天王。得普淨一切衆生界解脫門。寶峯月天王。得普化世間常現前無盡藏解脫門。勇健力天王。得開示一切佛正覺境界解脫門。金剛妙光天王。得堅固一切衆生菩提心令不可壞解脫門。星宿幢天王。得一切佛出興咸親近觀察調伏衆生方便解脫門。妙莊嚴天王。得一念悉知衆生心隨機應現解脫門。

佛將要出世到人間度衆生的時候，都要生這個天，這叫兜率內院。這個天分內院外院，菩薩寄生所叫兜率內院，都是大菩薩聚會的，普應法界的。經裡頭所有這些天王，這都是菩薩示現的，叫寄位顯勝，寄到這個天王位，顯他的特別殊勝境界。第一個天王得到的佛出生世，一切佛出興在世間，圓滿教輪，轉法輪了，這種解脫門是總相法門。諸佛將出世之前，都要在兜率陀天的內院、也就是知足天的內院，感到他成了佛之後，都是說頓演《華嚴》，圓滿相，佛佛道同，每位佛都如是，普應一切法界的有緣者，現的是圓滿相，這是知足天王的。

第二個天王是喜樂海髻天王，他是光明的色身徧滿空界，光明徧滿空界表示無障礙，不取不著，所以叫清淨；盡虛空了，盡虛空了就清淨了。得盡虛空清淨光明身，身沒有，身是光明，光明就是身。身量好大呢？虛空有好大，身量就有好大，盡虛空，他證得了佛的解脫門。

第三個天王，以淨願力滅除一切惑業苦，就是得消滅苦。苦一消滅了就清淨了，他得了這麼一個解脫門。第四、第五天王因爲隨著文跟上頭相同，相同的他就沒說偈子。

第六個天王，普化世間常現前無盡藏的解脫門，普就是普徧的意思，常時給衆生示現眞實的快樂。什麼是眞實的？證得法身才是眞實的。他得了這麼一個解脫門。第七個天王，自覺就是智慧的境界相，把佛所證得的顯示給一切衆生。第八個天王，以淨福堅固菩提心，叫一切衆生以清淨的福德，堅固你覺悟的成佛的心不退。第九個天王，就是上求下化。上求下化就是出興求佛道，調伏衆生的方便解脫門。第十種，「照現速疾」四個字。一念悉知衆生心，一念就知道一切衆生心，這是照的意思。隨機應現，有什麼機感，就現什麼身給他說法，讓他得悟解。

爾時知足天王承佛威力。普觀一切知足天衆。而說頌言。

「頌言」都是讚歎佛的。有的解釋一下，有的不作解釋了。

如來廣大徧法界　於諸衆生悉平等
普應羣情闡妙門　令入難思清淨法

前半偈是佛的體，法體是法身所得的根本智慧。上句是說佛的體與佛的智慧。佛的體是智慧光明身，以光明爲體徧於一切處。以慈悲的用來普徧圓滿的演說一切法，來利益衆生。在權實之間，實是佛的法身，權是佛利益衆生、度衆生的方便妙智。這個偈頌，上半句是演佛的體智，下半句是佛的大悲心，以言說來度一切衆生，演這個法門。這是對這個偈頌的解釋。

佛身普現於十方　無著無礙不可取
種種色像世咸見　此喜髻天之所入

這個跟前頭的偈子是相同的，不作解釋了。

如來往昔修諸行　清淨大願深如海
一切佛法皆令滿　勝德能知此方便

往昔所修的一切諸行，就是佛往昔行菩薩道，所修利益眾生、一切教化眾生的行爲，都是清淨大願深如海。一切利益眾生的方便善巧，所示現的雜染、一切的形相本來都是空的，都要把它滅除，爲了利益眾生的方便，不是眞實的。佛法是覺悟的妙法，都是本具的，妄盡了眞就現了，不是外來的。

如來法身不思議　如影分形等法界
處處闡明一切法　寂靜光天解脫門

以體而顯現的一切用，這些用是彌徧法界的，因爲體徧故，用也徧了，體徧於用，用也廣大不思議了。

眾生業惑所纏覆　憍慢放逸心馳蕩
如來為說寂靜法　善目照知心喜慶

要利益眾生，先認得眾生被業的迷惑所纏縛住了。懈怠、驕傲、我慢、放逸，那個心永遠是動的，馳蕩的。如來的教化，給他說的寂靜法。我們前頭說了很多都是寂靜法。

一切世間真導師　為救為歸而出現
普示眾生安樂處　峯月於此能深入
諸佛境界不思議　一切法界皆周徧
入於諸法到彼岸　勇慧見此生歡喜
若有眾生堪受化　聞佛功德趣菩提
令住福海常清淨　妙光於此能觀察

六、七、八這三個偈頌跟前文都相同，不再作解釋了。

十方剎海微塵數　一切佛所皆往集

恭敬供養聽聞法　此莊嚴幢之所見

十方刹海有微塵數那麼多佛，微塵數諸佛所說法的處所，都集合著十方刹海微塵數那麼多衆生，那些衆生都是恭敬供養去求法。這種境界是莊嚴幢所見到的。親近是爲了聞法，聞法就是爲調伏自己的身心。

衆生心海不思議　無住無動無依處
佛於一念皆明見　妙莊嚴天斯善了

衆生心是什麼樣子？思念、考慮、或者憂慮，就像草那麼多。總而言之，衆生的妄想特別多。不管他想什麼，佛在一念間都知道衆生心。這是妙莊嚴天，他懂得這個道理，悟入了。

時分天十法

現在講時分天。時分天就是夜摩天，四王、忉利、夜摩，這是從上往下講的，現在講到夜摩天。

復次時分天王。得發起一切眾生善根令永離憂惱解脫門。妙光天王。得普入一切境界解脫門。無盡慧功德幢天王。得滅除一切患大悲輪解脫門。善化端嚴天王。得了知三世一切眾生心解脫門。總持大光明天王。得陀羅尼門光明憶持一切法無忘失解脫門。不思議慧天王。得善入一切業自性不思議方便解脫門。輪齋天王。得轉法輪成熟眾生方便解脫門。光燄天王。得廣大眼普觀眾生而往調伏解脫門。光照天王。得超出一切業障不隨魔所作解脫門。普觀察大名稱天王。得善誘誨一切諸天眾令受行心清淨解脫門。

第一個天王，他得到一種法，叫發起一切眾生善根。我們每一個入佛門的道友，不管優婆塞、優婆夷、比丘、比丘尼，都有宿世的善根。沒有宿世的善根，不會皈依佛法僧三寶。善根發了，憂惱、煩悶，自然就消除了。善根若是發了，煩惱漸漸就消除了。煩惱消除了，善根就漸漸增長。發起一切眾生善根，令他永離憂惱。離開憂惱就解脫了。

第二個天王，得普入一切境界解脫門，就是以無限的方便使一切眾生能證到法身。我們講〈起信論〉時，講初開始發菩提心，發心了一定能感果。但是這個發心包括很多虛妄相，不實的。完了信成就，到了初住，再進一步的發菩提心，這個菩提心就是相似能見著眞體。完了，經過三十位，十住、十行、十迴向，完了登初地得大歡喜。因爲他親證了一分法身，僅僅是一分，這是分證，一分一分的證。前頭那個三賢，相似證法身。感到最後十地滿心，到十一地，眞正證到法身。

第三個天王，以大悲心度衆生，摧毀一切衆生的惑。惑就是迷惑，煩惱惑。起惑才造業，心裡生煩惱一定要造業。菩薩以大悲心消滅他的煩惱，就像車輪似的把它撵碎。

第四個天王，以他的智慧知道衆生的根基，知機說法。知道什麼根基，給他說什麼法，使他心開意解。

第五個天王，總持大光明。「總持」就是「陀羅尼」，「陀羅尼」就翻「總持」。總一切法，持無量義，就叫「陀羅尼」。咒語，或者十個字的，或者六個字的，或者五個字的，這幾個字就包括無量義，就叫「陀羅尼」，「陀羅尼」就是咒語。「總持」的涵義就是達到，入到佛的理性了。我們入了理法界是以智慧能夠通達。這個通達的意思就叫門。以智慧爲體，所以就是光明，總持大光明天王。以下有些略解釋一下，有些不做解釋，第六個天王就不解釋，他是同的。第七個天王，就說轉法輪的時候。轉法輪，轉什麼法輪？就是給他示現菩提之道。讓衆生能夠成熟，以此爲方便。

第八個天王是講眼，眼是指法眼說的，但是他這法眼在《華嚴經》講是十眼，十眼圓明。在《金剛經》上是五眼圓明。衆生是肉眼，肉眼是障礙的，什麼也看不見。一有隔離就看不見了，還必須假日、月、燈三光。說「肉眼障非通」，肉眼是有障礙的，通不到，有張紙就隔住了。天眼呢？「天眼通非障」，是無障礙了。慧眼呢？「慧眼觀俗諦」、「法眼觀眞諦」、「佛眼觀一切」，這是五眼圓明。

但是這裡是說十眼。十眼，肉眼能見一切色，天眼就能夠見到一切衆生的心。第三加個慧眼，慧眼見一切衆生的諸根境界，見的是衆生根的境界相。第四是法眼，見一切法的眞實相，見理，法眼見理見眞。五者是佛眼，觀照一切，見佛的十力。六者是智眼，能見一切法。後頭這個五眼是從智慧開的，般若開的，叫十眼。

《華嚴經》都講十。波羅蜜也如是，從智裡頭開的慧、方、願、力、智，變成五個。智眼就是能觀一切諸法。七者就是光明眼，光明眼專看見佛的光明。看佛的光明，得具足有光明眼，沒有光明眼看不見佛的光明。比如說阿彌陀佛，阿彌陀佛現在放的光明是徧於法界的，我們沒有光明眼見不到阿彌陀佛的光明。就是沒有具足光明眼，見不到佛的光。第八種就是出生死眼。出生死眼，得證得涅槃，證得不生不滅，就出了生死。第九叫無礙眼，所見的一切都無礙。佛眼還有礙嗎？佛眼就無礙了。《華嚴經》一定要開十。開十就說十眼圓明。無礙眼就所見無礙了。第十是智眼。這是根本智眼，一切智眼。又叫普眼，普徧觀一切，這個普徧觀一切是指得到法界的體性。這十眼的出處，到後頭講〈離世間品〉，自然就講到了。

第九個天王，所謂超出是什麼？超出業障，超出煩惱，煩惱怎麼來的？有惡因才有煩惱。離了惡因，沒有惡因，外邊惡緣也就助不成了。第十個天王，普徧說法，平等給眾生說法，就是等雨法雨，勸令一切眾生都能夠行善業，斷惡業能得到心的清淨。略微的把這十天都解釋一下。

爾時時分天王承佛威力。普觀一切時分天眾。而說頌言。

佛於無量久遠劫　已竭世間憂惱海
廣闢離塵清淨道　永耀眾生智慧燈
如來法身甚廣大　十方邊際不可得
一切方便無限量　妙光明天智能入
生老病死憂悲苦　逼迫世間無暫歇
大師哀愍誓悉除　無盡慧光能覺了
佛如幻智無所礙　於三世法悉明達
普入眾生心行中　此善化天之境界
總持邊際不可得　辯才大海亦無盡
能轉清淨妙法輪　此是大光之解脫
業性廣大無窮盡　智慧覺了善開示

一切方便不思議　如是慧天之所入

「業性廣大」就是作用的義，業是造作。這個是業性，業的體是廣大的，一念之間就能造很多的業。一念之間入了法界，沒有窮盡的。若沒有修對治法，業是止不住的。對治法是什麼呢？觀。怎麼觀呢？業無自性，「業性本空唯心造」，是你心造的。狂心頓歇，歇即菩提。「心若滅時罪亦亡」，說業亦無，我們把它改個業亦無。這就顯示什麼呢？轉不思議妙法輪的時候，能夠顯示修行的菩提道。第三個偈頌，第六、第七、第八、第九，涵義都一樣的。

凡是這十天，每一個十天他們的智慧是同等的。智力是同等的，證得的大致沒有什麼差別。寄位這個十天，寄位那個十天，寄位後頭的十個夜叉王、十個鳩摩羅王，都如是的。大家懂得這個意思，前頭是標名，而後到了經文裡頭，他就加以解釋，前頭都是略說的。

轉不思議妙法輪　顯示修習菩提道
永滅一切眾生苦　此是輪齊方便地
如來真身本無二　應物隨形滿世間
眾生各見在其前　此是燄天之境界

如來轉法輪利益眾生的時候，每個眾生都見佛給他說。想到聖業如是，罪業也如是。你讓他下地獄，那個床，一萬個人睡那個床也不擠。一個人也看著身臥滿床，一萬個人睡，他一個人就把那床都佔滿了。這也是業徧，那是受罪了，善惡業形容著都如是。七八兩個偈頌，善惡業形容著都如是。

若有眾生一見佛　必使淨除諸業障
離諸魔業永無餘　光照天王所行道

若有見佛的這麼個因緣，有見佛的這麼個緣，能見佛，就能使你業障消除。見佛，你還得有這個因緣，得有這個功德，得有這個福報。我們看見銅鑄的，木雕的，拿泥巴塑的，你能見到這佛像，而且能夠見著生歡喜心，就以這個感的因，將來一定能得果，這叫種善因。說能夠生歡喜心，這個也不可多得。所以，若有眾生一見佛，必定淨除諸業障。這個必定的涵義，不是我們見了佛像什麼業障都消除了，不是這個樣子的。能夠使你聞法、修道。完了從修道當中漸漸才能把這業障消除，才能夠使你離除一切魔業。魔業，就是相反的，跟你的道業是相敵對的。光照天王所行道，所行道就得像我們天天聞經，天天在念佛，就是你不作意，沒有專修什麼，你上殿、過堂、聽課，一天就是佛菩薩，消業障，斷煩惱，每天都在這個上頭熏習。

我們講〈大乘起信論〉不是有二種熏習嗎？這是淨業熏習染業。這個道場又有好多呢？還不說不信佛的，臺灣信佛的很多，但是，有幾百人的道場很少。大陸現在各各寺廟，能上一兩百人的，能有幾個廟？這廟裡頭能有一百個師父們在這兒一天的念經、上殿，不可多得的。這個世界六十多億人口，信佛的又能有好多呢？見佛的能有好多呢？很難得。人在福中往往不知福，在福裡頭，他看不見福。人在業中，他不知道造業了。

我有幾十年的時間在監獄裡頭，所見到的都是犯人。口裡說的，身體所做的，心裡所想的，沒有一天不造業。不是善業，全部是惡業。說利益別人，沒有這個念頭。說想害別人，我們經常對那個特別壞的人，給他起個外號。他如果有一個小時不造業，連走路的精神都沒有了。一時不造業，走路沒精神。一想到要害人，做壞事，他來勁了，精神就來了，這不是業嗎？惡業有惡業的因緣，善業有善業的因緣。緣不容易。

一切眾會廣大海　佛在其中最威耀
普雨法雨潤眾生　此解脫門名稱入

以上是時分天，也就是夜摩天。

夜摩天下頭就是三十三天。三十三天，有玉皇大帝、四天王天，跟我們人類接近，我們所說的天人神通，都是指這個天。

一往上，夜摩天、兜率陀天、他化自在天、化樂天，我們就不知道了，大梵天更不知道了。

三十三天十一法

復次釋迦因陀羅天王。得憶念三世佛出興乃至剎成壞皆明見大歡喜解脫門。普稱滿音天王。得能令佛色身最清淨廣大世無能比解脫門。慈目寶髻天王。得慈雲普覆解脫門。寶光幢名稱天王。得恆見佛於一切世主前現種種形相威德身解脫門。發生喜樂髻天王。得知一切眾生城邑宮殿從何福業生解脫門。端正念天王。得開示諸佛成熟眾生事解脫門。高勝音天王。得知一切世間成壞劫轉變相解脫門。成就念天王。得憶念當來菩薩調伏眾生行解脫門。淨華光天王。得了知一切諸天快樂因解脫門。智日眼天王。得開示一切諸天子受生善根俾無癡惑解脫門。自在光明天王。得開悟一切諸天眾令永斷種種疑解脫門。

這個是講三十三天，怎麼叫三十三天呢？帝釋天是天主，或稱作「釋提桓因陀羅」。他的四邊，是我們經常說的四大天王，是四天，那叫四天王天。四天王天每部天統領八部天，四八三十二，加上主天的釋提桓因陀羅，那麼就成了三十三天，三十三天是以帝釋天的天主爲首。

我們這裡講的是與帝釋天同類的三十三天。以我們這個娑婆世界的三十三天爲主，所以這裡所說的都是天王。四天王天，下文就包括在裡頭，沒有單做解釋。這個只說是帝釋天的天主，也就是三十三天的天主。每一個天王都統率三十三天，知道這個總的題目，就可以了。

這個有十一法，十一法就是這十個天王所統領的。每一個天王都統領三十三天。那不是這個世界的。釋迦因陀羅天王是我們這個世界的，以他爲主。因陀羅天王他得到憶念三世佛出興，憶念就是回憶。我們思想的繫念、憶念，心裡想什麼呢？想過去，過去諸佛都到帝釋天說過法。未來呢？像彌勒佛要成佛的時候也要到帝釋天說法。現在，釋迦牟尼佛就在帝釋天說法。三世就有這麼兩種，因爲他說是憶念三世佛出興的時候，過去佛、現在佛、未來佛。乃至這個劫的成劫、住劫、壞劫、空劫，他都能夠清清楚楚的瞭解到。瞭解到了，他生大歡喜，得了這麼一個解脫門。因爲他這個境界殊勝、緣殊勝，他能做到帝釋天主。但是這個天主跟一般的帝釋天主不同的，都是寄位的菩薩，這個所說的都是寄位菩薩，能夠參加到華嚴海會當中，來護持毗盧遮那佛說《華嚴經》。不是大菩薩位，不能見到毗盧遮那佛，聞不到法。

第二個天王，他能令佛色身最清淨的、廣大的、無比的解脫門。怎麼解釋呢？就是佛身沒有染、淨，什麼大身相、小身相。三十二相是劣相，無量莊嚴相好是勝相，沒有勝劣的分別，就像虛空一樣的。虛空是什麼樣？雲彩多了把太陽遮住了，天氣就暗了，什麼現相都昏暗，看不清楚。假使明淨的時候，沒有雲，雲散了，雲盡，智光就普照了，這叫清淨。在體性是空的，空觀成就了，諸法皆空，空還有什麼大小？那就叫廣大了。能見到、看到佛的色身最清淨的，沒有比得上的，他得了這麼個解脫門。

第三個天王，他得的是慈雲普覆解脫門。雲是境界相，沒有心的，是現相。雲沒有心，沒有假作意的。普覆，就是雲興起了，把太陽的影像給遮住了，雲興普覆的意思。形容佛的心，沒有簡擇的，對一切眾生平等救護，但是得有個因緣。佛看我們都大致差不多，你只是個人，人類乃至看著螞蟻，看見馬牛羊雞犬，看一切畜生，他對人類都平等看待。雲是形容詞，雲彩普覆的意思。佛的心，對一切眾生是平等的，愛護救援的。不是隨順他、聞法歸依他，他就對你特別好一點，不歸依他，或者不理你了，或者仇視你了，那就不叫佛了。只是一個緣，你的善緣具就能得度；無緣，佛也沒有辦法。

人天主，人天的主宰者，他是有分別的。因爲他的見思煩惱都沒有斷，他有簡擇的，佛沒有。我們的心學佛，學著像佛那樣的，現在我做不到。像菩薩，爲什麼菩薩也有層次呢？初地、二地、三地，一直到十地呢？就是他那個心還不能普覆，沒有究竟證到佛果的時候，不能普覆。這是說這個天王他得到了佛的清淨平等。廣大，因爲是他證得空性的體性。從空中顯出來諸佛的報身、化身，空是體，依體而起的作用，這是第三個天王所得到的。

第四個天王得恆見佛，於一切世主前現種種的形相感應威德身。這說是天王世間主，經上沒有說人王，人王到不了華嚴法會，印度那些國王，所有娑婆世界的人王辦不到，這只說天王。天王也不是所有天王都能見到，都能參加華嚴法會，這是隨著華嚴法會的聽衆了，得寄位的大菩薩他能得到。我們人間的王，乃至作主宰的，現在一個國家的總統，他仗著自己的威德，有些還做壞事，他怎能見到佛？有些根本不信佛，是過去福報所來的。現在的世間主大多是有福德的，但是所做的不是佛事，而是行殺戮，因爲他那個心有愛憎，因此這個光指著天王說的。以下的天王，我們略說而已。

第五個天王他就知道一切因果的差別。那就要勤修善果，莫做壞事，他能夠教化，使他們都修善因善果，更增加福德，這是講因果差別。

第六個天王，他能像佛那樣的調伏衆生。讓一切衆生都仿效著佛怎麼做的、佛怎麼說的、佛怎麼想的，我們也要如是想、如是說、如是做，隨順學佛。

第七個天王他所得到的，「初成後壞，住時轉變」。這一切轉變，是專指人說，為了利益人、種福德，他才出世的。佛出世間就為了教化眾生的，福德厚的能見，福德薄的見不到。

就歷史的考證，佛出世在印度，印度人只有三分之一受到佛的教化，三分之二的人連佛的名字都沒有聽到，佛正法的時候如是，像法更減少了。末法的時候（我們現在處於末法的當中），能夠聞到佛的名字，還不說學什麼經論，能夠聽到佛的名字又能有好多？就聽個「佛」字，還不說哪尊佛。能夠見佛、聞佛乃至到最末法的時候，能夠還聞到佛經，能夠知道佛的一切故事，佛利益眾生的都是故事，我們把那故事變成現實，就在現在的人間。如果學的法不能運用到你現在的身心，你學了又有什麼用處呢？如果你學到了，懂得這個道理，你又不能宣揚、弘化，那就保守了，使別人得不到好處，那你就沒有聽佛的教導。

因此這些天王所進修的、所得到的，只是佛的一部分。每個天王，他所得到的，這都是大菩薩了，叫寄位，他寄這個位置，不是天王所能有的，他超出天王了。他寄這個位來度眾生，這叫寄位顯勝，一般的時候顯他的殊勝境界。

爾時釋迦因陀羅天王承佛威力。普觀一切三十三天眾。而說頌言。

這些偈頌都是讚歎佛的。一者是讚歎佛，一者說明他的智慧體會到佛的一部分，每個天王所讚歎的，只是讚歎佛的一部分，像〈普賢行願品〉那樣讚歎佛的，那是包括一切佛，而不是一部分。這裡頭他所有的分別不同點就在這裡。那麼，釋迦因陀羅天王看這些所來的三十三天天王，他說了十一個偈子。

我念三世一切佛　所有境界悉平等
如其國土壞與成　以佛威神皆得見

平等是從性上平等的。怎麼叫性上平等呢？性是體性，在體上都平等，但是在所作的業上不平等。三世佛所有的境界都是平等的，我們經常說佛佛道同，而且每個佛剎的，佛剎就是國土、就是剎土，他的壞就是壞劫，他的成劫，以佛的威神力都能見。這是總說。在教義上講，有化儀四教、有化法四教。

在教義上講有化儀四教、化法四教，是四教說的。化儀就是儀式，攝受一切世間法，所以說三世一切諸佛是按化儀說的。按佛跟佛說的，沒有什麼過去、現在、未來。說現在、過去、未來是隨順世間說的。無論過去、現在、未來，所有的環境、利生的處所都是平等平等的，就叫佛佛道同。壞劫、成劫，就是能夠見三世，假藉佛的威神力，這個天王他讚歎佛，使我們能夠得到。說現在、未來、過去都是隨順世俗，世俗是人間，它就有個過去、未來、現在。昨天不是今天，明天也不是今天，今天也不是昨天，也不是明天。三世就是三代了，過去、現在、未來。我們說近一點兒就是昨天、今天、明天一樣的。這是第一個偈頌，讚歎佛，正報、依報，一切法都平等。

佛身廣大徧十方　妙色無比利羣生
光明照耀靡不及　此道普稱能觀見

這是普稱天王他所見到的，佛的身體無形無相的，「廣大徧十方」是指著他的法身無形無相而示現的報化不同，化身徧於十方。所現的相，在哪一類衆生他超出那一類衆生。他示現平等身，跟衆生平等，但是他的音聲面貌超特，超特就是一切平等當中的不平等，不平等就是他特別的殊勝。妙色呢？佛所示現的妙色身，爲什麼加個妙呢？就是化現的，不是眞實的，而在化上顯眞實，眞實又不離開他這化相的，這就是妙了。不但佛妙，每個人都很妙。怎麼妙呢？我們生生世世現了無量身。今生，一個人的相貌，隨著他的心裡頭狀態變化。有的人大家見了很歡喜，有些人大家見了討厭他，就產生反感。在一個人身上，有的時候大家很喜歡他，很尊敬他，有時候大家很討厭他。佛菩薩不是這樣子的，他在一切衆生當中是唯一殊特。所以稱爲妙，妙就妙在這個地方。

妙在什麼處呢？人的面目隨時在變化，你相信也好，不相信也好，事實就是如是。因爲我們現在是生活在事實當中，不是幻化虛空的。從十歲到現在，每年都在變化，這是大的變化。小的變化，當你一念瞋心起的時候，眼眉也豎了，顏色也變了。形容惡相，是什麼現了，你要去地獄看地獄相，不用了，在人間就是人間地獄，你看吧！無窮無盡的色相，這叫妙。當每個人他內心非常慈祥的時候，一看見就對他生歡喜心，他沒跟你說話，只是看見他。甚至走路上，人看你點頭，你跟他不認識，走路上大家走路，有的人就跟你點點頭，他好像跟你很有緣，很喜歡你。一碰頭就過去了，誰也沒有什麼印象，但是爲什麼有些人看你就瞪眼睛，上街看你兩眼，這樣常有了。你坐汽車、坐公車、坐飛機，都有了。你跟他也不認識，無緣無故的，這都叫妙。

佛菩薩不用他的身，而是用他的相，特別是觀世音菩薩。無論什麼民族，什麼種族，哪個國家，一看這相就生歡喜心，妙啊。佛的那個色身是妙色身，利益羣生，利益衆生時候，使衆生都歡喜。

有沒有不喜歡的呢？照樣有，那是指業障特別深重的。佛在祇園精舍，離祇園精舍很近的東城老母，這老母見著佛就生氣，她就是不看佛，把臉蒙上。佛又在她手指頭現相，現相還放光，她硬是不看，她一生也沒信佛，這是故事。

佛說，跟她無量劫沒有緣，在她心中沒有好的印象，以佛的佛德了，衆生還是有這些現相。不論見誰你千萬不要對人家生惡感，你會得妙色身的。

一九八二年，我在中國佛學院教書，那時候年輕的北京人沒有見過和尚，年輕人哪看見過什麼和尚，根本沒看過，他見著你就圍起一幫人討厭你。我們上街經常得坐公共汽車，從法源寺去廣濟寺必須得坐公共汽車。學生跟我反應：「老法師，那些在家人看見我們就討厭。」我說：「現在這五濁惡世是眞正的惡，沒有那個善緣，別跟他生煩惱。」

不過，我又說：「我或者是老了一點，他看我不是這樣子。」我們那同學說：「你瞎說。」我說：「明天我們到廣濟寺開會，一起去。」以前開會，我是不去的。我說：「好，我帶你們一起去。」我們從法源寺出來走到菜市口上電車。一上去，一個小夥子，他可能看我年紀大了，他不知道什麼叫和尚，也不認識和尚，他說：「老先生，來，您坐，您坐，您年齡大了，我讓給您坐。」他對我很歡喜，那他就站起來了，我坐下了。我上下車呢？有人還扶著我，不是跟我搶。回來也如是，回來是個女的，從廣濟寺出來回法源寺是個女的讓我坐。

回來我跟學生講：「今天你該服了吧，我跟你們一樣。」他說：「人家是尊敬您老，不是尊敬您是和尚。」我說：「你說的是對，但是你應當對他們修慈悲觀，你心裡頭無論看見任何人，修慈悲觀，連那個老虎、狗熊，或者到動物園，你可以試探你這個慈心如何。你看那動物，動物見了也不跑，也不怕你。你有點兒成績，修那慈悲有點成績了。動物見著你就跳走了，不讓你看，那你心裡就惡。你想牠的皮，或者你想吃牠的肉，牠看了你心裡就反感。如果你是慈心，就沒有了。」

妙色身，我們修一個色身，修個心裡狀態，你得要好多年。說慈悲爲懷，方便爲本，你經常懷有慈心，你就有個妙色身，你說話別人就願意聽。等你有皈依弟子了，他自己所愛的東西，都願供養老和尚，這是什麼目的？因爲他相信你。他說：「我把最心愛的給你了，那你就幫我消我一切災難。」這不是好受的。將來你們出去弘法，恐怕這裡有好多人也都收紅包。紅包苦的很，你不要認爲收紅包很高興，沒有那麼容易。你知道錢難掙吧，解的大便讓人吃，那很難吃，你能吃大便嗎？吃得下去嗎？「錢難掙，屎難吃。」他把最難掙的給你，你想想看，他不是求你消災免難？你受的時候應當就想到，拿什麼給人家？我教給你們方法，這叫轉移目標。怎麼轉移？一收到紅包，心裡就想：「我受不了你的供養，我給你供養三寶。」不是想想而已，你看我們那些祖師，他的享受，國王的師父，想要什麼享受都有，國王信仰他。他自身非常艱苦，他把這個給衆生，或者供養佛，修塔、建佛像，把它轉移了，讓佛菩薩給他消災。

我現在的轉移方法是讓你們都給我消災，相信吧！怎麼消？我不是求你：「哎呀，師父，你幫我消消災吧。」我不是這樣子，我是供衆、打齋，有一點紅包打齋，做供養，做布施，那就讓別人替我消。懂得嘛？這叫轉移。你說你買上花，買上供果，供養佛，你也得福了，供養你那個人也得福了。有些人找我迴向，說家裡有病人，生意不好了，反正什麼事都有了。你也轉移，這個別轉移到現在的人身上，現在的人恐怕你一轉移就讓人家受罪。

轉移給誰？轉給佛菩薩，供佛。我們和尚、比丘尼，只是當個介紹人，沒有力量，你介紹給誰呀？觀世音菩薩。在我們這個世界上，最愛管閒事的，縱使有千百萬億願，千百萬億事，他都給你消了。《地藏經》、〈普門品〉都說，他願意這樣做，那你就轉移，你就供養他。你當介紹人，誰求你迴向，好好，我給你迴向。但是你要介紹，讓他念《地藏經》，或者念〈普門品〉，讓他念觀世音菩薩聖號，念地藏聖號，完了你把他的供養物，供養地藏菩薩、供養觀音菩薩，轉移出去了。供養完了，你還可以享受。菩薩是相，菩薩並沒有吃，你供養完了菩薩也沒有拿走了，但是你的目的是轉移，那菩薩就會加持他，他會得到好處。

這是我的經驗，他求你加持，你就替他跪到地藏菩薩像前，跪到觀世音菩薩像前，你替他禱告。他好了，或者打電話感謝你。你要告訴他：「不要感謝我了，我是求地藏菩薩加持你的，我給你轉移了，什麼事也沒有做，只是當個介紹人。」

介紹人也得好處，知道婚姻介紹所、職業介紹所，到處都有介紹所，介紹所給佣金，你從中也享受了，不是這樣子嗎？但是你可不要認爲自己可以享受，你受不了，知道嗎？你轉移出去了你受得了。等你再得的時候，你說這是菩薩慈悲我了，禱告禱告，給地藏菩薩磕三個頭，或者給觀世音菩薩磕三個頭，你實際上也得到好處，介紹也不能說白介紹，人家受者並沒有拿走，觀世音菩薩、地藏菩薩沒有拿走。人家又給你了，你能當這麼個介紹人，介紹來介紹去，從中也得到好處了。得什麼好處？修道。你要修行嗎？這就叫修行。凡是我們三寶弟子，在家居士也如是。人求你，你一定要答應。求你，你不答應，你失掉慈悲心了。答應，你做不到，就當介紹人。

懂得這個道理了，這就叫修行，這就是妙。這個中間非常地妙，微細的妙，不可思議。但是中間一定要杜絕貪、瞋、癡，你心裡頭在這上頭，人家恭敬的不是你，因爲你是三寶弟子，因爲你是出家人，代表佛菩薩，你心裡常時這樣念，這個利益不可思議。既利益別人，也利益你自己。你把利益別人的做八分、九分，給自己只留一分，就已經很多了。同時你自己也得修，如果你介紹地藏菩薩，自己也得念《地藏經》，稱地藏聖號。你介紹人才能當得成，不然你介紹人當不成的。如果請你一回不靈，兩回不靈，三回還求你嗎？不但把你自己喪失了，你把你佛弟子的位置也喪失了。

誠誠懇懇地這樣來介紹，誠誠懇懇地付出；懂得這個道理，你就「善用其心」，這是〈淨行品〉上文殊菩薩教授的，知道這就是「善用其心」，這樣地來利益羣生。佛的光明沒有照耀不了的地方，三寶弟子弘揚佛法，也就是介紹人。介紹佛菩薩的利益，介紹佛菩薩的能量，利益就是能量。能量有好大呢？這個能量大得很，比原子彈的大得多得多了，不可思議。這種道理，普稱天王也悟得了，能見就是他能知道、他能做。上面把這個「廣大」加以解釋。佛身廣大，專解釋佛身的廣大，總法界而為身，特別廣，這個是清涼國師這樣教授我們的。他做的解釋，舉一微塵，這一微塵就是法界，全徧於十方。一個微塵如是，各個微塵都如是，這叫重重無盡。

第三叫妙。妙道是「色即無色」，色沒有色相，這就妙了。有非有是妙有，妙有不是眞有，妙有就是眞空，妙有非有就是眞空，色沒有色相，無色的色相才是眞實的。你所念的經都能觀進去，念《阿彌陀經》，念〈觀世音菩薩普門品〉都如是，就是一個妙。大家學過《法華經》，智者大師講《妙法蓮華經》的時候，講了九十天只講一個字，這叫說妙。還有談玄，這個時間就長了，大家都在談玄和妙，懸談十玄門的時候就知道了，那才眞叫玄。玄到什麼程度？玄到一個微塵可以容三千大千世界。說這話玄了！說我這個身上，就把這個地球全容進去了，現在美國跟伊拉克打仗就在我身上打，在我身上一個毛孔裡打。你說玄不玄？懂得了，理解道理了，他信；不理解這個道理，他根本不信，這叫玄妙。

勝，世間上沒有什麼叫做勝，我們在人世間上找勝，辦不到！從出世間找，找到佛那裡去了，那最究竟了，那眞叫勝。這個勝跟我們理解的恰恰相反。對你們四五百人，我能打勝你們，這叫勝嗎？這不叫勝。你們四五百人打我，無所謂的，我就這麼樣，這才叫勝，跟我們世間的認識恰恰相反。看佛的忍辱波羅蜜，眞正勝者能忍，強者不勝，最後還是失敗的。

這叫什麼？爲什麼叫做末法？鬥爭堅固。你看我的力量雖然小，打不贏你，你種種的新式武器都用來了，用武器的是人，指揮人作戰的是心。我們講心生萬法，這是什麼心？瞋恨心，不是慈悲心，這叫什麼呢？鬥爭堅固。

五種堅固之中，鬥爭堅固，人跟人之間，除了仇恨之外沒有其他的，全世界都如是。什麼是最勝者？大家想一想，什麼是最勝者？我們。我們不跟任何人打，也不跟人生煩惱，也不跟任何衆生生報復心。

學佛以慈悲爲本，這也是我們的本懷，我們就是慈悲，這個慈悲能夠戰勝一切。還有，讓衆生得好處，把利益都給給別人，這是最勝的，用我們的心光破除一切的黑暗，現在就是黑暗的。所以學佛就是學心，要你心裡轉化，轉化什麼呢？轉化你那個貪瞋癡，生起你的戒定慧。如來所教導我們的，這樣教導我們，慈悲喜捨，這叫四無量。我們的心常時是慈無量、悲無量、喜無量、捨無量，這就是佛的大用了。佛的大用還多了，這裡舉的是以智慧光破除一切的黑暗。以下的偈頌都沒有什麼解釋。

如來方便大慈海　往劫修行極清淨

化導眾生無有邊　寶髻天王斯悟了
我念法王功德海　世中最上無與等
發生廣大歡喜心　此寶光天之解脫
佛知眾生善業海　種種勝因生大福
皆令顯現無有餘　此喜髻天之所見
諸佛出現於十方　普徧一切世間中
觀眾生心示調伏　正念天王悟斯道

這句話很難，怎麼難呢？剛才所講的調伏眾生心。佛說一切的法，讓我們去做，怎麼做呢？先調伏你的心，心調伏好了，身不會造殺盜淫，口調伏好了，妄言、綺語、惡口都沒有了。心要把意調伏好，意是妄，心調伏意，心把意調伏好，一切惑業都斷除了，煩惱不生了，佛就是調伏好了。正念天王悟到這種道理了，觀一切眾生，給他顯示教導，讓他調伏得純善。

如來智身廣大眼　世界微塵無不見
如是普徧於十方　此雲音天之解脫
一切佛子菩提行　如來悉現毛孔中

如其無量皆具足　此念天王所明見
世間所有安樂事　一切皆由佛出生
如來功德勝無等　此解脫處華王入
若念如來少功德　乃至一念心專仰
諸惡道怖悉永除　智眼於此能深悟

我們哪管念佛一德，雖然只是很少的功德，可是一心專注，一念心專注一境，這叫心專一境。我們念阿彌陀佛想生極樂世界，你這一念心專注阿彌陀佛，那個慈悲攝受我們生極樂世界，你就一念心想生極樂世界。你這念，阿彌陀佛就知道了，這會攝受你，你念念念，念念攝受你，還不生嗎？決定能生。但爲什麼不能生？他還留戀這個娑婆世界。你在娑婆世界有一念放不下的事，就把你繫住了，走不了！或者你問問我們哪位道友，「你願意不願意生極樂世界？」沒有一個答覆說：「我不願意去！」我們禪宗大德不同，他都悟得了，他不同的。或者有人這樣答覆你，這就是極樂世界，娑婆即極樂，這樣不同了，那大菩薩他是平等了，證得平等性，那不同了。所以不能去者還是有疑惑，疑惑沒斷去不了。

寂滅法中大神通　普應羣心靡不周

所有疑惑皆令斷　此光明王之所得

以念佛的少功德一心專仰，你在一切惡道的恐怖永遠斷除了，智眼天王，他悟得這個了。「寂滅法中大神通，普應羣心靡不周」，就說佛在寂滅法中。寂滅就是涅槃，涅槃的法是不生不死的，是大歡樂法，大歡樂法的究竟快樂是什麼呢？是寂滅。這種神通妙用能夠普現於一切羣心、一切衆生。羣心就是衆生，每個衆生都有心，羣心就是一切衆生心。令一切衆生的疑惑，懷疑斷除。

我們都是佛弟子，比丘、比丘尼、優婆塞、優婆夷，四衆弟子。我們有疑惑沒有？我們斷沒斷疑惑？不論佛說的是什麼法門，你有沒有懷疑？疑是最大的害處，有疑不能入。

今天有幾位道友跟我這樣說：「佛說沒有疑惑就得到快樂了，我什麼疑惑都沒有，爲什麼得不到快樂？我念阿彌陀佛，沒有疑惑，爲什麼去不了？」他這樣問我。我說：「你有這個問號就是疑惑，還哪找疑惑去？你就是不相信。」他就瞪著眼瞅我：「誰說我不相信？」我說：「你相信了，爲什麼還問我？你不是不相信嗎？」「人家念佛都得到快樂，我念佛怎麼得不到快樂？」「人家念佛，人家念成功了，人家沒有疑惑了，你還有疑惑。」

往往有的道友們，他在疑惑當中，還說自己沒有疑惑，那疑惑把他包圍了，看不見疑惑了，整個變成疑惑了。他說：「我沒有疑惑了！」沒疑惑了還問什麼？我們往往心裡跟你的言語互相是矛盾的。你身體所做的，心裡所想的跟你的願望，自己就在那打架，問題是解決不了的。

很多人來問說他對佛深信不疑，可是這幾個問號就說明了，他根本沒有信。不但沒有深信，連初信都沒有。我們不說不信佛的，就你們諸位比丘尼師父，有些人問我，我就給你答覆了。在你的問題當中，本身這個問號就是問題。我管那個驚歎號叫眼淚號，滴一點眼淚下來了。驚歎號也不對，逗號、句號，頂好是句號，決定了，這句話就是這樣子，加句號。眼淚號大家知道嗎？驚歎裡頭就懷著很多問題。當你問別人，是這個問題解決不了，就是有疑，有疑必須要諍論，在諍論當中不要用感情。

我記得永嘉大師有首詩，「圓頓教、無人情」，圓頓大法沒有人情可講的，解脫法門。「有疑不決直須諍」，你明明是懷疑，又說沒有懷疑，這是不對的。有疑就要問，問裡頭就產生諍論。諍論是爲什麼呢？諍論目的是爲了解決問題，解決懷疑，「有疑不決直須諍」。諍是不是是非呢？是。諍，一個對一個，不對就是是非，人我、是非，但是你解決不就要諍，諍到最後解決了。所以後頭一句「非是山僧諍人我」，不是我故意跟你諍論，「修行恐落斷常坑」，說在我們這個思想當中一個是斷見，一個是常見，始終沒法解決，這是斷常二見，不落於斷，就落於常。

例如，我們說生極樂世界，這是什麼見？是不是生到極樂世界，你就是阿彌陀佛了？你是帶著煩惱去的，帶著業障去的。這句話怎麼解釋？說帶著業障，帶著煩惱還能去到極樂世界？你在這沒煩惱、沒業障，到極樂世界幹什麼去？現在你不就解決問題了嗎？那就帶著業障，帶著煩惱去的。阿彌陀佛攝受你，就是你有業障給你降伏，暫時伏，不是斷，是伏，到那去再繼續修，換個地方好一點，因爲他那地方沒有三災八難，障緣少。你在這裡連阿羅漢都還沒證到，見思煩惱都全部具在呢！怎麼不是帶著業障去的？在這個問題上，我們好多道友，特別是在臺灣，諍的不得了。

三論宗的法師就說，沒有斷業、沒有斷煩惱，生不到極樂世界。可是斷了業，沒有煩惱了，我們生極樂世界幹什麼？釋迦牟尼佛不也是從極樂世界來的。觀世音菩薩在極樂世界很好的，爲什麼到娑婆世界來？這兩種得結合起來看。不要諍論，業不重不生娑婆，業不降伏不能到極樂世界。可是忘了一個什麼東西呢？佛加持力。阿彌陀佛四十八願，這個不是你的力量，是佛的力量。當你念聖號的時候，你就降伏這業障了。雖然是沒有斷，它已經不生起了。所以說你這個娑婆世界，就是我們這個南閻浮提，你放不下，極樂世界是去不了的。

業沒有嗎？空的嗎！我們總說業障業障，我跟我們道友開玩笑，他說：「業障！業障！」我說：「拿來吧！我們看看你的業障是什麼樣子！」誰也拿不出來。

你的業障是什麼樣子，業障在哪？自己放不下。「業性本空唯心造」，你那妄心所造的。業性沒有，天天念我業障重、業障重，你不如念阿彌陀佛、阿彌陀佛，念觀世音菩薩多好，你天天念業障重幹什麼呀？要這樣修觀。觀就是思惟，你思惟空的嗎？沒有嗎？

當你病苦，受災難的時候，不要疑惑。佛講這些話，所有疑惑皆令斷。爲什麼這句話講的這麼多，因爲我們就是有疑惑。道也悟不了，煩惱也斷不了，病苦你也放不下。病苦痛，你也觀一觀病是哪來的？病在什麼地方？你先分析你的身體，地水火風四大合成的，要分離的，凡是和合的物，不是堅固的，這個世界如是。

有人問我這麼一句話，說那土石流是怎麼來的？因爲康藏地區土石流很多，臺灣有回下大雨，山區變成了土石流，都流下來了，把村子就埋了。土石流是怎麼來的？山是怎麼形成的？爲什麼我們這山裡頭有泉水？這泉水是小，如果大了呢？你們可能沒看見過土石流，可以看看電視上、電影上，像房子這麼大的石頭，那個水一沖，那個石頭像個小石頭，一點力量都沒有，隨著那個水滾哪。若是砸到房子上，房子不是都砸塌了嗎？等到大三災的時候，水災的時候，整個的世界都讓水泡了，什麼物質的東西都沒有了。能淹到二禪天，都是水。

因此，你要這樣來認識，什麼疑惑都把它斷除。不要懷疑，懷疑就是惑。惑就是不明白。障住了，惑障，惑業苦。起惑，造業了，造業就受報。受報還不苦嗎？

起惑一定要造業，造業一定要感報。惑業苦，這是三種障礙，千萬莫要疑。

我們學《華嚴經》，要相信自己是毗盧遮那，這個問題始終有疑。有時候我們在佛經上專講一個字，發揮了很多。爲什麼？這個問題若是解決了，其他的問題都解決了。所以佛經上講，佛所說的道理，佛所教授的一個字，海墨書之而不盡。把大海都磨成墨，解釋這一個字，把那大海磨成墨，都寫完了，這個字還沒解決。

疑就是惑。我們衆生心就是懷疑，什麼事都懷疑。並不是說懷疑外人，而是你自己對自己懷疑，每位都是這樣的。疑就是惑，惑就是迷惑，迷惑就是無明。無明就是不知道，沒有智慧。爲什麼沒有智慧呢？是疑，疑不是智。斷了疑，必須得有智慧就把疑斷了，疑惑都能令他斷絕，還不成道嗎？成道，道者就是心。

有時我們說發菩提心，發菩提心就是菩提道，發了心一定要行道。菩提心、菩提道是一個，乃至菩提果也是一個，因菩提、果菩提還是菩提。菩提再翻成覺，始覺是從不覺來的。不覺、始覺、相似覺、分證覺、究竟覺，就是一個覺。層次分的不同，還是一個就是覺。覺了就是不迷。不迷了，覺了就不疑惑了。疑惑就是不知道，就是不覺。不覺就是疑惑，這是根本。始覺開始明白，明白什麼呢？斷疑。相信自己是毗盧遮那。你這一個相信的功德，那個光明就大了。光明天王之所得，他就得到這麼一個。那還多著呢！貪、瞋、癡、慢、疑，身、邊、戒、見、邪這十種惑，叫十使。這十樣使你煩惱不停，相續不斷。這種疑惑無時無地無處不存在，沒了疑，都開悟了。

日天子十一法

我們先把日天子的長行念一念。

復次日天子。得淨光普照十方眾生盡未來劫常為利益解脫門。

三十三天王說完了，還有一個太陽、一個月亮。這兩個都有宮殿。

我在美國，有位華僑跟我抬槓：「有什麼月天子？人家美國飛機都到了月亮，把月球的石頭都取回來了。我們到博物館看那月球的石頭，月球的石頭跟我們這個石頭有什麼差別？石頭就是石頭。那石頭是黑顏色的，也不是太黑，好像火燒過似的。」

我說：「你這種理解跟我們佛教講的，完全是風馬牛不相及。我們講的月球，有日天子、月天子。我們在這個陸地上說，四天王離我們最近了，須彌山你看到了嗎？我們這是四個洲，所在的是南贍部洲。北俱盧洲你去過了嗎？到過月亮，你到過北俱盧洲嗎？我們這個小地球世界，有很多地方你沒到過的。」我又說：「類烏齊，你去過沒有？」「什麼叫類烏齊？」我說：「那個民族有三十九個民族。」我又說：「玉樹、囊謙、昌都三縣，那有二十五個民族。那三縣是政府立的假名，這三縣的民族你看過嗎？」是人，但是跟我們不一樣，語言、行動、說話，你到那去跟他說有美國，還有五大洋，他根本不相信。他說你胡說八道。但是，你走過、你看見了，他不信。他只是在他那個小天地裡頭。

所以佛經上所說的月天子，你若是到月球上去找，你跟天是通不了的。

他說：「天人怎麼不下來旅遊？」我說：「你怎麼不到廁所、到糞坑去旅遊？」他說：「那多髒。」我說：「天人看見你就是糞坑，他來這裡旅遊，他看什麼？他的天眼通都看見了，他還來你這兒旅遊？開玩笑，他看你就是髒的不得了。我們感覺著自己很美，打扮的擦胭脂抹粉。現在男人也擦胭脂抹粉，不是女人的專利了。你看外國男人也擦胭脂抹粉，也化妝整容。看見男人整容，臉皮都刮了，刮完了爛得不得了。衆生心就是這樣子。」

說天人不到人間來就是這樣。你若是到我說的這個地方去住上十天，你就很了不起了，你根本沒法跟他生活，你怎麼能跟他住？你看看他們怎麼大小便，你看看他們怎麼生活。從來不洗手，抓完了牛糞就和麵，就捏糌粑，捏糌粑就給你吃，你看了都要吐，我看你怎麼吃？他就是那樣生活，習慣了，你怎麼看呢？我們不是說神話，佛說的都是事實。

日天子宮是事實。他那個羣衆生活的就在那兒，就是那樣子，我們在地球，跟月球看地球一樣的。要懂得這種道理。懂得什麼呢？佛所說的法是眞實的。比如說一切法如幻如夢如泡如影，教你不要當眞實的，不要去執著，放下就是了。那個事物實在是有的，不是沒有的。懂得這個道理了嗎？這個花是有的。你拿火把它燒了，沒有了，可壞性嗎！說這地球，日天子、月天子都是可壞性。大三災來了，日天子宮、月天子宮都泡了。泡完了，風吹火燒，經過火一燒，大風一吹，什麼都沒了，完了就是空的，八十劫之後再慢慢成。

現在科學界也承認，空中的這些顆粒、塵物，互相往一塊堆結合，結合成了個球。那麼這個裡頭有沒有人，有沒有生物？我們講梵天的時候，會講到這個問題。《華嚴經》的〈世界成就品〉，專講世界怎麼成就的，這以後再說。

日天子、月天子，不是我們現在所說的月球、日球。要知道這種道理，莫懷疑，我說這話的目的就是，日天子宮確實是有的，不是神話。好多認爲佛教所說的話是神話，再加上不好聽的名詞是「荒誕無稽」，統統不可考。沒辦法，你的智力達不到，你就不可考。佛說的生老病死苦，你該相信吧！是不是這個樣子呢？生老病死苦，裡頭還加上愛別離、怨憎會、求不得、五蘊熾盛，這叫八苦，這個你該相信了，因爲你身體會受的。

別離苦，我們不認爲是苦。你出家之後要別離父母，不跟父母一塊生活了。如果結過婚的，離開自己的先生、孩子，完了出家了，這也叫別離。苦不苦？自己知道。如果沒有的，減少這個苦，那你不能沒有父母？我看這裡頭所有的人沒有一個說我沒父母的，生的時候一定得母親生，有了母親，就得別離。別離人家是有感情的，你說苦不苦？心裡再硬，我要出家，心裡很堅定，你媽媽守著你哭的時候，心裡還是難過。如果意志堅定，我要出家，將來出家成就了，媽媽我還救你，度你。有的是自己善根好，母親送你出家，大家都得到好處。

每個人都要回顧自己，我爲什麼要出家？這一念是怎麼生起的？爲什麼我達到目的？我已經出家了，出家跟在家就是不同。如何不同？如何不同呢？在家，你上學的時候，媽媽叫你，還要黏床睡；現在人家一打板，沒誰叫你，一翻身就爬起來，這叫自願。自願就高興了，是你自己願意做的。這叫世間相。每個人都經歷過，世間相就如是。

光談眼天子。得以一切隨類身開悟眾生令入智慧海解脫門。須彌光歡喜幢天子。得為一切眾生主令勤修無邊淨功德解脫門。淨寶月天子。得修一切苦行深心歡喜解脫門。勇猛不退轉天子。得無礙光普照令一切眾生益其精爽解脫門。妙華纓光明天子。得淨光普照眾生身令生歡喜信解海解脫門。最勝幢光明天子。得光明普照一切世間令成辦種種妙功德解脫門。寶髻普光明天子。得大悲海現無邊境界種種色相寶解

脫門。光明眼天子。得淨治一切眾生眼令見法界藏解脫門。持德天子。得發生清淨相續心令不失壞解脫門。普運行光明天子。得普運日宮殿照十方一切眾生令成就所作業解脫門。

圍繞三十三天的日天子、月天子，日月我們見到了。不過月亮更近了，月亮的神話故事太多了，太陽就不行了，我們見不到太陽，一者離我們太遠，白天有光明你也不敢看它，那光明太大了，你這眼睛看看就不行了。為什麼日天子的神話少？一者是距離遠，二者光力強。冬天曬曬太陽感覺很舒服，若是夏天可不行了。最高溫度達到六十度，我們人間到四十度，人可能就昏了，若是到六十度人恐怕就死亡了。因此，關於日天子的傳說故事就少，月天子傳說的故事就多。

其實這三十三天，除了四王天之外，這些天自己都有光明，不假日光、月光，天人身上都有光明。人間要靠日月的光明照耀，有的這樣形容，「日可以令它冷，月可以令它熱。」這也是神通。古來這樣形容：「日月兩輪天地眼，詩書萬卷聖人心。」我們佛教徒可以把它改一下，「日月兩輪天地眼，佛經萬卷聖賢書。」但是現在講《華嚴經》，日天子可不是日天子了，都是大菩薩，而且《華嚴經》都是寄位的菩薩來做這個天子。心裡不能以世間的眼光來看。太陽那麼高的高溫，菩薩怎麼在那住？他是有宮殿的，而且不會有那麼高的高溫，日光之中有眾生沒有？有。

那熱能產生的，別把它當成神話聽。

梵天、六欲天，佛經上講的，佛弟子才知道，一般的在家人不知道，也沒有議論，因爲他不知道怎麼議論。太陽月亮就不同了，他知道了，議論就多。我們講須彌山，四大部洲是依著須彌山爲中心的，須彌山在印度叫妙高峯。妙者就是形容不可思議的事。那不可思議的事，我們用凡夫的心去琢磨，沒有印象，你怎麼琢磨也沒有辦法，琢磨不到的。我們後頭要講世界的成就，怎麼成就的？成就之後，我們不拿人間的山來比喻須彌山，這兩個是完全不同的。

山還有隔離義，我們在經上說，七重香水海、七重鹽水海，一重一重的圍繞著。各個國界都有海，這完全是世間成就，有些雖然是有形有相的，日天子跟月天子是有形相的，他還是屬於世間相，這個世間相跟肉眼所看見的世間相不同。爲什麼不同呢？他有主宰義，誰主宰呢？日天子、月天子，月亮有月亮的天子，太陽有太陽的天子。月球上是沒有人類了，但是月天子所住的不是在月球那個地上，就跟我們這個四天王天、忉利天離開人間了，沒在人間。

我們相信月球、日球，這是絕對的，火星、木星也是絕對的，這是世間相，但是日天子、月天子就不是了。經常把月亮形容爲女人，因爲月亮屬於陰性。太陽屬於陽性、剛性，形容男人，其實都不是的。他們是隨他們的業報，業報要講功德，在華嚴會上很多很多同類的，日天子、月天子跟前頭那些天是一樣的，六欲天講完了，就講到日天、月天，下頭就是鬼神眾了，這全是寄位的菩薩，有的寄到人間，有的大菩薩到人間寄位的。五臺山是文殊菩薩寄位的，我們見到文殊菩薩了嗎？文殊菩薩住到五臺山，在哪住？哪個廟裡頭有文殊菩薩相，文殊菩薩在五臺山住。月天子都在月球上住，是嗎？你到月球上找不到月天子。應該這樣理解。

以下就總說了，日天子得到淨光普照十方眾生，第一個講他。第二個得以一切隨類身開悟眾生。第三個須彌光歡喜幢的天子。以下的標題都是這個意思，取他中間行道的時候、或者成道的時候、寄位的時候，這些都是大菩薩來讚歎佛的加持力。那麼第一位的日天子，以他為代表，以下的日天子就含攝了，第一個天子他就代表說了。

前面是大概解釋一下，淨光普照眾生的日天子代表大眾又說讚歎的偈頌，我們現在講一講大意，就是這樣的涵義。這是說他所修行的法門、證得的菩薩道，他是怎麼證得的。他說，他能見到佛身的智慧光明就像日球一樣的，日球是什麼樣子？普照，不管你是東邊說日本也好，最西邊說美國也好，你看地球是圓的，轉過來轉過去，只是形容這一個球。一個天子要主持這麼一個球，空中無窮無盡的球，有無窮無盡的天子。這個四天下有一個月天子，有一個日天子，另一個四天下也有一個日天子、月天子，那四天下多了，一個佛土三千大千世界，那一個佛土裡頭上億數的日天子、月天子，那個不見得都是菩薩，不見得都是寄位，這是講代表性的。

我們所說的都是華嚴海會寄位的菩薩，助佛揚化，但是他自己求法、聞法，先要懂得這個，日天子、月天子，不要想到日球跟月球那樣想，那樣想你沒法進入，那就誤解了。就像你想待另一個星球、另一個世界，到娑婆世界南閻浮提、南贍部洲，南贍部洲裡有個中國，中國裡有個四大名山，文殊菩薩就住在五臺山，觀世音菩薩就住在普陀山，你要找文殊菩薩，到這五臺山找，用你的觀智去觀。日天子、月天子，你得有這種觀力去觀想，不要用眾生心去分別聖境。

這個大意得跟大家說一說，不然我們講日天子，就把他當成到月球裡去了。日天子在月球裡頭就跟文殊菩薩在五臺山一樣，我們天天就在五臺山，有的在五臺山住了這麼多年了，好多輩子，文殊菩薩究竟在哪住呢？說在黛螺頂，黛螺頂是相，但是文殊菩薩住在黛螺頂那幾間小破房？可能嗎？或者你像人一樣的，去找他的肉身？他是法身，徧一切處，等他示現肉身了，跟你一樣，你又不認識了。你能認識這個是文殊菩薩，哪個是？你不見得認識他。等你修觀智慧開了，福德智慧增長了，自然能見到。你有那個德了，日天子、月天子都來給你護法，冬天很冷，你叫日天子，給我放點熱能，他給你放點熱能。夏天很熱，叫月天子放點陰氣，清涼一下。佛說《華嚴經》，他們都來了。來的是寄位的菩薩，不是一切天子都能來得到的，知道這個涵義就行了，作聖境會，不要用我們現在的心裡來揣度這個問題，你揣度不了。

以現在的心理來揣度這個問題，你揣度不了，這個是不能悟入的，得要智入，因爲我們的智慧達不到。第一個，這是總說了，這個淨光日天子所得的法門、所得的佛的智身，用日形容他行菩薩道的時候，就可以照一切處，平等平等的，沒有分別的。衆生若有障，像太陽光照普徧的，如果我們在法堂裡頭照不到的，你可以感到它的暖，它是直接照不到的，因爲有遮；就像我們在五臺山見不到文殊師利菩薩，你有遮，遮就是障。儘管光是普徧的，你有障就照不到，它是無私的、普照的，不是它給你做遮障，是你自己做遮障。普照的意思，有時候是約你的心，心是普照的，有的接受陽光多，有的接受陽光少，那就是自分的障礙了。

約處所，一個太陽的光只能照一個四大部洲，這個四大部洲外頭還另有一個太陽，不是它照的了，菩薩行菩薩道的時候，他是十方法界都能夠做得到的。約處所說，十方都是他化度衆生的處所；約時間，盡未來際了，際是沒有邊際的，他成了佛了，成了佛了還要化度衆生。這時候所現的身不一定是佛身。約心、約處、約時，再約它的功能，佛菩薩利益衆生的時候，沒有間斷的，心、處、時永遠不間斷，以什麼來表現呢？以他無量劫所修成的道果，以智慧、善巧方便利益衆生。但是說到本體上，這是用，我們前頭講，大、方、廣的體、相、用，大、方、廣在《華嚴經》就是佛的體、相、用，約用說是如是，用還歸於體，他的功用是常無間斷的。

看來是形容淨光日天子，實際上一切菩薩都如是，他只得到佛的一分，他的心得到自性的本體了，他的大用所用的處所盡十方法界，而且是無處所的處所。約時間，是盡未來際，約他所用的功用、利益眾生的功用，常時無間斷，永遠這樣利益眾生，第一個日天子要這樣的解釋。其實是十方的一切日天子，不止這個娑婆世界，任何世界的日天子，只要菩薩寄位顯勝，他就有這些殊勝的方便，能夠利益眾生，使眾生開悟，陽光一定照耀一切眾生，使眾生得到溫暖，有這個涵義。

第二個日天子，他隨一切眾生的類，隨一切眾生的身，眾生哪一類就隨哪一身，他令他們明白、開悟，都入智慧海，他就得到這個解脫門。解脫門就是他在利益眾生的時候沒有障礙了，他能得到解脫；但是只是他所證得的。因為他能入佛智，隨那個眾生的哪一類身就現哪一類的身，設種種方便，目的是讓他開悟。悟就是讓眾生明白；悟跟迷，迷是不明白，悟是明白了，明白了就漸漸證入。

第三個日天子，佛的德是無障礙的，隨著眾生的緣而去利益眾生，但是眾生都是染污的，隨著他的染緣而去利益他。他自己沒有染，他是純淨的，那叫淨功德了。因為在這個事上，利益眾生的事他能契合的理，那理是徧的，是無邊際的，事也就無邊際了，就隨他的功行所修了。他現在是華嚴菩薩，來華嚴海會的都是華嚴菩薩，但還不是佛，不是佛就說明他還沒有究竟。

第四個日天子修的是，用他的大智慧指導他的大悲心，度那些受苦的眾生，讓他離苦得樂生歡喜。

第五個日天子利益眾生的時候，也是無礙的，令眾生離開障、離開惑。起惑造業，業就是能障，斷惑就是不造業了，這個障就消失了，我們約他所示現的身，因為他有了智慧了，身也就無障礙了，所以都成光明，光無障礙故，普照的意思。

約時間上說，前頭一說到普照、一說到普的意思，或者約心、或者約處、或者約時、或者約他的功用，都如是，這樣才稱光。完了這十個日天子不離開光，光還是善巧，就是智慧。智慧有兩種，有種根本智、有種方便善巧智，如果詳細分別，十智圓明。到經文裡頭講，十智菩薩，都叫智；或者十普菩薩，都叫普；十林菩薩，都叫林。它是以十為本的，就像日天子，十個都是日天子，這是總稱，還有別名、別號。

這個無礙義，隨著每個天子所證得的，只能說他這一部分無礙，無礙就是無障礙，他行這一道的法門無障礙。

第五個日天子，他的體離開一切障、離開一切惑，約身約智都是稱光明的，說無障礙，是普照的。但是他護持眾生，有三種精氣，一個地精氣，沒有陽光撫育，五穀不能豐收，不能成長。還有眾生形貌的端嚴、醜惡，形體的大小，隨著眾生的精氣沒有聚集。還有法的精氣，就是修行的施戒忍進禪、慧方願力智，就像持戒這些，約法說的。這十個日光天子，每一個日光天子，各個說的法門不同，實際他們十個是互相通的。

前頭第一個講淨光天子，第六個日天子也講淨光，跟淨光相等，有身、智兩種光，身心是清淨的，清淨而有光明，因為他信佛、信三寶，乃至信他自己的心，這是深廣的，永遠是歡喜的。

第七個日天子以他的功能說是光明的，那是他放出來的心光，精勤修行一切的善業所集聚的、所放的光明。

第八個日天子是大悲海，我們經常說無緣大悲，這只是諸佛菩薩的願力。無緣大悲，我們舉個例子，現在跟我們有緣的，對我們來說很少，現在中國大地上十三億人口，跟你有緣的才有幾個呀？很少很少，直接的、間接的，恐怕一萬也沒有。無緣大悲，什麼因緣沒有！大悲心要拔他的苦，給他快樂，只是你的發願而已了，距離事實很遠很遠的，把願變成事實。這個大悲海是指著佛說的，無緣大悲，就是佛最初發心修道，乃至於成道。如果佛能示現變成水，這個山上沒水，佛就加持讓那山上有水，修道者就能在這裡滋長，就能修道。這個問題看起來好像很神奇似的，這座山原來沒水，修道者一住，一挖它就有水，但是水不大，夠你的生活使用，想多得，沒有！那你的道心退了或者沒道了，這座山水斷了，你該走了，緣盡就得分手，你再住下去就得餓死、渴死，你在那住著沒緣了，你走吧！

佛是無緣大慈大悲的，普度一切的，願力是如是，沒緣還是度不了的。佛門廣大，無緣難入，他不進你這個門，你說了他不聽，他不理你這套。人家談戀愛的，你讓他去當和尚、當比丘尼去，他幹嗎？聽都不聽你的！這叫無緣。但是他有他的業緣，善緣就沒有了，佛門廣大，無緣難度，人跟人之間，無緣你接觸不了，你怎麼能接觸得了他呢？

人類好像是沒界限，實際上人跟人的界限非常清楚。你相信嗎？你是學哪一類的，你讀書的同學，好像在一個學校裡應該都一樣。但是你學的科不同，等你畢業了，各走各的行業，也有轉業的了，所學的非所用，用不上。佛學不是這樣子，你學了就能用得上。你一開始學，斷煩惱誰都用得上，說求解脫哪個都用得上，懂得這個道理，這是無緣大悲。

因為同體都有佛性。在這個上有時解釋很多的，對我們來說沒辦法進入。你能夠示現一一的色相嗎？等你證得了，有這種力量，現在我們就變不了，我們這肉體沒到解脫境界現前，變不了，你的心光發現不出來。我們現在是人，能變個狗，把那個狗度了？你變不到，變了之後，度了狗了，你又還原了，又是人，人又變成菩薩，變成個日天子度太陽神去了，辦得到嗎？這個妙用是以大悲海的大悲作為道場，那海裡頭能出很多的寶。你能得到嗎？你若是有福了，海神、龍神就給你現寶來了，懂得這個涵義就行了，這是形容日天子。

第八個日天子叫大悲海，第九個日天子叫慧除癡翳，第十個日天子叫發生，發生除障礙。在佛所發生清淨心供養一切諸佛，一切障礙都沒有了。第十一個日天子是使物居業，莫越日光。每個天子都說一種德，完了這十一個加起來只是佛的一部分，十一個日天子只得到一部分，十個四王天只得到一部分，乃至往前所說的，我們說華嚴海會的每一個菩薩，都能跟佛有一部分相應。像普賢菩薩、文殊菩薩，多分都跟佛相應了，跟佛融為一體了。

爾時日天子承佛威力。普觀一切日天子眾。而說頌言。

這跟前頭的次序都一樣的。讚歎偈子有時就不講了，大家自己去體會。

如來廣大智慧光　普照十方諸國土
一切眾生咸見佛　種種調伏多方便

前頭兩句是佛光普照，也就是淨光普照了。後一句是見佛所得的利益，因為佛有種種方便，破愚癡、破黑暗，拿什麼來破呢？拿智慧光來破。這智慧光就表明是多種的方便智慧，是智慧行方便，想種種的方便善巧來利益眾生，就是應以哪一法得度他，就給他說哪一法，這得對機，觀機說法。

如來色相無有邊　隨其所樂悉現身
普為世間開智海　燄眼如是觀於佛

燄眼日天子他這樣來看佛，他說佛的色相沒有邊際的，沒色相，依著法身而現的色相。你若喜歡見什麼，佛就現什麼身。泰國人造的像就像泰國人，印度人造的像就像印度人，日本造的像就跟日本人差不多。我們大陸造的像，漢地跟藏地造的像都不一樣。爲什麼？他喜歡這個樣子，就造出這個樣子。這就是佛身普現的意思，隨衆生造什麼緣。這只說人類造的佛像。其他類的衆生，就不是這樣子。燄眼天王他是這樣看佛的。

佛身無等無有比　光明照耀徧十方
超過一切最無上　如是法門歡喜得

歡喜日天子得到這一個法門。

為利世間修苦行　往來諸有無量劫
光明徧淨如虛空　寶月能知此方便

這一偈頌是修苦行。出家修苦行的也很多，現在修苦行的少了。如果到終南山、普陀山、九華山都還有，我們五臺山也有，住在茅蓬修苦行的。苦行的涵義就是使你的肉體能夠維持生命，其他的什麼都沒有。

我以前在上房（方）山，上房（方）山管那個修苦行的叫老修行，老字並不代表他的年齡老。一年如是，兩年如是，老是這樣做。苦到什麼程度呢？飯沒得吃。他怎麼活著呢？照樣活著。在哪個山的修行人，他挖草根子，那種草根子不叫草根子，叫黃精。夏天的時候把它挖出來，像蘿蔔沒有蘿蔔那麼大，比手指頭粗，很長很細。吃這種東西的人，身體飄輕，道家把這個當成糧食叫黃精。好像天然似的，給修道者生這種物質。

但是上房（方）山吃的方法不同。九蒸九曬，先把它蒸熟，完了再曬太陽，曬完太陽又蒸，蒸完了再曬，蒸九次，曬九次，大概是古來行道者開了悟，傳授這種方法。另外，山上有種香椿樹，野生的。如果有人上山供養，什麼都不要，就要鹽巴，把香椿跟鹽巴攙在一起，跟這黃精吃，這是飯菜，飲食如是。幾十年就一件衲衣，這是苦行。

住在洞裡，什麼都不需要，還有床嗎？沒有床，石頭就是床，大地就爲床。地爲床，天爲被，行苦行，身無常物。苦行有多種了，外道行苦行，跟佛教的苦行不一樣了。像事火婆羅門，九十六種外道，都是修苦行的。他過去發願，叫苦行僧，佛的弟子當中，迦葉尊者常住寂靜處，他是行苦行的，這是第一種，滿他自己本來的願。但是他自己歡喜，願意這樣做，無累無罣。

我們現在不行了，例如現在資生的工具，用牙刷漱口，那時候則是嚼嚼楊枝。我跟弘一老法師說：「有牙刷，牙膏。」他不用，還是嚼楊枝。你現在到福建泉州，看老法師遺物裡頭，就這麼一捆一捆的，整理好的，那是楊枝。他在圓寂時候還攢了很多楊枝，沒嚼完，他每天早晨拿楊枝刷。這也是苦行的一種，幾十年一雙鞋，幾十年一把傘，他自己補，補了又補。幾十年一張蚊帳，還給他掛著，蚊帳上補了好多，也是苦行僧，行苦行的。

但是弘一老法師有智慧，他用智慧照了。苦的性體是不苦的，行爲是苦的。我們看見這些苦行僧感覺他很苦，但是他以此爲樂，這就是思想的問題，他不認爲是苦，他很快樂，無罣無礙，無求無得，什麼也不要求。苦性是空寂的，形容他有種智慧光明，爲什麼他這樣做？他認爲這樣才能成道，無牽無罣才能成道。

現在看我們道友，你住山裡頭還說有門關嗎？沒門可關的了。他也不怕偷，誰愛拿誰拿，他也沒東西，偷什麼？他比你還窮，就是這個涵義，他是表現自己無罣礙。另一種，衆生的身心都講求舒服，愉快。你看我們的衣服很多，鋪蓋很多，反正日用資生具很多，物多必累。「日用所資，無非穢物，香囊所積，並是犯財。」穢就是髒的，爲什麼我們只要三衣，多衣了你要說淨，說淨就不是穢物。你學戒的時候都要說淨，就是這個涵義。

菩薩是表示身心歡喜，不以物爲累，行苦行，以智慧來照苦的性，性不空，一切都是淨的，沒有染的，沒有五毒。自利利他，以自利利他的果，一切都清淨，像虛空一樣的。自他沒有果，沒有果不是沒有因，不是這樣講的。沒有果，果是無利之果，沒有那個利害的果，完全清淨的。他的身心歡喜，這個身心歡喜說是不爲物類所累。智照著本性，全是清淨的，徧淨無染，自他有果。果有兩種解釋，一種是成道的道果，得的什麼果呢？光明照。光明照，黑暗消除了，障礙沒有了，光中沒有污染，徧照清淨，就是這個涵義。

佛演妙音無障礙　普徧十方諸國土
以法滋味益羣生　勇猛能知此方便
放光明網不思議　普淨一切諸含識
悉使發生深信解　此華纓天所入門

清涼國師告訴我們，這兩個偈子你在〈賢首品〉自然就會學到了。〈光明覺品〉、〈菩薩問明品〉、〈淨行品〉、〈賢首品〉都講這些道理。我們略提一提。

世間所有諸光明　不及佛一毛孔光
佛光如是不思議　此勝幢光之解脫
一切諸佛法如是　悉坐菩提樹王下
令非道者住於道　寶髻光明如是見

這些話你念念就懂了。一切佛法都是這樣子，什麼樣子呢？每個佛成佛都住在菩提樹下。「令非道者」，你走錯道了，那個道不是正道，不是菩提道，走的黑暗道，走的六道，六道就是六道輪迴了。不要走那個道，那叫非道，你住在菩提道上就好了。寶積光明天王他得到這個法。

眾生盲暗愚癡苦　佛欲令其生淨眼
是故為然智慧燈　善目於此深觀察

得清淨法眼淨了，一切意識苦都消失了。

解脫方便自在尊　若有曾見一供養
悉使修行至於果　此是德天方便力

解脫得假個方便方法，你拜懺，業障消了也解脫了，念經也解脫，聞法也解脫，上殿、過齋堂也解脫。上殿過齋堂怎麼解脫？你肚子飽了不解脫了，肚子沒飽，餓的直叫喚，這就解脫了。這是人間，還有個聖果，和尚到齋堂吃飯也不簡單，不是到那拿起碗來就吃，你得先發願，吃完飯了還得迴向懺悔。他說：「和尚飯好吃。」我說：「不好吃，你吃了可就眞不好吃。」他說：「我吃了怎麼著？怎麼不好吃，不就是吃素嗎？」我說：「不是葷素的問題。」飯前你得供養，得發願，飯後還得懺悔迴向，有好多事要做，這叫做佛事，不是吃飯去了，做佛事去了，兩個都有了，佛事俗事都有了。但是這個道理你得懂，你不懂不行，懂了之後你就知道了。

一法門中無量門　無量千劫如是說
所演法門廣大義　普運光天之所了

日天子宮的光一照，不是一道光、千道光，你看到多少道光，萬道金光，這是奇景。如果你到過山東蓬萊仙島看日出，東海觀日，那裡有座山對著東海，在那裡看。日頭剛要出來還沒出來，萬道金光，沒看見太陽的時候，空中萬道金光，時間很短，大概在一分鐘之內，光明徧照，那太陽出來半截，全是紅的，那也是蓬萊仙島看的奇景。

完了在那個山上，能看見海裡頭有座城。我們學佛的人一看就知道是乾闥婆城，乾闥婆住的就是海上城，海市蜃樓，但是必須天很晴才能看到。這是形容詞，事實上乾達婆城是虛幻的。

你到嶗山，蓬萊仙島就是山東的嶗山，離青島很近。憨山大師在那裡修一個海門寺，現在廟裡沒有和尚了。那山上老道多，嶗山出道士，嶗山出神仙，那山裡頭住的神仙，看著沒好遠，但你可過不去，你說我搭個橋吧，你搭了就化了，那兩個山是假景。

日天子就解釋完了。

月天子十法

第七，月天子長行十法。

復次月天子。得淨光普照法界攝化眾生解脫門。華王髻光明天子。得觀察一切眾生界令普入無邊法解脫門。眾妙淨光天子。得了知一切眾生心海種種攀緣轉解脫門。安樂世間心天子。得與一切眾生不可思議樂令踊躍大歡喜解脫門。樹王眼光明天子。得如田家作業種芽莖等隨時守護令成就解脫門。出現淨光天子。得慈悲救護一切眾生令現見受苦受樂事解脫門。普遊不動光天子。得能持清淨月普現十方解脫門。星宿王自在天子。得開示一切法如幻如虛空無相無自性解脫門。淨覺月天子。得普為一切眾生起大業用解脫門。大威德光明天子。得普斷一切疑惑解脫門。

十個月天子，月亮跟我們太接近了，現在美國飛機飛到月亮裡頭去了。現在中國也準備要上天了，帶人到月宮那裡去。月亮上什麼也沒有，沒水、沒動物、沒生物，美國上去是這樣子的。

我們這個月天子，不像神話所講的月亮。有些人玄想，思想想的很玄，或者夜間看著月亮，想嫦娥，沒有，嫦娥沒到月亮去，那是辦不到的。有時候看著那個月亮裡頭好像有棵樹，樹底下還有個兔子，這是幻想。

形容著月光天子跟日光天子大致都是一樣的，每個人都悟得一些境界，這些境界大家隨著文看，大致都一樣，說他光上現的身，身是什麼呢？就是智慧。身是身，智是智。有時候，智慧表現在身上，必須得有個身體來表現。身是智慧的身，智慧光現的，就像形容著法界。我們講法界，事法界、理法界，看著是兩個不同的，事就是事，理是理，實際上就是一個。沒事不能顯理，沒理不能成事。這就形容說這個智慧的光照你的心，把那心的愚癡黑暗破除了，顯現出你的智慧光。

度衆生有兩個作業。一種是自己的身口作業，身口作業自己受。心裡頭起念，身口作業。但是這個身口要利用智慧，什麼智慧呢？犁地那個犁比喻智慧，耕耘你的心地。犁耙是犁地的，犁什麼地呢？心地。我們講〈大乘起信論〉二種熏修。身口就像一頭牛，你這個智慧就像犁頭，來耕你的心地。這就是〈大乘起信論〉二種熏習。善業熏習的時候，惡業就消失了，善業就增長了。你親近的是善友，得到利益就熏習了，你經常的行道，道心就重一點。惡業熏習，業障心就重一點，道心就沒有了。

這裡頭說一切衆生等，以菩提心爲家。我們現在是以什麼爲家？惑業苦。現在我們受的就是我們的家。受什麼？苦。我們現在不苦，這叫細惑。我們現在現相上還感覺不到，等一生病了，感覺到苦了。我們過齋堂，菜飯，飯大概都大致差不多了，看那個菜，北方人是鹹的，山西人愛吃醋。我們過齋堂，也沒給你擺個醋罈，也沒給你擺個鹽罈。有的現在這個齋堂裡頭，還給你擺幾個調味料，醬油就代表鹽了，還擺個海椒罐。這是少數的了，像我們幾百人的齋堂就取消了。這得隨緣，這就叫隨業轉，你的一切生活隨業轉。菩薩他轉的不同了，隨業轉。但是他資道，拿這個來資助你的道業，你不吃行嗎？不睡覺行嗎？現在我們這個肉身是不行的。

有了這種資助，你經常還是要生病，頭痛、肚子痛，這是小病，發燒感冒是一般的。愛滋病，我們這裡是不會得的，沒有這種情形。像非典，不知道是什麼傳來的，現在還發展不出來對治的藥。去年（二〇〇三年）鬧的很厲害，路上斷了行人，走路限制的不得了，這叫業。業還多得很，以後各種不知名的病還很多。

爲什麼？科學進步了。科學進步了怎麼病反而多起來？科學進步了藥多，你沒有病這個藥怎麼對治你？什麼藥？連田裡頭麥子、豆子都要打藥。現在那豬要賣的時候，給牠打上兩針，沒幾天就胖了，你吃那個肉容易得病。糧食也如是，農藥成份很多。現在這個病，治療起來很困難。

我說治療很困難是指心病，現在的衆生心，比五十年前、比一百年前，多得很。現在你不用看那成年人，你看十幾歲的孩子，現在孩子太聰明了，壞的不得了，是這種聰明了，眞是壞的不得了。染行特別多，淨行特別少，越來越如是，什麼證眞如，成正智慧，現在可以說沒有了。有的道友想找善知識，想遇見眞正的善知識。什麼是眞正的善知識？有人這樣問我，向我請求，說是不是有這樣善知識，求我介紹一下。我說你念《法華經》、《華嚴經》，這都是眞正的善知識，你打開經本，佛菩薩現前，經本上佛怎麼說的，你去做吧！佛在世也如是，你見了佛請佛，佛給你說法，叫你怎麼做。你一出家先把戒定慧學好，這不是善知識嗎？我們現在是在娑婆世界，而且在末法當中。

末法一萬年，這才幾百年，頂多一千年。什麼時候法盡了，法沒有了，眞正末了，沒有法當然也就沒僧了。知道這種道理，你就知道現在是迷，迷加深了，悟呢？沒得。不是完全沒得，是你不進入，打開經本都是悟的方法，有深有淺，那看你過去的宿業。

過去朝五臺山的，多少都會見到聖燈，見著光明了。現在很少聽見有人說，過去朝五臺山的都能見智慧燈，五個台頂都現智慧燈。我曾經跟人開玩笑，我說：「你到五臺山來，你也能看見。」他說：「眞的嗎？」我說：「眞的，黛螺頂安了好多電燈，你去看吧。眞的！你晚上往黛螺頂看去，都在放光。」他說：「那是假的！」「眞的也是假的。」你看見智慧燈，跟你又有什麼關係？就是看見文殊菩薩，你還得修，文殊菩薩只能告訴你方法。但是能見，就說你業障消失了。雖然沒消失乾淨，能見到智慧燈，起碼心裡生大歡喜，「唉呀！菩薩加持我，業障消失了。」那幾天你很勇猛精進，過去了，又懈怠了，都如是。

爾時月天子承佛威力。普觀一切月宮殿中。諸天眾會。而說頌言。

佛放光明徧世間　照耀十方諸國土
演不思議廣大法　永破眾生癡惑暗
境界無邊無有盡　於無量劫常開導
種種自在化羣生　華髻如是觀於佛
眾生心海念念殊　佛智寬廣悉了知

普為說法令歡喜　此妙光明之解脫
眾生無有聖安樂　沈迷惡道受諸苦
如來示彼法性門　安樂思惟如是見

「聖安樂」，就是聖智涅槃。「本有今無」，這是〈疏鈔〉上說的。過去有，現在沒了。什麼呢？你那個法性身，法性實體。不是沒了，是被那個妄遮住了，沉迷妄苦把你給遮住了。我們經常說苦樂苦樂，這兩個是分不開的。樂是苦的因，苦是樂的果。苦了之後，苦盡甜來，那苦又是因了，樂又是果了。苦是因，我們在這個八苦當中修道了。開始覺悟修道了。修的苦斷了，苦斷了樂果就成了，那苦又是因，樂又是果了，苦樂本來是相對法的。這樣來解釋，迷了就苦，悟了就樂。

我們眾生是時而迷，時而又悟；時而迷了，時而又悟。打開經本都明白，經本一合，又都迷了。或者是道友共同的修道，打個佛七了，就算悟了，向那個菩提道上走。過了一個七呢？唉呀這個七打的太辛苦了，該休息休息了，這叫精進懈怠，懈怠精進。所以他很不容易成，這個時候遇到了，自己善根發現又修一陣子。一轉道又換了跑道了，爲什麼要生極樂世界？那跑道就不換了，走的慢一點，直至成佛。之所以求生極樂世界，就是因爲我們的根基不穩，精進的根基紮不穩。到了極樂世界那個根基就打好了，再不墮六道了，直至成佛。

如來希有大慈悲　為利眾生入諸有
說法勸善令成就　此目光天所了知
世尊開闡法光明　分別世間諸業性
善惡所行無失壞　淨光見此生歡喜
佛為一切福所依　譬如大地持宮室
巧示離憂安隱道　不動能知此方便

「大地持宮室」，在大地上建房子，建宮室，這是受持的意思，大地能持一切。特別是念《地藏經》的〈堅牢地神護法品〉，只要你受持《地藏經》，念《地藏經》，那個堅牢地神特別尊敬你，你的衣食住行，他一定護持你，他專護地藏菩薩。在《地藏經》第十一品，文殊、普賢、觀音、彌勒，他們的願也無盡，但是不能跟地藏王菩薩比，地藏王菩薩的願是永遠無盡的，所以他獨護地藏王菩薩。堅牢地神是什麼？農村都有個土地廟，那些都是堅牢地神的眷屬。《地藏經》第一品跟〈世主妙嚴品〉，大致差不多。我跟我們幾位弘揚《地藏經》的法師都認為，《地藏經》就是《華嚴經》的一部分，《地藏經》裡頭的涵義多分是《華嚴經》。

「巧示離憂」，我們念〈觀世音菩薩普門品〉或者念《地藏經》，有很多的善巧方便令你離開憂苦，能夠安穩的在菩提道上行道。有好多道友說自己沒有智慧，讀經記不得，聞法也是，聽了就忘了。聽的時候還明白，離開法堂，沒有了，還給法堂了。

那怎麼辦呢？《地藏經》第十二品，佛跟觀世音菩薩說，讓觀世音菩薩弘揚《地藏經》。說地藏菩薩能令一切眾生開智慧，怎麼樣開呢？方法很簡單，對我們出家兩眾，特別是我們在普壽寺，很容易。地藏菩薩前頭供上一杯水，今天早上供的，明天早上你把這杯水喝了，不要很多，小杯子就可以了。冬天你不要喝，喝了肚子會痛，因為供上了早晨是冷水。像夏天，就沒有關係。喝完了你要發願，我沒有智慧，請菩薩加持我智慧。

但是佛說的有幾條戒，不要喝酒，不要吃肉，不要打妄語，酒肉很容易，說瞎話恐怕順口就出來的，這是無始習來的。「酒肉邪淫及妄語」。邪淫，我們連正淫都沒有，何況邪淫了。「酒肉邪淫及妄語」，就是妄語一個。「三七日內勿殺害」，二十一天，不要殺害眾生，這個我們做得到。處眾的時候，說話特別注意，少說話，護妄語戒。完了你喝這個水，地藏菩薩加被你智慧。再念一千聲聖號，那個力量更大了，這是一個方法。

還有一個方法就是懺悔、磕頭，等你有了智慧了，能夠記誦，能夠知道宿命。你每天磕頭、念經、拜懺，一定要發願得宿命通。這個是你念地藏菩薩，念觀音菩薩都做得到的。或者念文殊師利菩薩開智慧的也特別多，就念一個咒，

「嗡阿惹巴雜那地」，天天念，特別是念那個「地」字，「嗡阿惹巴雜那地地地……」，念到那個氣來不到了，開智慧了。

在西藏出家，十歲以上的絕對不收，必須得小孩，你出家得童年出家，西藏沒有半路出家的。喇嘛師父都是三五歲就入廟，頭一二年，什麼經也不讓你讀，就念文殊師利菩薩心咒，「嗡阿惹巴雜那地」。你在五臺山裡頭念，效果特別大。你說你沒有智慧，你要求，智慧是求來的。這有兩種功能，一種斷惑的功能，一種開智慧的功能。要生出智慧火，這在我們漢地很少講，在西藏天天講，消除魔火、生智慧火。

智火大明周法界　現形無數等眾生
普為一切開真實　星宿王天悟斯道
佛如虛空無自性　為利眾生現世間
相好莊嚴如影像　淨覺天王如是見
佛身毛孔普演音　法雲覆世悉無餘
聽聞莫不生歡喜　如是解脫光天悟

所有的諸天大眾，華嚴海會的天眾，就是大菩薩寄位的天眾，都來參加華嚴法會。我們現在都是參加華嚴法會的，不過是在末法參加，末法也如是，讀《華嚴經》是沒有分別的。現在我們在這裡學，在華嚴法會的那個時候，一讚歎佛，用不著解釋大家都明白。

那裡頭沒有一個普通的老百姓，都是三賢位的菩薩，凡夫只有一個，善財童子。但是，他是即生成佛的，你看看他所做所行的，他是《華嚴經》的當機衆，只有善財童子是從凡夫生信心。

我開始學《華嚴經》的時候這樣想，那些都是那麼大的菩薩，善財童子他能親自見到文殊菩薩給他勸發信心，讓文殊菩薩指示，去參這個善知識，參那個善知識。而且參的都是大菩薩，觀世音菩薩在寄位的第二十七位，十迴向當中的第七迴向。觀世音菩薩化身就寄那個位，善財童子參他，他還說我僅知道這一個大悲法門，其他的你就請教另一位善知識，就給他介紹，這都是大菩薩。你從觀世音菩薩就可以體會到那些都是大菩薩。善財童子不是我們這些凡夫，他的善根相當深厚。這些偈頌我們都只是念一念而已。現在還在序分，序說華嚴法會有哪些人來參加聽經，還沒講到正宗分。

◎八部四王衆

前面講的是天衆，現在講八部。八部是屬於四王天的，帝釋天下頭有四天，每一天有八部鬼神。可是大家別做鬼神想，這都是菩薩寄位的。

乾闥婆王十法

復次持國乾闥婆王。得自在方便攝一切眾生解脫門。樹光乾闥婆王。得普見一切功德莊嚴解脫門。淨目乾闥婆王。得永斷一切眾生憂苦出生歡喜藏解脫門。華冠乾闥婆王。得永斷一切眾生邪見惑解脫門。喜步普音乾闥婆王。得如雲廣布普蔭澤一切眾生解脫門。樂搖動美目乾闥婆王。得現廣大妙好身令一切獲安樂解脫門。妙音師子幢乾闥婆王。得普散十方一切大名稱寶解脫門。普放寶光明乾闥婆王。得現一切大歡喜光明清淨身解脫門。金剛樹華幢乾闥婆王。得普滋榮一切樹令見者歡喜解脫門。普現莊嚴乾闥婆王。得善入一切佛境界與眾生安樂解脫門。

乾闥婆王，是以東方持國為主的。持國天王得到的自在方便，能攝受一切眾生。攝受、折伏，這是兩種。攝受是現歡喜相，讓眾生生歡喜，對眾生慈悲，愛語，利行。折伏就不是了，折伏現憤怒相，降伏他，眾生有很惡的，惡的你用善語引導他，他不接受。那你超過他的力，力勝於他，這叫折伏。有的菩薩利衆生的時候，順著衆生的情，順著衆生的性來攝受，現種種他喜歡的，這叫順境。有的現逆境，折伏他，應機度脫，所以叫自在，他得了自在方便。方是方法，便就是我們所說的變異，變異就是善巧的意思。菩薩利益衆生，對衆生的機，折也好，攝也好，都是方便，隨衆生的緣，緣不同。

說到方便法，第一個是布施。比如你要想求富貴，想求發財，那你先得捨，捨了才能得，不捨不得。我們經常把「捨得」這兩個字連到一起了。捨得就是布施的涵義，你捨才能得到，如果你不捨想得到辦不到的。世間的福德要靠你行善，行善就是多幫助別人。布施不一定是錢財，給人家說歡喜話，人家正在憂愁當中，你勸解他，給他說歡喜話，讓他看開一點，心開意解了，這叫愛語布施。還有他正在煩惱困難的時候，你做些對他有好處的事，對他有利益的事，這叫利行布施。

總之，布施的涵義很多，並不只是給人錢財就叫布施，這是說的世間布施。出世間的法布施，貧窮的人，你得勸說他要施捨。施捨有多種，有上供下施。上供就是供養三寶，大家都看到了，到寺廟燒香的，沒有到土地公公燒香的多，到神明前燒香的還特別多。這裡所說的神，多數就是八部鬼神衆，因爲他沒有了生死。像乾闥婆王不但了生死，還行菩薩道。但是他的部下，也就是他統帥的眷屬，不是都了生死的，他們有喜有怒，喜怒哀樂他們都具足的。你給他們燒香就是向鬼神行賄，他對你好，他能使你得到眼前的利益，長遠利益是辦不到的，因爲這裡頭有很多的因果關係，這裡說的是乾闥婆王的持國天王。

第二個說持戒。你要布施就能得大富貴，持戒得生天，這裡的持戒一般是指五戒說的，也指三皈說的。這種解釋是指著人天乘來說的，持戒生天。比丘、比丘尼持戒不是爲了生天，是爲了求解脫，爲了證果，爲了成佛，跟這個就不同了，這是說六波羅蜜法中的布施和持戒。

第三個說忍辱。忍辱的意思就是不要憤怒，離開你的瞋恨心，離開你的瞋恚心。一般說忍辱是指世間相說的，我們現在講忍辱講得深一點，例如你聽到《般若經》，認可了，也叫忍。聽了戒律，你不願意受，你煩惱，煩惱也要忍，你想得清淨必須得持戒，想不做錯誤事必須要持戒。戒有防非止惡的功能，這也屬於忍的一種。說得簡單一點，當別人惱害你了，你不起瞋恨心，不起怨恨心。如果你相信因果的話，你觀想大概我欠他的，多生以來對他有過惱害，今生他來報復，你這樣一想，他加害於你，你也覺得心安理得，這是還報的思想，是忍辱的方便。能夠忍到波羅蜜了，到了彼岸了，那不容易了。忍辱調伏你的瞋恨心，恚怒心。瞋是發於外，恚是蘊於內心。

第四個說精進。布施、持戒、忍辱、精進，精進就是不懈怠，精進是對著懈怠說的。現在我們這個肉體，這個報身，我們不說業障很重，這個報身本身就是業報，經常的四大不調，經常有病苦。等你有病的時候，你還去修行嗎？還能不能精進修行？另外一種障礙，瑣碎的事情特別多，障礙你修道，沒辦法精進。這裡有個問題，我們這裡有四五百人，常住的這些執事，例如說典座師，我們一天必須得吃飯，吃飯要求條件還是很高的了。第一個清潔衛生，第二個營養調配，典座師得用很多的腦筋。我們這裡的條件很差，柴米油鹽醬醋茶，怎麼樣就現有的條件把這個柴米油鹽配搭好。

典座師要經常地發願，以供養心供養一切眾生。發什麼願呢？發願讓你供養眾生的飲食，讓他們吃了都能得道，吃了你的飲食不懈怠，都能成就道業，那你就是菩薩，你這個就是行菩薩道。你自己沒有修，所有在這裡修行的都有你的一份，你的功德很大。如果你一天煩煩惱惱，這個吃了提意見，典座師，這廚房做得不好，你煩惱了。那個給你提個意見，提得你冒火，你就辭退不幹了，那就麻煩了。

要會發願，要有耐心，把這個當成是自己精進行菩薩道。修行不是說坐那兒閉著眼睛，閉著眼睛，曉得你在想什麼，那不一定都是行菩薩道。在你做一切事物當中，發願就是行菩薩道。做出飲食來先供養諸佛，完了供養一切尊法，供佛及僧，供一切眾生。你每天的功德，別人修行還趕不上你的功德。你若是不發願，雖有功德，但是小得多。這一發願了，把你的功德擴大了，這也是精進，精進有多種的。你在客堂當知客師，又要接待外邊的，又要照顧裡面的，事情多得很。接待外邊，你是菩薩，來的客人，什麼樣的人都有，你要把他們應付得很好，完了還把佛法布施給他們。對內部要有耐心，都是師父，你給大眾服務，給大眾服務是要有耐心的。

如果覺得我現在在這個職位，好像自己很高了，清眾師父求你點兒什麼事，說我忙，沒有時間，你去吧。如果以這種態度對待，不但沒積福，還造罪。一切事物，無論你幹哪一個角色，你在常住，還得忍受抱怨，還得忍受人家批評。內秘是清淨的，持戒的，對外邊來的人要布施，布施他歡喜，他進寺廟來，進來是煩煩惱惱，出去是歡歡喜喜，當知客這個角色不容易。佛在世時都是大菩薩當知客，這都是精進。你做哪一件事，就做哪件事精進。

第五個說禪定。禪定是對治散亂的，你在任何工作當中能夠一心，這一心也不要講得太深奧了，就是你心裡頭把這事做好，叫一心，這就是定。應付很多事，接待很多人，但是你的心裡不動，不動心就是定，看著紛飛散亂，但是你心裡是清涼的，清清淨淨的，不隨外邊境轉，心不隨境轉是大定。

第六個說智慧。智慧是捨一切煩惱，上頭所說的五種，布施、持戒、忍辱、精進、禪定都要靠智慧。有智慧的人做任何事，都做的如如法法。我們經常說如法，如法就是合乎佛的教導，如理，佛教的理就是合乎戒律。如理如法、滿眾生願，這就是方便。種種的方便，目的只有一個，讓眾生解脫，離苦得樂，這就是目的。

「樹光乾闥婆王，得普見一切功德莊嚴解脫門。」普見是令眾生見一切諸佛的功德莊嚴，見一切法，法喜充滿，見一切僧都尊敬他，一切賢聖僧是我們的導師，他是助佛揚化的。普見的意思，就是對一切眾生都以佛法來教導他，這叫普見。它還有一個涵義是平等平等。怎麼樣平等呢？在我們對人、對事，特別是對待惡人，邪知邪見的，不信三寶、謗毀三寶的，你對待他要平等，跟那些正修的、持戒的、精進的修道者平等，也要轉化他、度他，讓他能進入佛道。你度一個惡人，比度成千上萬的善人功德大得多。對任何人，只要他是人，因爲他的性體是有佛性的、跟佛無二無別的，特別是邪知邪見的人你要有耐心。讓一切眾生見佛的功德，給他說佛的功德，佛的一毫的功德、佛極少數的功德都能令一切眾生得解脫。

這個天王他能如是的理解。普見一切眾生都能得度，不過時間有的長一點，有的時間短一點。惡人也不厭棄，乃至對殺害你的人，你都以慈心來接受，所謂有道者不昧因果的意思，是他把惡因、惡果都轉成善因、善果了，是這樣的不昧因果。爲什麼呢？你殺害我，我以慈心對待你，悲憫你。你殺害一個聖者，聖者就給你迴向；你殺害我，你會墮落地獄，要墮落無量劫。聖者以慈悲心來觀想，使他不墮惡道，這才叫普見。

這個「見」字，可以把它作爲「性」字講，是「普徧」的意思，「見性」的意思。他能夠以佛的一切功德來教導一切眾生，眾生當然不能都具足佛的功德，一德、一事都可以說是佛的功德。比如對惱害你的人，你跟他說，我不跟你一樣的見識了，我忍你的惱害；但是你要懺悔，將來要落因果的，你要受報、受苦。有錢的人最怕失掉財富，他傷害你的時候，你跟他說，你這樣傷害我，你的財富會失掉的，他就恐怖了，這就叫普見善巧度衆生。

「淨目乾闥婆王，得永斷一切衆生憂苦出生歡喜藏解脫門。」這個是慈悲哀愍衆生的方便。當衆生憂惱的時候，你要使他不憂惱，不憂惱就變成歡喜了。一切的利害是感情的，感情不是眞實的。苦與樂、是與非、吉凶禍福都是屬於感情用事，喜歡的就愛，不喜歡的就惡。愛者能夠生吉祥，惡者能夠生凶惡，愛與憎、吉與凶就是在你一念之間。如果你沒有感情了，不感情用事了，像我們佛弟子遇著任何事物不要用感情，要用什麼？要理智。自己感覺著有所不足，多緣念佛所教導的法。要能夠對任何事物既無愛也無憎，消除愛惡之見。沒有愛惡之見，吉凶苦樂都亡失了，這叫智。吉凶、苦樂、愛與憎，這都是感情，情是假的，不是眞的，讓它熄滅掉。斷除利害關係、憂悲苦惱，這樣才叫永斷一切衆生憂苦。

憂苦除掉了就是歡喜了，憂苦除掉不是歡喜嗎？生歡喜，生歡喜不是一件兩件事歡喜，而是永遠生歡喜。這裡加個「藏」字，藏者，含藏義，含藏著盡是歡喜，沒有憂悲苦惱，叫「歡喜藏」。我們現在做的，還不是解脫，是學習。有時候犯毛病，犯毛病就是有時候發脾氣，那就是你愛憎之中生出來的。你喜歡的歡喜，歡喜不見得能得到。你憂愁的、煩惱的，你想斷除，斷不掉，它纏縛著你。假使你要想斷除煩惱，就去掉情感。吉凶禍福、憂悲苦惱，就是你一念間。當你處理一件事物的時候，或者你跟別人交往，朋友也好，家庭也好，對待子女，對待夫婦關係，對待父母全如是。親屬的關係，父母、夫妻、子女，有時你很生煩惱，特別是親屬非理相加的時候，不盡情也不盡理，你會生起很大的煩惱，爲什麼六親眷屬變成仇人呢？互相殘殺呢？就是這個道理。

我們說起來很簡單，但是要修行做的時候，想得到解脫，那就很難了。你沒有慈悲心，沒有發菩提心，境界現前的時候，智慧沒有了，生起忿恨、報復，互相仇殺。現在說的衆生業重，就是這個。六親眷屬互相仇殺，那世界還不動亂嗎？動亂的產生，就是愛與憎。「愛者欲其生，惡者願其死。」如果人人都能按佛所教導的去做，世界上哪還有這麼多仇殺？現在世界上每天不曉得死好多人，互相仇殺。電視也好、報紙也好，不看，心裡平平靜靜的。看了，人跟人的感情是通的，隨著那個情節生愛憎。如果能看了，而不隨他生起愛憎，不受他的影響，很平靜。憐憫一切衆生眞苦，沒意義的仇殺，這不是他本人的愛憎，是國與國之間，國家派你跟那個人打，你要打死那個人，你跟他無恩無怨無仇無恨，不可理解。

將來你去弘法，到社會上有人會問你了。他說：「你們這麼靈，爲什麼社會上還有這麼多惡事？」我說：「他也不聽我們的，有誰聽我們的？」我們跟他說，他聽嗎？理都不理你，他也沒緣接觸到你，無緣難度，他接觸到你了嗎？就算接觸到，他也得信，他信嗎？不相信，他也不相信因果，說殺人是還報的。死了死了，死了就了，了的了嗎？了不了的那半截他不相信，也不知道。他只重現前，不管未來，這是眾生的通病。我們講這個還有什麼用呢？種個遠因而已。像在座的，我們共同學習，這是近因了，我們相信、求解脫。

現在世界上，佛弟子信，信了之後，我們所得到的是什麼呢？安靜。現在我們很安靜，不惹任何人，人家也不會惹我們，我們沒有那個業因，也沒有那個業果，吉凶禍福不是外來的，自己招感的。儘管這個世界現在是末法，很惡、很亂，對我們來說很清淨。這不是一生兩生，三四五生，不要把自己看輕了，我們修行好多生了，在這個危難動盪的時候，我們能夠這樣清淨，這就是無上的幸福。而且在這個時代，我們在這裡住著學道、修道，修什麼呢？修布施，修持戒，修忍辱，修精進，修禪定，修智慧。讓我們生起智慧觀照，經常以慈悲心、哀愍心對待現實的社會，說我們給他們迴向，能有效果嗎？有的。我們這個世界，現在還有一批人行道，愛護別人，就是這個涵義。

「華冠乾闥婆王，得永斷一切眾生邪見惑解脫門。」「永斷」，很不容易。我們現在連相似斷也沒有，相似斷就是三賢位菩薩了。我們相信善惡因果，相信自己的佛性跟諸佛無二無別，就這個相信都不容易了。這些八部鬼神來華嚴法會的都稱爲王，八部王衆自己斷了邪見，得解脫了，又能夠教化衆生斷邪見，他得到什麼了呢？得到佛的智慧，得到決定的智慧，永斷邪惑。

這個邪見，不是正知正見，而是邪覺觀，他看見的道理，是偏的，不正確的，叫邪見，是顛倒妄計。本來殺人是作惡的，他說殺人得福德，殺人得好處，這不是邪見嗎？在戰場上，不論駕駛員、炮手、發射武器的人，這回若是能炸得準，炸死了好多人，就能得國家獎勵，稱他是英雄，這不叫邪知邪見嗎？你跟他講殺人放火是罪，他說我是立功，他相信嗎？不相信。

這個天王他得到決定智光、智慧光明，破除了邪網的黑暗。邪惑，我們經常遇得到的，其實道友之間互相也遇得到，明明是他不對，他說他的很對，這是邪見。他看理看得跟人家不同，我們經常說的四個字「無理取鬧」，沒得道理，還跟你鬧。你說他無理取鬧，他心裡認爲他想的那個理很對，這是入邪見網，是斷善根的。破戒了，好度，破了見了，不好度，他就咬定他是對的。

我們漢地人學密法，甚深的道理他不懂，他只取現相，把現相當成究竟，明明是破戒的，明明是犯齋的，他說這是究竟成佛。對嗎？這叫邪見，這個邪見很難破，是斷諸善根的邪見。他的心迷得非常深，我們有時候說是妄見，妄見深入了，就是邪見了。他把理顛倒了，叫迷惑，完了把這個迷惑當成眞理，事跟理顛倒了。

比如說，亂搞男女關係，他說是正確的，他說：「這是度衆生。」明明是顛倒快樂，他認為是快樂，說是度衆生。這樣度衆生，誰說的？魔王說的，這些都叫邪見。學歪門邪道、學神通，佛教講的神通是明心見性，神名天心，通名慧性。他那神通是什麼樣呢？取世間的妖言惑衆，行為惑衆，騙取什麼呢？騙取財，騙取色。他認為這樣才能成佛，這只能下地獄，絕對不能成佛的。一切顛倒的迷惑，這就是煩惱、貪瞋的總根子。他對於所緣念的境界，沒有智慧，是迷惑產生的知見，但是他們也有定，印度外道六師，就是這樣子的。

我初到印度的時候，看見有一條街道，那條街道的牛，差不多有一千二百磅那麼大，在街道上橫行。到哪個家裡，家裡人還給牠供養，好吃的給牠吃。那牛還戴著紅布、綠布，綢絲也給牠掛上。牛在街上走，人都要給牠讓路，連外國的汽車也得尊重他們的風俗習慣，頂好不走那條街。那條街都是信牛的，為什麼呢？他的祖師在入定當中，看見牛死生天了，「哈！你若是敬奉牛，牛的功德你就能得到了，你死了也能生天。」他並不曉得這頭牛過去多生的因緣。

還有事火婆羅門，他們認為火是光明，能夠消滅一切黑暗，燒一堆火，大家在那裡拜，圍著念，自己編一個咒。外道有九十六種，這都叫邪知邪見，因為他沒得智慧，只看到一個境界，就把這個境界當成眞實的了，其實是妄境。

我們學佛，要學佛的智慧光明。不合乎理的應當合乎理，邪見永除，這個乾闥婆王斷了一切衆生邪見惑，得了解脫。我們先得懂得惑，惑是迷了，就是虛妄的心迷了，更深入了，這叫迷惑。迷惑是從你的虛妄心所起的，對於你的現前境界相，顚倒，事和理顚倒，事根本不合乎理，你所見到的事跟理不相合，這樣子就叫惑。心被現前境界相所轉，心不能轉境，又不認識這個境的是非，這就叫迷惑顚倒。

「喜步普音乾闥婆王，得如雲廣布普蔭澤一切衆生解脫門。」「普蔭」是指雲、雨，在乾旱的時候，天陰，下小雨，清涼了。現在我們夏天熱惱的時候，下點小雨，像噴霧器一樣的，叫「普蔭」。太陽熱惱，夏天就盼來一塊雲彩把太陽遮住了，哈！立刻就清涼了，這是慈雲普蔭的意思。

又者，指草木來說的，三草二木，慈雲爲雨，都能夠成長。我們說材，有大材小材，材是材料的材，大的木頭做棟樑。以前蓋房子，中間都有個樑，現在改良了。成器的木頭就叫成材，不成器的木頭，不成材，燒火的那個木頭就不成材。

清涼國師引證莊子的故事來說明。莊子他在山裡走，看見一個伐木的人，看了，他就感歎了，成材的好木頭，伐木工人就把它砍掉了，不成材的要它幹什麼？也就不砍了。他歎息是成材好？還是不成材好？成材的被人伐了，不成材的沒有什麼用處，人家不理它了，反而可以照常生長，照常地活著。成材的反倒被殺害，不成材的，反倒得終其天年，自然成長。

又有一次莊子到他朋友豎子家裡去，他的朋友招待他，就殺一隻雁。兩隻雁，一隻能鳴，能鳴就是能叫、能唱，一隻雁不能鳴，豎子就把這隻不能鳴的殺了，能鳴的就保留了下來。他的弟子就問莊子說：「山中之木，以不材得終其天年。」說山裡的木頭，因為不成材，不能做什麼，它還成長得很好，保留下來了，得終天年。但是主人的雁，卻因不材，不會唱，就把牠給殺了，能唱的就留下了，這兩件事情好像有點反常。莊子就答覆說：「處夫材與不材之間」。這個材看你在什麼時候，不當用的時候沒用處了。這個材與不材之間的取捨，你思索去吧。

「我觀一切悉皆平等」，這是《法華經》的意思。他說無論貴賤上下，持戒毀戒，威儀具足跟不具足，正見和邪見，利根與鈍根，在佛的教導當中，無論成材不成材都得到清涼，不論你是利根鈍根，普雨法雨，法雨普施。天降雲雨，它是沒有分別心的，也不管你成材不成材，平等對待。佛利益眾生也如是，不管你是鈍根，也不管你是利根，不是有善根的就度，沒善根的就不度，佛是平等的。沒善根重新給你種善根，有善根的令你增長，平等對待。佛對持戒犯戒，犯戒許你懺悔，持戒你逐漸地成長。威儀具足、威儀不具足，正見邪見、利根鈍根，普雨法雨，這就是如雲廣布普蔭澤一切眾生。這就說明，在佛的教導之下一切皆悉平等。但是在我們道友之間，若是這個道友破戒了，或者他還俗了，大家就不理他了。

佛不是這個樣子，還要攝受他，使他再回轉。毀犯了，懺悔就好了，又乾淨了。我們衣服打髒了，不能說我們衣服打髒了，這件衣服就不要了，你拿水洗洗，不是又清淨了？這就是佛的慈悲心，普度，廣布普蔭，就是這個涵義。所以面對邪見，只能說難度，不能說不度。邪見能不能轉呢？都能轉。我們看看佛在世的時候，就說最著名的大阿羅漢，舍利弗、目犍連，之前不都是外道嗎？迦葉尊者那麼精進，那麼修行，他過去是外道，佛也把他度了。如果說這個不成材，是外道，邪知邪見，不度他，那就完了，他們得度的機會就沒有了。度了，他變成佛的上首弟子，轉邪歸正了。形容什麼呢？形容佛對一切眾生，普施蔭澤。喜步普音乾闥婆王，他體會到佛的意思，也如是證得解脫了。

慈雲普蔭，就是三草二木普徧滋潤。三草就是小草、中草、上草。上草是什麼呢？一切藥材。對眾生最有利，很名貴的。我們說人參吧，人參也是草。二木呢？有成材的，有不成材的。比喻佛所度的眾生，人天乘的，就是小草。即使是我們人天之中的國王，或者釋梵諸王，他們都是小藥草，因爲他們還都是人，屬於小草之內。中草呢？是指二乘人說的，他們證得了無漏，不在三界流轉了，但是他們不發心度眾生。他們得了六種神通，斷了見思惑，常行禪定，獨處山林，這是中藥草。菩薩呢？就是上藥上草。求世尊處，他求成佛，精進不懈，這是上藥草。佛所說的法，都是普滋潤的，不管小、中、大。二木就是小樹、大樹。這個要求就高了，七地以前，初地、二地、三地、四地、到六地，都叫小樹。八地菩薩以上的就叫大樹，那可眞是慈蔭眾生廣度一切。

「樂搖動美目乾闥婆王，得現廣大妙好身令一切獲安樂解脫門。」現廣大妙好身，人家一看見就很高興。有的人一看見他的相貌就生歡喜心，有緣就能得度了。稱他的體性，廣度一切衆生，具足了清淨妙好，這是以身度。他沒說法，就能讓人得度。好比說一見佛就得度，佛還沒跟他說法，他就得度了，一見佛，他的惑業就消失了，證得阿羅漢果。有的是佛跟他說法，一說他就證得阿羅漢果；有的佛跟他說很多法，還不得度，必須經過一段時間。

不過有的是示現的，像阿難尊者在佛的身邊，一直到佛入涅槃了，還沒證得阿羅漢果，但他聞法聞得最多了。有的衆生，一看見佛三十二相，就悟道了，就證得阿羅漢果，這是機的不同。這都是顯普度的意思，令一切得安樂，得解脫。有的是因身得度，有的是因言教得度的。

「妙音師子幢乾闥婆王，得普散十方一切大名稱寶解脫門。」佛出世間說法利益衆生，所以稱爲寶。寶是稀少的意思。我們稱佛、法、僧爲三寶。佛的法和一切衆僧都稱爲寶。假使我們現在得個如意寶珠，不說得如意寶珠了，就是得一個普通的玉石也是很稀少，很名貴的，那都叫寶。寶是能解決你的困乏。有了財寶了，寶就是財，有了財富了，衣食住行都得到安樂了，這就叫寶。三寶的意思，是能給衆生帶來幸福快樂。衆生若能遇見三寶，就能得到解脫，解脫就是煩惱清，智慧長，就叫解脫，不一定是指證果。

在北京，曾經有人這樣問過我。那時中國佛學院剛剛恢復，因爲從五〇年到八〇年，有三十年的時間，和尚沒有了，經書也沒有了，都封閉了。一九八〇年又恢復了，叫落實政策。什麼政策呢？宗教信仰自由。這一落實宗教政策，有了和尚了，可是二、三十歲的人不知道和尚是什麼，怎麼穿這個衣服？怪裡怪氣的。那時候通教寺的老比丘尼，她們不敢上街，一上街好多人圍著看，很希奇。特別是女眾，頭髮剃得光光的，穿得怪裡怪氣的，他們沒看見過，覺得很希奇的。

以前的寺廟都是關閉的，因此能夠見到僧寶，乃至於能聞到法，能夠見到佛像，不要認為很容易。印度不是佛教的出生地嗎？現在到印度去碰見個印度和尚，那簡直少得很，沒有。碰見有穿黃衣服的，那是錫蘭的，不是印度的。印度基本上沒有佛教，沒有三寶了。我到加爾各達，那兒有個菩提學會，也不是印度的。有斯里蘭卡的，或者泰國的，緬甸的，在那兒修個精舍，造個佛像，印度人信的很少。

像普壽寺四、五百人，比丘、比丘尼都有，好像很不希奇吧？唉，你到沒有的地方就非常的希奇了，希有尊貴了。我們現在在國內，特別在五臺山，看見和尚、看見喇嘛，看見比丘僧、比丘尼僧好像很多很多，你到外地看看，有些省分你想遇著一個和尚，很難。再到中東，到美國，也很難。美國的和尚都不穿僧服，特別是日本和尚到了美國，他們都穿著西裝革履，他說他是和尚，你信嗎？你信也好，不信也好，就是這個樣子。西藏喇嘛，西藏不是所有的喇嘛都稱仁波切。仁波切是很尊貴的，是寶貝的意思。我那時候剛到西藏去，知道的還不多。就問「仁波切」的漢文翻譯是什麼？說是「寶貝」，我說這個不大好。我的老師說：「寶貝怎麼不好？」我說：「在北京挖苦人，就說你這個傢伙簡直是個寶貝。寶貝就是不入世，不入俗，一點知識、一點文化都沒有，做什麼事也不恰當，這就是寶貝。」

這叫什麼呢？一個地方一個風俗習慣。佛度一切衆生的時候，任何衆生都是平等平等的。現廣大清淨妙好相，普度一切。誰要能遇見佛，遇見法，遇見僧，這是很稀少的，他也就能得度。

剛才我們講的三寶，三寶有六種涵義。一種是希有，凡是說寶都是很少的。鑽石絕不像石頭，加個鑽字，就不是石頭。石頭，五臺山到處都是，它不叫寶，叫石頭。佛法僧三寶很難得，我們身在三寶之中，不感覺難得了。當你剛信，而且這個地方沒有三寶，那你感覺就很難得了。看見一個法師，聽到講經，你感覺很希奇。我們經常說物以稀爲貴，稀少了就是寶了。而且，佛法僧三寶能給你帶來幸福，帶來吉祥，帶來美好，所以叫寶。這是一種。

第二種是明淨之義。明淨是遠離一切有漏法，無垢無染清淨光明。

第三種是勢力，就是佛法僧三寶都具足不可思議的威德自在。但是現在我們僧寶，有的自己不尊重自己，給人留下了很多不好的印象。現在社會上出現了一批謀生活的假和尚，這對好和尚的影響很大。但是在家人不知道，他們不明白佛法僧三寶。這就是魔王波旬在《涅槃經》裡說的，佛涅槃的時候，他說：「我讓我的魔子魔孫穿你的衣服，吃你的飯，也跟你的弟子一樣，但是就是不幹你的事，幹我的魔事，這就是滅法了，法將滅矣。」

第四種莊嚴之義。佛法僧三寶能莊嚴世間。世間的寶貝，珍珠、瑪瑙、珊瑚都算寶貝了，因為稀少，人家帶上它也能莊嚴身體。西藏人就鑲到腦殼上，你看西藏女人，她掛一個珊瑚珠，鑲一個寶石。

第五是最勝之義。三寶出於世間，而為世間之最。清淨，尊貴，莊嚴，涵義很多了，說這三個就夠了。像我們出家、在家二衆、三寶弟子，你體會到什麼最勝？出世間法，最殊勝、最妙好。

第六是不變之義。佛、法、僧三寶不是有漏的，是無漏的。世間的愛憎毀譽稱譏苦樂八法不能改變他，他不受這個染污法轉化。雖然我們現在還不能做到這一步，心裡一點迷惑都沒有。但身體所行的都是依佛的教導，按戒律的教授，這樣去做，這就是不變。佛所教導你的法，在任何時候貪瞋癡絕對是惑。

這都是隨時變的。現在是人，來生就變成畜生，變畜生還不錯，他得先下地獄，地獄苦受了很多，完了再變畜生，這都是有漏法。佛法僧三寶呢？是無漏法，所以不變。你入了佛門了，我不是鼓勵你懈怠，別聽錯了。一入了佛門就算是你懈怠的，不過時間長一點，一定得度。人家精進的，三年五年成道了，或者一輩子二輩子就成道了，乃至十生八生，一百生一千生；至於你，那時間就長了，或者一萬生十萬生，這中間就受苦，最後還是得度。儘管你現在在染污當中，將來你會清淨的，爲什麼呢？你現在種子種下去了，這個種子成長了，壯大了，那些染污法，稱譏苦樂愛憎毀譽，自然漸漸就消除了。就說我們這些道友跟現在世間比，沒法比。我們這兒清淨得多，但是距離成道還很遠。心裡的煩惱還是很多的，但是你知道，認識到了，這是煩惱，你漸漸的要斷除，能知道、能斷除就很不容易了。

「普放寶光明乾闥婆王，得現一切大歡喜光明清淨身解脫門。」這個乾闥婆王普放寶光明，放寶光明就形容他的光明普照，一切六塵境界染污不到他，見了他就生歡喜心。他的身跟心的智慧光，人家一見著他就生歡喜。對機的時候，衆生見他生歡喜心，他自己則是「惑累不生」，這叫得大歡喜。

「金剛樹華幢乾闥婆王，得普滋榮一切樹令見者歡喜解脫門。」他經常說法利益衆生，說法就像水一樣的來滋潤菩提樹，好成菩提道。以菩提心法的法水來滋潤一切，所以見著他就歡喜。沒有二乘之法的，菩提樹都說大乘之法，菩提樹就是一切皆是菩提，樹是形容詞，滋潤一切樹就是滋潤一切衆生，人家見他就生歡喜，他得這樣一個解脫門。法水徧滋潤，這是發菩提心修菩提行的涵義。

「普現莊嚴乾闥婆王，得善入一切佛境界與衆生安樂解脫門。」善入就是一多無礙入佛的境界，他的智慧善入佛的境界。

爾時持國乾闥婆王承佛威力。普觀一切乾闥婆眾。而說頌言。

諸佛境界無量門　一切眾生莫能入
善逝如空性清淨　普為世間開正道

華嚴海會的護法眾，也是聽眾。現在是乾闥婆王，乾闥婆王承佛的威力，觀一切的乾闥婆眾。「而說頌言」是讚歎佛的話，這是持國乾闥婆王代表所有乾闥婆的大眾，讚佛的偈子。諸佛境界的無量法門不是一切眾生得能入的。「善逝」，就是佛的別號，善逝世間覺。讚歎佛他的體性是空的，沒有染污的，給一切世間開正道，正道就是讓你走的菩提道路，菩提道路就是覺悟的道路。這四句話就是讓一切眾生走解脫門，解脫門不是煩惱門了，解脫一切煩惱。這一共有四個偈頌。

如來一一毛孔中　功德大海皆充滿
一切世間咸利樂　此樹光王所能見

這是第二個乾闥婆王樹光王讚歎佛的意思。這十個乾闥婆王，第一個是持國乾闥婆天王讚歎佛的意思。在佛的一一毛孔都具足無量功德。「一一毛孔」，舉一毛孔就是一切法界義，一一毛孔都是法界義，入一個毛孔中，這個三千大千世界所有的眾生，所有的依正二報在這一切毛孔中顯現，使一切世間能得到快樂，能得到利益。這是讚歎佛的功德，前頭是略說的。

世間廣大憂苦海　佛能消竭悉無餘
如來慈愍多方便　淨目於此能深解

這是淨目乾闥婆王，他得到永斷一切衆生憂苦。沒有憂苦就出生歡樂解脫。

十方剎海無有邊　佛以智光咸照耀
普使滌除邪惡見　此樹華王所入門

樹華王得到的是斷一切衆生的邪見解脫。

佛於往昔無量劫　修習大慈方便行
一切世間咸慰安　此道普音能悟入

這是喜步普音乾闥婆王他所證得的，在衆生熱惱的時候，把熱惱給你消失了，得這麼個解脫。這上頭一共有五個偈讚，大意都是相同的。

現在把什麼樣叫方便道？什麼樣叫解脫道？略加以解釋。

方便道，指示給我們一些方法，善巧方便的意思。例如說，對於多貪的衆生，給他說布施。貪瞋癡嚴重的要給他說持戒。持戒包括三皈、五戒、八關齋戒，沙彌十戒。在佛教，還有三千威儀，八萬細行。三皈也是戒，在你受三皈依的時候，受了三皈，皈依佛，不能再皈依天魔外道。皈依法，不能再受持外道的典籍。皈依僧，不能夠再去皈依外道徒衆。這也是戒，是三皈的戒，再加上五戒，這些都是佛教授我們，防非止惡。戒，凡是一些罪惡的事情都止息了，凡是善法都要奉行，這也是善巧。或者念佛法門，或禪定法門，也是善巧。總的說來，衆生的貪心特重，特吝嗇，不肯捨。

我們一般說，「捨得」。捨得捨得，你要捨才能得，你不捨得不到的。世間人都求財富，求官位，求名聞，求利養。你得讚歎別人的好事，讚歎別人的好事，人家也讚歎你，你盡說別人的壞話，得不到人家的讚歎。布施給衆生的財物，你得到衆生回施你的財物。佛法就不行了，佛法這個方便，布施給一切衆生，把佛所教授的覺悟方法布施給他，他的回饋是誠和信。他還不知道佛法，他回饋你的就是能夠敬佛、敬法、敬僧，這都叫方便善巧。

但有言說的，但有行爲的，都叫善巧，也都叫方便。究竟了義，沒有言說也沒有行爲。我們經常說相信自己的法性理體，那是沒言說的，離文字相，離語言，還離心緣相。心緣相就是思惟，這一切都要把它斷了，言語道斷、心行處滅，凡有語言的都把它斷絕，凡有思惟的都把它斷絕，那就入佛的智海了，這種不容易了。

若達到這種境界，叫前方便。本來《華嚴經》說的是十波羅蜜，現在文中說的是六波羅蜜。布施得大富，持戒得生天，忍辱得離諸瞋恚，精進能具足佛的諸功德，禪定能對付你的散亂，心裡不散亂。得智慧的就捨掉煩惱，有智慧的人不會煩惱的，沒智慧的人才煩惱。煩是指著心定不定說，心不定很煩亂，就是事情一多了，你處理的時候雜亂無章，不知道怎麼處理。有智慧的人，他不會的。佛說八萬四千法門，我們現在所說的就是六度，布施、持戒、忍辱、精進、禪定、智慧。《華嚴經》從智慧度，開個慧、方、願、力、智，智是根本智，慧是善巧方便。

例如說五臺山，文殊師利菩薩在這裡設這麼一個道場，這個就是方便攝受眾生。不管你到五臺山來，是煩惱心也好，瞋恨心也好，只要到這個山上來，得到清涼了，山上是清涼山，專門除熱惱的。這些話可能有些人不信。在五臺山上有沒有造惡業的？照樣有。五臺山裡頭有沒有殺人放火的？照樣有。過去大德對文殊菩薩示現的化身，文殊師利的化身不是文殊師利菩薩本身，而是化現的相。他看見從南方道場來的比丘，問他說：「現在的南方佛法如何？」那個比丘如實說了，「現在進入末法了，南方的佛法，做佛事的，所有的行爲跟佛教授相應的，越來越少了。」完了這位南方來的師父就問文殊菩薩的化身，他說：「五台道場如何？」文殊菩薩化身答覆他：「凡聖交參，龍蛇混雜。」有龍也有蛇，有凡夫也有聖人。

以前有個東北人，他犯的是殺人罪，曾經在佛母洞的外邊修了間小廟，冤家路窄，我們東北的員警來了，一看見他，這個是殺人的通緝犯！就把他抓了，當然是依法判罪了。五台聖境不是藏污納垢的處所，而是清涼寶地。懂得這個道理了，不是菩薩不靈，是你的業障太重。

我們出家的道友，說到了清涼山都能成道，都能夠了生死，都能解脫了，那還得靠你自己去修，看你是什麼因緣。佛門廣大，無緣難度，沒有緣的度不了。所以，教授我們要能布施的，你能得到富貴，所以要行布施度，六度萬行，布施爲首。這個是人天的福報，得了還會失掉。前面講持戒得生天，不只如此。持戒的目的不是求人天果報的，持戒目的是求清淨解脫。例如說不殺生，不殺生不是光說殺人，殺人是犯法的，殺雞殺魚殺豬，這不犯法；你殺他，他一定要殺你，要還報的，這是講因果法。

持戒防非止惡的，止惡的就究竟達到解脫，證得阿羅漢果，這是人天乘。人天乘是餘報，不是正式的果報。持戒不僅僅是生天。

忍辱，我們只看見別人污辱我，或者語言污辱我，或者行爲污辱我，我忍受了，這是一種解釋。忍他人之辱，就是非理相加到我身上，我能忍受，這是一般的。忍還含著什麼呢？我們經常講無生法忍，忍可無生。一切諸法無生，無生才能無有滅。你不生了，不生自然就不死，有生必有死，生必死。不生就不死，悟得無生法，這個很不容易。達到這個忍，叫無生法忍，忍可於諸法不生。諸法不自生，亦不從他生，不共生，不無因生，是故說無生，一切法都如是，這個說忍辱。

我們一般說忍辱，別人的非理相加，加到我身上，不但不起瞋恚、不起怨恨，還認爲他幫我消業障了。《金剛經》就是這樣說的，說人家輕慢你、罵你、辱你、非理相加打你，都忍受了，你得到什麼好處呢？過去所有的惡業漸漸就消除，再不受報了，這是很便宜的事。但是，誰又能做得到呢？同學之間明明沒有這個事，他到師父那兒告你的狀，說你怎麼怎麼了，這叫非理相加，誣害你了，你把這個當成消災免難。說起來很容易，做起時很難。

精進度，一般的人認爲我一天上早晚殿、再加念佛號、讀誦大乘，按佛的教導去做，認爲這就是精進了。規定六個小時，我作八個小時，作十個小時，那在佛的教導呢？晝三時、夜三時，晝夜六時恆精進，不間斷。到了中夜的時候，太疲勞了，讀誦大乘以自消（按：「消」字或作「休」）息，我們現在把讀誦大乘經典當成了精進的功課了，那是佛對待弟子的教授，讀誦大乘就是休息了，這只是約心地法門說的。

什麼叫精進？精者是純、不雜。思想單一、沒有雜染、不胡思亂想。進是不退，純而不雜爲精，不退爲進。什麼不退呢？緣念佛、緣念法、緣念僧三寶，還緣念大乘的教義。比如說我們學華嚴、讀華嚴，緣念華嚴。念頭不雜爲精，勇往直前不退。遇著什麼的磨難，乃至命難，病苦、一切災難都不退這個心。我們學華嚴的，注重你的心念，這叫做精進。

禪定是不散亂，不散亂就是講一心，你念什麼經，拜什麼懺，前頭都告訴你「一心」，一心就是專一的意思，叫定。大乘經典叫三昧、三摩地（提）、奢摩他，名詞儘管很多，都是定，定是治散亂的。定的功夫到了頂點的時候，有人一刀把你腦殼砍下去，沒事。過去祖師就這樣子，「將頭臨白刃，猶似斬春風」，有人把他的腦殼砍掉了，沒事，一入定了，他把肉體觀空了，那刀在空中能砍到什麼？

我們講五臺山的高妙峯禪師（有的時候翻譯叫高峯妙，有時叫高妙峯），他就是這樣子。小鬼抓他，他一散亂的時候，就把他鎖上了，他一入定又沒有了。禪定到了最高境界，能有這種境界。可能大家還能記得他說的偈子，「要拿老僧高妙峯，除非鐵鎖鎖虛空，要還鎖得虛空去，再拿老僧高妙峯。」他以禪定力，把他的肉體隱了。現在雖有肉身，空觀修成了，他的身體跟虛空相結合了，沒有了。語言、形相一切都沒有了，這是我們經常講的空觀。

但是《華嚴經》所講的不是這個涵義，比這個境界高多了。一微塵轉大法輪，一毫端現寶王剎。一毫端就是一個汗毛，上頭是一個佛國土，一個佛世界，這是以定力的功夫把它變了，把一毫毛變成一法界，所以三千大千世界都在裡頭，那是佛的神力，修道者能這樣子，究竟成就。

智慧度，智慧是度煩惱的，主要是度無明的。煩惱的根本就是無明，無明就是沒有智慧。有智慧的人，他的肉體能變成光明，沒有肉體了，全是光明，叫智慧光明。有智慧的，無事不知、無事不了，這叫有智慧。有智慧的人，處理問題非常的恰當。

這些總的說來，都叫方便。種種的方便，目的是化導眾生。應以什麼方法得度的，這個眾生瞋恨心特別重，那叫瞋煩惱，就叫他修慈悲觀。煩惱多種多樣的，每個眾生的煩惱跟另一個眾生的煩惱有時候不一樣。這眾生偏於貪愛，貪愛特別重；這個經常愛發脾氣、發火，瞋恨心重；有些人你看他傻裡傻氣的，糊塗，那是愚癡重。每一個眾生各各具足不同，每個人思想狀況不同，化度的方式也不同。眾生有種種欲，種種煩惱，所以佛說法的時候，就有無量法門，那就是對治眾生。

文中說到一個是方便，一個是刹海。刹海就像我們說水陸，刹就是陸，海就是水。這個「刹」字有好多人不知道，刹就是土，梵語叫刹。我們做的田地，土地就是田，田地。刹是從微塵到整個的大地，不止是我們這個地球上大地，無量的星球、無量的大地都包括在內，都叫「刹」。但是把這個刹海形容成什麼呢？刹海微塵數，把所有的一切佛國土，三千大千世界，不止是我們在這個娑婆世界的南贍部洲，我們這個小小的地球。最後講到世界安立的時候，微塵又不壞，又能容到十方的刹海，小能容大，這就是華嚴義。

人的心就是妄心，還不是眞心，眞心很大。如果你一作意黑龍江，感覺黑龍江就在你眼前。或者哈爾濱，或者哪個縣，或者大連、長春、乃至瀋陽，這個國土你走到的地方，你一作意，一念間頓現。現到什麼地方？你這個心有好大？以物質來說，就說你這個肉團心，也就是你現在的識，用這個境界體會到佛所說的那個性，法界性那個性，說那個體，說你這一念心，能容十方一切剎海。心也沒大，剎海也沒小，像佛所說的剎海，包括無盡了，就我們這個小地球說，五大洋的洋，中國的東海、南海就這些海。你所知道的，一作意間，都在你一念間。特別解釋剎海。

惡見，衆生有很多的惡見，惡見就是不正確的看法。見是見解，就是你看問題的看法，總跟人家正見的不同，惡見，有時候成爲邪惡的看問題的看法。我們看那個造罪的，殺人的、放火的，他心裡頭有個主導的，主導的是他的思想，他對這個問題的看法不同，那是邪知邪見，邪知邪見就是惡見。惡見本身就是煩惱，跟佛教是相對的，跟佛所教授的是不同的。

惡見的人他也有慧，但是沒有智。慧是了別爲義，惡見人他的慧，分別一切事物，跟你正見的是敵對的，我們認爲殺人放火是邪惡的事情，他認爲殺人放火是對的，那殺人犯、縱火犯不認爲是對的，他還幹嗎？他認爲自己是對的。他作惡、做壞事，反倒是很有理由的，他也有他的說法。如果你看〈法制報〉，看電視，惡人有他惡見的一套言論，他認爲殺人放火是對的，這叫邪見。

邪覺觀，我們這五濁惡世，劫濁、見濁、煩惱濁，中間有一個邪知邪見，就是見濁，現在我們就處於見濁的時代，知見，看問題的看法，非常地混亂。濁是渾濁不清了，這叫邪見。爲什麼產生這個？他過去的習氣，惡根特重，不是善根，恰恰跟善根相反的。這個人看見三寶，看見和尙，非常討厭。我大概是一九四○年到香港，那時候香港見不到和尙的，特別是見不到比丘尼，如果他今天出去了，碰上了和尙，碰上了尼姑，他認爲自己倒楣到底了，今天生意也不做了，什麼也不幹了。

這種惡見恰恰跟正見相反，見了三寶是種善根的，他認爲見了三寶是倒楣的，這個見非常重要。道友之間往往墮入邪知邪見，學法學歪了，學的不正確，還認爲自己學的最對，他排斥別的，認爲是不對的。學五教的，認爲四教判教判的不對。四教認爲五教不對的，研究法相的認爲研究法性的不對，這都是知見。這個知見還是在善的環境裡頭。像我們說的八部鬼神，他是有惡見的。現在我們講這個，大菩薩寄位化度這些人。「見」非常地重要，你看問題，主導思想若是錯了的話，非常危險。危險到什麼程度呢？說你下地獄去，出不來！你不肯悔改的。破戒、懺悔了，很好度。破了見的人，不容易度。因爲他不肯放棄邪知邪見，這是惡見。

所以，佛以大慈悲行善巧方便，轉衆生的邪知邪見，才能得到解脫。前頭這五個天王，乾闥婆天王，就總的說來，涵義就是這個意思。但是這些乾闥婆王，他證得了，像前面所講的這些過錯，全部沒有了，用佛的教導來教化一切衆生，他是大菩薩示現的，示現做乾闥婆王。乾闥婆王，這是印度原話，翻譯成華言叫「香」，點香的香，也就是香神。這乾闥婆王是菩薩寄位的，不是八部鬼神的香神。前頭是五個乾闥婆王，後頭還有五個。

佛身清淨皆樂見　能生世間無盡樂
解脫因果次第成　美目於斯善開示

這是樂搖動美目乾闥婆王，他證得什麼呢？現廣大的妙好之身，獲得一切的安樂，得了這樣的解脫。上面所講的世間無盡樂，不是出世的，世間的無盡樂，世間的一切樂是生滅法。樂是果，行一切善事是因，因必有果。樂是從什麼地方來的呢？是從苦來的，知道苦了，斷了它。苦是果，苦是怎麼來的呢？是集來的。苦集滅道的集，集是集聚的集。那就造了很多的業，惡業集聚成了，一定要得受果。做壞事做太多了，用世俗的話說：「惡貫滿盈！」作惡滿了，要受苦果了。苦盡甜來，苦受得太多了，苦盡了，快樂就來了。

爲什麼呢？在受苦當中，善念發生了，特別是三寶弟子，三寶弟子就包括比丘、比丘尼、優婆塞、優婆夷，四衆弟子。等他受苦的時候，他才想起佛來了，想起法，想起僧；快樂的時候，把佛、法、僧三寶都忘了，造業去了。等他造業成熟了，這時候緣念三寶了，就懺悔了，發願了。世間的壞事做多了，自然感到苦果，感了苦果了，他又生起覺悟來了，他做好事了，做好事是有好事的報，他會感到快樂，這叫苦集，是世間的因果。

滅道，出世間的因果。道，就是菩提道。因爲那是爲善的道，也就是善道，他想修行，「苦海無邊，回頭是岸。」回來，不做惡事了，做善事了，善有善報，惡有惡報，那還沒報呢！時候沒到，時候到了，自然就報了。因爲我們每一個人，在他的生活當中，不是他盡做壞事，好事他也做點。做好事的人，也不見得不做惡事，惡事也做一些，所以在善惡交雜的時候，善的果報成熟了，那他受善果了，他在人間就很享受、很舒服。

往往有些人，在苦難當中抱怨三寶，對他沒有加持了。他不曉得，這是過去世、無量世的惡業成熟了。你的善事，這個因的果還沒有成熟呢！當然你先受惡報了。有的是善業，善因成熟了，他享受善果。別人又看他，這小子盡做壞事，怎麼他生活這麼好？家庭也美滿，什麼災難都沒有，他不曉得現在享受的是過去的善果了。在他一生當中，這個人有善有惡，善惡是交錯的。

那個時候，我先在青島湛山寺住，後來又到了廣東，我聽見這一件事：有一個人，他先做惡後行善，惡果成熟了，先受惡報。那善果，那等到來生去了，惡報一受，惡報就消失了。

這個人以前在青島，他發一個意外的財。德國在青島有個公司，本國出了問題，就把這個財產交給他管理。他是搞屠宰業，開屠宰公司，一天要殺幾百條牛，那是最先進了，這牛一搖進去，都是自動的，一搖進去，電門一開，閘一落下來，那個牛就在底下，肉是肉，骨頭是骨頭，皮是皮，分散了。他這個公司很大的。管理的這個人姓李，他一得到這個德國公司就發大財了。窮人富不得，富了就要不得，無所不爲，官府治不了他，殺盜淫妄，他都幹！青島人暗殺他幾次，都殺不了他。

他後來感覺在青島沒法生活，得罪的人太多了，就把他的財產轉移到廣東，他就到廣東去了。到了廣東，他就改變生活方式，知道自己前頭是不對的，專門做好事，不論誰求到他，不論求他什麼事，他都幫助你，廣東人叫他李老善人，他死的時候已經很老了。

他到廣東做什麼呢？買了幾隻船，搞運輸行業，大概有十幾條船，跑世界各地，專門給運貨的。他死的時候是很慘的，他到那個船上去檢查工作，不知道怎麼在船上滑下來了，兩個船這麼一對撞，把他撞個粉身碎骨，什麼都沒有了，就是一汪血，那個水紅了一下子。

廣東人對這件事就想不開了，這麼好的人，做了這麼大的善事，怎麼遭這個報應呢？這是廣東人的看法。在青島的時候，大家管他叫李惡人，壞到極點了，是最惡的了。他到廣東去了，李老善人，那時候他老了。山東人也罵，天道眞不公平！

像這些壞人，沒讓他還報，就讓他跑了。那邊的人說，天道不公，這麼好的人，就這樣死了，死的太慘了。老天爺該怎麼辦呢？善惡就具足在他一生當中，他的前半截非常壞，後頭他改了，改過了。

我們現在悔過了，悔過受報不受報呢？你前頭做的壞事受報不受報呢？有好多師父們，不論男衆、女衆，自己很用功，一小就出家，沒有結婚也沒有幹什麼，沒有做一點壞事，怎麼一天病病歪歪的，學也學不進去，腦袋瓜很不靈，一點智慧也沒有，一不小心，那師父又責備了，抱怨很多。別抱怨，你知道的很少了，沒有智慧。

無量劫的因果錯綜複雜，時間非常長，億萬年的因果，都集中在你身上。懂得這種道理了，才知道從皈依三寶到成佛，經過無量無量的時間，爲什麼要那麼長的時間？這些錯綜複雜的因果，都得弄清楚。什麼是「善有善報，惡有惡報」？不是沒報，時候還沒到。

我們到陝西終南山淨業寺，唐代道宣律師的那個道場，叫淨業寺。我們去恢復淨業寺的時候，在那裡建道宣律師的塔。頭幾年，那兒有一個老和尙，他本來有一尊刷金色的銅像，搶匪當成是金像，搶匪就跟他要金佛像，他說：「我沒有金佛像！」就要這尊金佛像，後來把這個老和尙殺死了，這間廟也就沒有人了，搶匪得到這尊像，拿市場一去問，是刷金色的，不是什麼金佛像。

對這個問題我的看法是，前生欠的命債，這只是因緣而已。一個出家人爲什麼遭這個報？前生的因果成熟了，沒有轉變因果的能力，說明他修的道力還不能轉變因果，該受就受，受了就好了。欠人家的東西，還了不就沒有了。來生再來，再修吧！不是一生兩生才能修、才能成就的。

我的道友們問我說：「你做什麼壞事了？」我說：「我現在生沒有做什麼壞事，過去生我不知道了。大概過去有做壞事，或者因爲我愛養麻雀，把它關起來，那自己就住監獄。」別人，如果沒有這個業，誰想害你也害不到的，自己要相信因果。佛弟子，相信因果。凡是非理相加給你，一定是過去欠的債。

大家都讀〈普賢行願品〉，普賢菩薩十大願王。稱爲願王，願最大了。第十大願「普皆迴向」，迴向給眾生，在迴向裡頭，你有一個願，願代一切眾生受苦難。佛佛都是如是發願的，菩薩都如是發願的，化現受苦受難。

我們知道文殊師利菩薩，不但成就了，而且是諸佛之師，稱爲智慧母。他會變豬嗎？他就化現爲豬，這個豬名字叫勃荷。他把那些豬調伏得很好。養豬的就依著勃荷，該哪個死，那個勃荷就派哪個豬：「去！今天該殺你了！」那主人就把牠殺了，要該殺哪個就殺哪個，那豬都聽他的招呼。後來在五臺山一個老修行，他要離開五臺山，另一個老者跟他說，「我有個道友在某地某地，你給我捎封信去。」這個朝山的僧人，就拿著這封信到那個地區找，沒有這麼個人，他準備走，正走著聽到院子裡喊：「勃荷！勃荷！」嘿，這不是勃荷來了嗎？進去一看，養豬的，叫勃荷那個豬。他在心裡，嗯！突然間就動了，管他是人是豬呢？我就對勃荷說：「勃荷！你的道友在五臺山給你帶封信來。」那豬就跟他點頭，「嗯！嗯！」好！把信打開給那個豬看了，那個豬又點點頭，還沒等離開，那豬兩爪朝前一站，走了！勃荷就回歸原位去了，這是化現。（按：參見〈清涼山志〉、印光大師修訂版。）

這當然是故事，說什麼涵義呢？大菩薩利益眾生，什麼類身都現。我們看他是受苦，其實沒有。例如大家都知道提婆達多，提婆達多是佛的堂弟，多生累劫專門跟佛作對，最後生陷地獄。他從山上拿石頭，佛從那路過，他打佛，沒打到佛的身上，打佛的腳上，出佛身血，地獄馬上就開了，生陷地獄。我們看見他是下地獄了，佛經上也是這樣說。

隔了很長時間，佛就跟阿難說：「你去看看你的哥哥。」提婆達多是阿難的親哥哥，是佛的堂弟。因爲阿難心裡懷念，想他哥哥，經常給他迴向，他動念的時候，佛叫他，「你去到那地方看看。」不然他去不了的，假藉佛的神力一看，他哥哥在那受苦。阿難問提婆達多：「你這苦不苦？」他說：「比三禪天都快樂，誰受苦！」這是現逆行的菩薩，在佛經上現逆行的菩薩很多，他爲了度眾生，現逆行。這些大菩薩，他就神通自在。

但是凡夫沒有智慧眼，我們的眼睛是障礙的，什麼事物你也不懂，什麼因果也不懂，只看見眼前的，你看不見遠的，不只一生，三生、五生的。這叫什麼呢？你必須懂得世間法跟出世間法。從出世間法來了解世間法，了解世間法了，這還不夠，出世間法有小乘、有中乘、有大乘、有上上乘，我們講的《華嚴經》是上上乘。這些鬼神眾，他能參加華嚴法會嗎？阿羅漢都去不了，一個阿羅漢也沒有，能參加華嚴法會嗎？

大家讀《地藏經》，《地藏經》上盡是講鬼神。其實《地藏經》就是《華嚴經》的一分，《地藏經》第一品跟《華嚴經》〈如來現相品〉，放光一樣的。《地藏經》沒有阿羅漢，佛在忉利天說的，阿羅漢神通可以到忉利天，但是沒有，全是大菩薩，不是鬼神。我們看見《地藏經》盡說鬼。《華嚴經》講了兩個月，現在才講到華嚴海會的八部鬼神眾。

我們在其他的經典上講，乾闥婆王是天上的樂神，香氣所成。如果你在嶗山，早晨起來，清淨的時候，可以看見那個嶗山，我們叫海市蜃樓，在佛經上講就叫乾闥婆城，是香氣所成的。現在我們在這講他是大菩薩，每個乾闥婆王都證得什麼呢？跟佛一樣的解脫，他只是一門，不是全部的，這都是乾闥婆王。

有時候跟大家開闊講一講，跟世間相結合。有的時候不講，不跟世間相結合，專門講佛的境界，這都是佛的境界。我們現在所講的這些鬼王也好，天王也好，十八梵天也好，六欲天也好，全是大菩薩化現的。什麼樣的菩薩？文殊、普賢，這樣的大菩薩，他們是示現的，叫寄位菩薩。深的從淺處體會，淺的就用深義來理會，小大無礙，才能融通，你才通得到。我們沒有智慧眼，連天眼都不具足。我們是什麼呢？我們是礙非通，都是障礙的，什麼也不知道。我們以前講見，見是眼睛看。現在我們講的見不是，剛才我們講那個見，邪知邪見的，那不是眼睛見，那是智慧。惡見邪見是心裡的作用，不是眼睛。懂得這個涵義，有時候說深一點，有時候說淺一點，小大融通。講太深了，你打腦殼，沒法進入。

那就造成什麼境界呢？不愛聽你的了，你說些什麼呢？講太淺了，違背經義，違背《華嚴經》的教義。《華嚴經》的教義是一多無礙，小大圓融。你把這個意思表顯的清楚一點，大家更能理解。

知道這個涵義就知道了，有時候講，有時候不講，不作解釋。因爲清涼國師沒作解釋，我也就不作解釋，就說說世間話。清涼國師解釋了，不過他的解釋，我們很難進入。有時你看佛經，不看祖師的注解還能明白一些，一看見祖師的注解，你不知道說哪去了，那叫論。爲什麼講，佛法在世間不離世間覺，離開生活了，佛說法有什麼用處？佛說法是不離世間的，佛法在世間，不離世間覺。你在世間覺悟什麼是佛法。覺悟了就是佛法，不覺悟了就是生死，生死就是世間相。

這裡有個故事講快樂，快樂到什麼程度？你能給人家的快樂能給到什麼程度？在《涅槃經》上說，有隻怖鴿子，被那打鴿子的，嚇的恐怖不得了，這恐怖帶動這鴿子全身顫抖。牠躲到舍利弗的身影當中去，牠這個恐怖心，還是不行，控制不住。後來牠到佛的身影當中去，坦然了，快樂了。

這是什麼意思呢？說佛的慈悲願力大。我們一般看佛，佛還是在地上走。佛沒有在地上走，每逢足下行動的時候，離地四指，肉眼看不見的，就像他在地上走，他離地四指。凡是佛過去地上那個蟲子，螞蟻死了之後都能生天。這是形容佛的功德，在《涅槃經》上是這樣講。現在為什麼發願都要成佛？說你成佛了，得到的快樂是究竟的快樂。二乘的快樂，菩薩的快樂都不究竟。生到極樂世界，我們不是念阿彌陀佛生極樂世界，生到極樂就快樂了。

有人問我：「老和尚，生到極樂世界，後來不是也有苦？」我說：「什麼苦呢？」「樂極生悲，極樂極樂，樂極了悲不就來了嗎？」我說：「那理解錯了，極樂再沒有悲了，才叫極樂，如果有悲不叫極樂，永遠沒痛苦的。但是你生去，畢竟還是凡夫，你在這也不是證得阿羅漢，到那去斷見思惑還得重新修，並不是生了極樂世界就成佛了，那辦不到的。在極樂世界修，比在娑婆世界修，時間更長了。得善於理解。」

你生到極樂世界有什麼好處呢？直至成佛，不必輪轉生死了。說報，那果報還有沒有了？有。還不還？不還了。佛的願力，加持你生到極樂世界的願力，那是降伏煩惱，不是斷煩惱，要斷煩惱還得漸漸修，修完了斷。為什麼大家念《無量壽經》的時候，生極樂世界要分九品，爲什麼還有次第？道理就在這裡。懂得這個道理了，就知道你必須得修解脫的因，才能感到佛的清淨法身，也是你自己本具的佛身清淨。清淨怎麼來的？你修行得來的。修行得來的，解脫了、不煩惱了，這是因，那你就得到佛的清淨法身，生起了無盡的快樂，那就叫解脫的果。在世間上，因爲學佛了，心開意解，心開朗了，意念也解脫了，心開意解，這是解脫的因。有這個因，證得了清淨的法身，恢復你本來面目，這就是解脫果，這是最圓滿的時候。

當你剃髮染衣，這就是解脫的因。你到這個寺廟裡頭，還沒成佛，解脫了很多世間的雜務，俗事，這也是果。果上又變因，因你得修行，說你再不修行的、再懈怠的人，你住常住，大衆你得隨喜，上殿你得去，過齋堂你得去，你不去就餓著吧！除了病號，在如意寮的還給你打飯回來吃，在平常班組裡頭不可以了，這本身不是修行嗎？上殿，你說我腦殼痛、肚子痛，請個假，一回、二回可以，你常了不行吧？天天不上殿，有嗎？你們這裡頭有嗎？除非你有另外個公務。

高旻寺的來果老和尚這麼說，「寧在常住睡大覺，莫到小廟去辦道。」二、三個和尚，二、三個比丘尼找個小廟住，那就自由了，誰管你，在那裡辦道很困難的。這個解脫因、解脫果，你得不到的。世間有三世間，我們說是在人世間的世間，很多的快樂。人身，身體沒什麼災害，沒什麼病苦。歡歡喜喜的，這就是樂因，解脫的因。爲什麼能得到這樣子？那是過去的因，現在感的果。現在你在快樂當中，都是解脫的因，沒有煩惱。將來可以得到清淨的法身。那就是解脫的果。能夠見佛也是一個解脫的因，將來你成就佛果了，得到佛的清淨身，那就是果。

再簡單說，見了佛，你生歡喜心，這就是因，將來這個因一定能成就佛果。這幾種因果，是隨著你心裡頭思想的轉變，才能轉變。但是在《華嚴經》是不講次第的，但是這些次第必須得有，這就叫次第。現在你所做的全是因，將來一定能感果。從你落髮出家，這都是善因，將來一定能成佛。說你聞到《華嚴經》，乃至只能懂得《大方廣佛華嚴經》的一個經題，義理你解不到。種了這麼個因，將來你所成就的法身，會感到華嚴的果報。

《金剛經》上說，若有人能聞到《金剛經》的名字，不是一佛二佛三四五佛種的善因。在千萬億佛所種的善因，才能遇到《金剛經》。《心經》大家都會背，那也是《般若經》的一部分。說這個因，將來一定能成熟。什麼時候成呢？那就不一定了，看你是精進嗎？看你是懈怠嗎？看你是相續嗎？看你是中斷嗎？相續就是從你聞到佛法了，相續不斷的，勇猛精進不懈怠，那成就快了。如果今生懈怠了，來生又遇不到佛法了，那就不曉得要流轉到好久。往往有些很嚴肅的事，你認爲很容易，當你遇到了認爲很容易。沒遇到的時候，想求得遇到，非常之難。

像我們聽見《大方廣佛華嚴經》，還能學習學習。感覺很容易，沒有什麼。

現在地球上六十多億人口，能聽見這部經的名字有幾個？沒好多。聽完了能信，信完了能解，解完了行，少又少了。我們是信了，聽到了，也在學，正在解的階段。解就是求明白，懂得這部經是什麼道理，佛都教授我們什麼，完了教我們怎麼樣去做。大概聽是聽了，做這個階段哪，很難。因爲這是大菩薩境界，依我們現在這個心量，容納不下。

我來這兒快半年了。在這半年當中，每逢跟大家共同學習的時候，我勸大家相信自己是毗盧遮那佛。自己問問自己，現在你相信沒相信自己是毗盧遮那佛？我看沒有幾位能答覆我，「我相信，聞著我這樣說就相信！」我看不多吧，包括我在內。

我說的不是我今天信了明天又打退堂鼓了，「唉，我這業障很重，什麼佛，我哪是佛，還不說毗盧遮那佛，就連釋迦牟尼佛化身佛，我都不夠資格。」那就退了。這是理，我們所學的是事，現在講《華嚴經》的時候，講理法界、事法界、理事無礙法界。我們往往的被事法界障住了，不能跟理法界通。相信自己是佛，是理，這叫理具，理具三千。一個微塵，怎麼能夠容納大千世界，你若是不相信自己是毗盧遮那佛，好多的法沒法相信哪，你信不進去。必須得相信自己是佛，才能相信得進去，是這個涵義。相信我是佛了，那就提出要求來了，佛都做什麼事，佛做的都是佛事。

我這一天當中思想想的，身體所做的，口裡所說的，自己對照一下，跟毗盧遮那佛相應不相應？契合不契合？那就提高自己，要契合。這就是華嚴義，是心是佛，是心作佛。必須有這一個信心，信了就明白了，明白就要求解，解完了就要行。說起來很簡單，做起來很難。觀照你這個心吧！你一天當中起多少念頭？念念之間是毗盧遮那佛，那很快就成佛了。這一念是毗盧遮那佛，下一念就不是毗盧遮那佛。

我們一天當中生起好多念頭，不論吃飯、穿衣服，乃至睡覺做夢，念念不斷。念不斷。什麼不斷呢？相信自己是毗盧遮那佛的這個念頭不斷，那我所做的，吃飯也是佛事，毗盧遮那的佛事，穿衣服也是毗盧遮那佛的佛事。這個就得念念《華嚴經》的〈淨行品〉，連上洗手間、上廁所都是作佛事。你怎麼樣理解？〈淨行品〉告訴我們，要去解手，心裡想念了，「棄貪瞋癡，蠲除罪法。」不是我自己，「當願眾生」，願一切眾生棄貪瞋癡，這是排瀉穢物嗎？髒嗎？貪瞋癡都是髒的嗎？把染污法都去捨掉，這就是觀念，以觀念思想來指導你的行爲。

我們吃飯，不曉得大家過齋堂念不念？「嗡啊吽」，可能念，「嗡啊吽」的涵義是什麼呢？佛的身口意跟自己的身口意是一個，自己的身口意轉變成佛的身口意，處處都念「嗡啊吽」，「嗡啊吽」就是轉變自己的身口意變成佛的身口意，是這個涵義。

當你觀想什麼就變什麼。你心裡想什麼，相貌就變成什麼，相信嗎？你的心天天想佛法僧三寶，你想的都是佛法。文殊師利菩薩告訴智首菩薩，日常生活當中，他念念都沒離開〈淨行品〉。行就是法門，那念淨行呢？行就是運動。一切運動都是清淨的，連上洗手間都是清淨的，到別處不更是清淨的？念念清淨，這是眞正的行華嚴行門。等我們講到〈淨行品〉的時候再講，前頭都是序分。序分，有時候說一說，目的是提高大家的情緒，講太深，大家聽聽不耐煩了。佛性，言語道斷你還講什麼！天天講菩提道，你不能得入。佛教導我們，要想度衆生，「先以欲鉤牽，漸令入佛道」。先說他喜歡的，他就聽。現在給大家講講國際消息，講講故事，講講當前的社會形態，我看見大家腦殼都抬起來了。講佛的境界，講講慈悲喜捨，講四無量心哪，講正文講到深入的時候，大家只有讚歎。其實，那不是讚歎，而是乖瞌睡。

所以，說法對機很難，我沒有這個資格。說法很對機，一說人家就開悟，就成道，哪有那個本事，唯佛與佛才能究竟。現在我們是凡夫，我在上頭講，我跟你們也差不多。身體不舒服，那叫業障，四大不調。這回放三天假，我就害了三天病，那不放假呢？講起來就很好。這是我的業，不講就害病。講嗎？九十歲還可以講，六十歲卻不能講，這叫業。業怎麼辦呢？現在大家轉業。業障，業障，我們把障除掉。怎麼除？用業來除，業障業障，現在我們還作業，那個業障是惡業，把我們障住了。現在我們做的是善業，現在大家聞法，聞法是善業，現在把這個障除掉。常時這樣想，就是善用其心。

我查晉譯《六十華嚴》的〈淨行品〉，沒有「善用其心」這四個字，《六十華嚴》〈淨行品〉也是文殊師利菩薩跟智首菩薩說的，但是它的文字變化了，義理含在裡頭，但是沒有「善用其心」這四個字。晉朝時代翻譯的，跟唐朝時代翻譯的不同。

經書翻譯的時候非常困難。就算是三千人共同翻譯的，如果跟原文對照，還是有出入。唐譯《八十華嚴》跟晉譯《六十華嚴》，再看《四十華嚴》是般若三藏翻譯的。《八十華嚴》是實叉難陀翻譯的，都不同！何況我們再依著注解，經過這一傳，原義大體相同，已經不是原來的面貌了。所以佛說華嚴的時候在場的那些大菩薩，那跟你這個立意，變成文字了又差，中間變化很大了。

中國的字一會兒念「行」（ㄒㄧㄥˊ），一會兒念「行」（ㄏㄤˊ），一會兒念「行」（ㄏㄥˋ），一個字三種解釋，中國字講解起來很困難。「字經三傳，烏焉成馬」，本來是烏鴉的「烏」，變成之乎者也焉哉的「焉」，差不多，完了最後變成「馬」，飛禽變走獸，完全不相應。懂得這個涵義吧！

學經的時候不要在語言上，不要在文字上執著，想什麼呢？想他所說的道理。我們這邊叫「吃飯」，在西藏叫「飯吃」。我們叫「喝茶」，他就說「家通」，就是茶吃，飯吃，我們完全不習慣！你把西藏的文字翻成中文，怎麼解釋？你還得主客顛倒。本來我們這個世界就是顛倒衆生。懂得這個涵義了，不要在文字上執著。特別是學華嚴的，要深入道理，完了建立你的信心，以信爲主。

衆生迷惑常流轉　愚癡障蓋極堅密
如來為說廣大法　師子幢王能演暢

這是妙音師子幢乾闥婆王得的解脫門，叫「普散十方一切大名稱寶解脫門」，這是他所證的解脫門。

「衆生」是指三界衆生說的。「迷惑」，惑就是心裡迷了，迷了就起惑。惑是意識上所起的，起惑就造業。迷就是指無明蓋說的。無明是根本，因爲無明，起了惑就要造業，無明蓋覆之後就沒有智慧了。蓋纏是五蓋十纏，蓋纏很多，都是從愚癡無明所起的。障住你的自心不能顯現，想破除很難，它像堅密之網一樣的，所以在六道輪迴，輪轉起來出不去。遇著佛出世，乃至於現在末法時期，佛雖然入滅了，法還存在。如來說的一切法，約偏說是廣，約深說就是甚深難入。難入的意思就是愚癡障蓋堅密，智慧生不出來。師子幢王他能夠悟得，明白一切惑業的起源，能夠滅無明。

「極堅密」，很難得破壞，無縫沒有空隙，沒有空處。它蓋覆著使你的智慧不能夠出生，沒有智慧怎麼能破除黑暗呢？智慧是光明的意思。但是師子幢乾闥婆王能夠助佛揚化，也向眾生宣揚佛的法。怎麼樣能破除這個迷惑呢？要靠你的觀照力。我們經常修觀哪，觀是觀照。怎麼觀照呢？用智慧。怎麼能有智慧？得跟佛學，佛教導我們的法能生出來智慧，這也是一步一步來的。先觀無常，一切無常，認得一切無常了，不要貪戀了。就說我們這個肉體，是無常法，它會壞的，這樣觀了你的心不貪戀了。比如說我們貪睡眠、貪飲食、貪玩，這個貪就是蓋。如果把這些棄捨掉，漸漸地你的智慧光明就能夠顯現了。知道我們的苦難，蓋纏、愚癡，因爲聞法，知道佛的教導，我認識它，認識它了以後把它消滅掉，讓它蓋覆不住。雖然它很堅密，很堅固，沒有空隙可入，但是依你的觀照力，能破壞這個堅密網，蓋纏之網。

像我們一天的思想當中，日常生活當中，你喜歡的東西想得到，你不喜歡的東西想捨掉。但是，想捨的捨不掉，想得的得不到，那你就在這裡產生煩惱了。有了觀照力了，認識這些，它對我們是有害的，不是有利的。像睡眠，睡眠恢復疲勞，適當是很好的，因爲你沒有睡眠、沒有休息，你的精神就不能恢復。但是不要過分，太過了，就增長愚癡。飲食是資助生命的，人若是不吃飲食還能活著嗎？但不要貪口味，好吃的，肚子脹得很大，還在吃，不好吃的，雖然肚子很餓，不合口味你不愛吃，這些都屬於蓋纏之內。你先認識它，飲食是資助我們生命的，幫助我們修道的。為什麼佛規定過午不食？大家都是學戒的。緊挨著過午不食還有一條戒，數數食。過午不食很堅持，但是上午能吃的時候緊接著吃，他認為這不犯戒，實際上他沒學好，學好了數數食是不可以的，這只是飲食。

受沙彌戒的時候，不過往觀聽歌舞，這個戒大家都知道。在佛世的時候，不像我們現在這樣，你坐公共汽車也好，坐飛機也好，坐任何交通工具，或者你在街上走，放喇叭什麼的，你說能把耳朵堵上嗎？這是制你的心。《華嚴經》講的是約你的心，蓋纏所蓋住的是你的心。你的心明了，心明了就是智慧開解，這些障礙不住你了。你能夠見若不見，聞若不聞，六根門頭對一些障礙的緣，就斷絕了。因為障礙的緣，沒有因不能成長，緣只能助生。你的心裡不清淨，緣才能起作用，如果你的心裡已經清淨，緣就起不到作用。

如來普現妙色身　無量差別等眾生
種種方便照世間　普放寶光如是見

普放寶光乾闥婆王，寶光就是智慧光，能解除困苦磨難，能破除黑暗。「普放寶光」，這個寶是指著什麼寶呢？是指心說的，我們說的心寶不是寶貝的那個寶。他能夠認識到如來現種種微妙的色身，哪一類眾生，應以何身得度者，佛就現何身來度他。

昨天我們講文殊師利菩薩現豬。那有什麼妙？他爲了度那一批豬，有緣的。難道我們人還不如豬嗎？難道我們這出家的二衆，比丘、比丘尼，還不如豬嗎？文殊菩薩怎麼沒現身度我們？你可能會產生這個疑問。你身邊的道友，知道哪個是文殊師利菩薩？他度你，你也不知道。杜順和尚是文殊師利菩薩化身，他的弟子在身邊待了十幾年，他要來朝五臺山找文殊菩薩增加他的智慧。現在我們看那個偈子，一看都能明了，爲什麼他當時不能明了？障！該明的時候他不明了。在生活當中，人跟人接觸的時候很聰明，很伶俐，在法上障礙就來了，就不聰明了。我們說業障業障，就是那個業給他障住，一念之間不能覺悟，就照常迷轉。

「文殊只此是，何處覓彌陀」，誰聽到這句話都懂吧！你找文殊我就是，你還到哪去找阿彌陀佛。他就是聽不懂，我們現在聽著那句話都懂，爲什麼他不懂，業障障住了。本來是一點就能開悟的，我們就不懂。等我們都知道，懂又歸懂了，做又歸做了。佛告訴我們不要貪戀色身，那是無常的，誰都知道，誰能放得下呢？學很多的空觀、假觀、中觀，觀了半天苦還是苦，不能解脫。中間差的沒好遠，可是「失之毫釐，差以千里」，相差沒好遠，就是不明白。社會上好多警醒的話，都是形容無常的，就看你的認識了。好事見不到，壞事執著不捨，這樣你就受苦了。

世間的衆生各各不同，有多少不同呢？無量。佛因爲示現度衆生，示現種種相。在《地藏經》，佛跟地藏菩薩說得很清楚，「我並不是光現佛身度世間，我現種種的身度世間。」那就是無量的差別身。為什麼現無量差別身呢？眾生無量差別，那就示現種種身。像觀世音菩薩，大慈大悲現種種身。在漢地看的觀音菩薩像都是慈悲的，都是女相。在西藏看見的觀音菩薩像就不是這樣子，都是憤怒相，他對那一類剛強眾生用折伏，對我們這一類的眾生則是攝受。所以佛所現的色身是無量的，為什麼呢？度眾生，眾生無量的差別，這是方便心。照世間是指智慧照世間，使一切世間、眾生得覺悟，光明就是破除眾生的黑暗。

大智方便無量門　佛為羣生普開闡
入勝菩提真實行　此金剛幢善觀察

金剛樹華幢乾闥婆王，他得到的法門，得普滋榮一切樹令見者生歡喜解脫門。「大智方便無量門」是指佛說的，大智是根本，方便是善巧，依根本智用各種方便善巧來開闡一切法門，來度一切羣生。度眾生，是指讓一切眾生都能夠證得眞實菩提，眞實心。這是偈頌。

「金剛樹華幢乾闥婆王，得普滋榮一切樹令見者歡喜解脫門。」這把說法比喻成水，樹、草木都需要水的滋潤。我們眾生在八苦交煎當中，佛給你說種種法，以智慧水洗滌你的塵垢，讓你生歡喜。「方便有多門，歸元無二路」，在《法華經》裡叫開權顯實。用各種方便善巧讓你得入菩提，菩提就是覺，菩提道就是覺悟的道，菩提行，在菩提道上去走，達到菩提、究竟菩提的目的是證得菩提果，這叫開權顯實。使眾生開佛的知見、示佛的知見、悟佛的知見，入佛的知見，開示悟入。種種方便都是使你進入華嚴境界，所以叫普滋，普滋就普度一切。

一刹那中百千劫　佛力能現無所動
等以安樂施羣生　此樂莊嚴之解脫

這是普現莊嚴乾闥婆王，他善入一切佛境界。入了佛境界，佛是什麼樣境界？佛的境界給一切眾生安樂，讓一切眾生得解脫。「一刹那中百千劫」，劫是時分最長的，刹那是時分最短的。關於刹那，解釋得很多，都是顯示生滅法。時間極短，短到什麼程度呢？經上是這樣說的，二十四小時的六百四十八萬分之一是一刹那。在二十四小時中，屬於六百四十八萬分之一，相當於五十分之一秒。《仁王護國般若經》上講，你一起心動念，一念間有九十個刹那，一刹那有九百生滅。〈俱舍論〉說一切眾緣和合了，就那一念間，極微極微細的時間。這個解釋很多，沒有決定的定義。時分最短者就是刹那，時分最長者就是劫波。〈大毗婆沙論〉上引證很多故事，也是講這個劫。

這裡有個故事。在劫初的時候，是光音天〈淨光天〉吧！那時候地球初成長的時候，地上長著一種白粉，那個味道比天上的味道都還好。光音天的人到地球上來吃白粉，貪戀這個粉的味道。那時候天人身上自然的有光明，因爲貪味道了，漸漸地就墮落了。因爲貪心起了，他身上的身光就沒有了，光明就漸漸滅了。他本來有身光常照著，因爲貪味，身光漸漸就消滅掉了。

突然間，光明又現了，太陽光出來了，太陽光一出來他就高興，說天光來了，但是很短，一會兒光明又沒有了，又變成黑暗。天光沒有了，那就叫夜間了。天光來來，天光沒沒，晝夜之分就在這。光照的時候就有，光沒照的時候就變成黑暗了。我們夜間上半月有光明，下半月完全就黑暗了，月光是這樣子的。

唐代詩人李賀的詩，「天若有情天亦老」，幸好天沒情，若是天有情連天也老了。「月如無恨月長圓」，月亮若是有恨，恨就是煩惱，那它就不能常照了，這是大自然的境相。文人作詩作詞，這叫移情，但他們沒用到佛法上來。天是無情的，因爲天不老。月就有恨了，「月如無恨月長圓」，他不知道中間是地球隔障住了，本身也沒個圓，也沒個不圓。現在衛星上天了，什麼都沒有，月亮裡什麼都沒有，跟地球一樣的。月球的石頭也跟地球上的石頭一樣的。古來人無知，他不知道，就揣測著，只是一種想像。

像前面講過的日天子、月天子，不是在地表上的，像四王天，是在地上嗎？就現在我們講的乾闥婆王，八部鬼神衆，四天王天，這是跟人類最接近的，人說見到鬼了，見到神了，僅僅限在四王天。再往上忉利天、夜摩天根本就不知道了，離你太遠了。我們所看見的地球跟月球，別看月球走很多光年，它跟地球是相近的。遠的，它的光到不了這個地球，你就不知道了，這就說明我們的思想是很渺小的，很局限的。

一念間無量劫，無量劫就是一念，這個我們能理解。我們理解什麼呢？都是你的心，「時無定體，依法上立。」時哪有一定的標準呢？人來給它劃分的，沒有一定。現在我們這兒是下午四點半，紐約是早上四點半。往往因為不知道這個時間，人家正在睡覺，他打電話來了。你坐飛機，大飛機場裡有各個地方的時間，這個地方什麼時間，東京什麼時間，倫敦什麼時間、巴黎什麼時間，都不同的。時無定體，沒有個標準，你不能定個準確的標準，地球、月球它們都在轉。

釋迦牟尼佛是有智慧的，說法時都用「一時」，哪一時？哪時候說就是哪時候的「一時」。現在我們這時說就是我們的這個「一時」，佛說《華嚴經》時就是說《華嚴經》的那個「一時」。怎麼解釋呢？因緣契合，說者、聽者因緣契合了，法會成就了，就這個時候就稱爲「一時」。劫波是時分。一剎那中百千劫，在百千劫中，平等平等，「等以安樂施羣生」，佛有這種力量，度眾生的方便。

莊嚴乾闥婆王也證得這個，也能如是。關於這個，在《華嚴經》〈世界成就品〉裡還要講，哪個世界哪個世界不同，各個世界的時分都不同。時無定體，它沒有一個標準的，大致知道一下子就行了。所以佛經都定的「一時」。

印度的歷史是不可考的，印度的古老傳說也是這樣子。造〈大乘起信論〉的馬鳴菩薩，同時就有六個馬鳴，究竟是哪個馬鳴？同名同姓的很多，不可考的。有些少數民族沒有姓，也沒得名字，住宅叫什麼名字，以後他的子孫都用住宅的名字，不論男的女的，都是一個名字。現在我們約會，國際間定個條約，寫日期，得寫上兩種。爲什麼世界上開會定個公曆？也就是現在大家通用的，這就是公曆。我們的舊曆年，舊曆只是中國使用。日子不足怎麼辦呢？閏月吧，多閏一個，今年就是閏二月。日子拉近一點，不然就衝突了，我們是二月，公曆是四月。現在我們是三月，相差四十八天，慢慢補吧！爲什麼呢？一個是從太陽來計算叫陽曆，一個從月亮來計算叫陰曆，那就不同了，看你從哪方面來計算。所以說時無定體，沒個標準的時間。依什麼立呢？你心想怎麼著就怎麼著，依心法立。

我們剛才說的增減，這個日子不好，我們不要，這就是他的心。那個日子又怎麼不好呢？日子有什麼好、有什麼不好呢？這就是迷。說今天吉祥，我們婚喪嫁娶，乃至出殯，乃至蓋房子，這是中國的事。看陰陽，看紫微斗數，看看方向對不對，能延續好多年。不但看陽宅，陽宅是活著的人，死了還看陰宅。如果大家到溫州去看，在溫州地區，死人跟活人爭。像臺灣，買墳地、買陰宅跟買陽宅的價錢差不多，幾百萬買這塊土地，完了在那修，有什麼用？如果你到乾隆皇帝、慈禧太后的墓地，離北京很近。你看看那個氣勢，那個氣派，現在他的骨頭不是在那裡展覽嗎？誰都可以參觀，風水早就沒有了。佛教講，多積福德就能潤育自己，還能恩澤你的子孫，不是陰宅能解決問題的。沒有福，你享受得了嗎？這種事在我們中國歷史上，打官司幹什麼的太多了。陰陽宅，這叫迷信，知道不？這個信不是有智慧的，這叫迷。

我們佛經都會說：佛在什麼地點，都是誰在場，哪些人聽，因緣會合了，就是「一時」。我們修行、拜懺、念經，一心。一時、一心，這才是佛眞正的教導。說哪個時間好，哪個時間不好，那是妄見，虛妄的。佛能把一劫，最長的時間，變成最短的時間，就是一刹那。也能把最短的時間變成最長的時間，展現為無量劫。能把最小的一微塵變成最大的一法界，一微塵轉大法輪，三千大千世界都在一微塵裡頭，這叫佛力不可思議！只有佛才能有這樣的力量。

鳩槃荼王十法

乾闥婆王講完了，現在講鳩槃荼王。（按：「荼」字或作「茶」，據慧琳〈一切經音義〉應為「荼」。）

什麼叫鳩槃荼呢？就是我們經常所說的甕形鬼。大菩薩示現到這一類眾生當中去度這一類衆生，度這類鬼，何況我們人間呢？你看我們沒得聖人，聖人在這裡頭也不知道是誰？他也不給你現相，也不說「我是聖人」。佛涅槃之後，佛有一萬弟子，都證得大阿羅漢果位了，有神通力，能延長他們的壽命，他們可以不死，佛讓這些人延世來度衆生，這些大阿羅漢也是菩薩，度衆生就是菩薩，我們能認得嗎？現在我們講鳩槃荼王。

復次增長鳩槃荼王。得滅一切怨害力解脫門。龍主鳩槃荼王。得修習無邊行門海解脫門。莊嚴幢鳩槃荼王。得知一切衆生心所樂解脫門。饒益行鳩槃荼王。得普成就清淨大光明所作業解脫門。可怖畏鳩槃荼王。得開示一切衆生安隱無畏道解脫門。妙莊嚴鳩槃荼王。得消竭一切衆生愛欲海解脫門。高峯慧鳩槃荼王。得普現諸趣光明雲解脫門。勇健臂鳩槃荼王。得普放光明滅如山重障解脫門。無邊淨華眼鳩槃荼王。得開示不退轉大悲藏解脫門。廣大面鳩槃荼王。得普現諸趣流轉身解脫門。

增長鳩槃荼王，南方增長天王的部下，「滅一切怨害力」，怨、害，有外邊的，有內心的。內心的就是你煩惱障產生的，回憶過去的事情，或者現生別人惱害你了，你的思想不能忍受，或者想報復幹什麼。你怎麼樣對治內憂外患呢？內裡的惑業和外邊的仇敵來惱害你，都用忍！這個忍就是面對他人的傷害、他人的羞辱，都用忍力降伏。「龍主鳩槃茶王，得修習無邊行門海解脫門。」修習什麼呢？就是自利利他，自利就是自己修行，利他是利益眾生。自利，深廣難窮，甚深廣大，利他也如是，就像海似的。這形容並不眞實，海有邊，哪個海沒邊呢？東海有東海的邊，西海有西海的邊，怎麼沒有分齊呢？海大了就是洋了，洋也有邊。總而言之，還在南閻浮提，還沒有到地球外頭，都在地球裡頭，地球表面被水包圍的，這是爲什麼從衛星上看地球是藍色的，跟海水的顏色是一樣的。佛在世的時候，常拿海形容你所做的事，像大海一樣無邊無際。不論自利也好，利他也好，二利行，無邊海，自利無窮無盡，究竟成佛了，圓滿了，圓滿了還要利益眾生。

自利圓滿，利他還沒圓滿，還有眾生，眾生界是度不盡的。爲什麼度不盡呢？根本就沒有眾生。哪有什麼度盡度不盡？成佛，華嚴義講到究竟，沒有什麼佛道可成，也沒有什麼眾生可度，沒有一法安立。這是最了義的，實際上眾生度不了，眾生度不了，佛還是要度，佛度眾生不見眾生相，度即無度，無度而度。眾生自己不能解脫，若佛有執著心，度眾生，隨著眾生的貪愛，那就完了，不叫佛，又怎麼能稱覺者呢？這種境界我們是達不到的，「唯佛與佛乃能究竟」。

「莊嚴幢鳩槃茶王，得知一切眾生心所樂解脫門。」樂就是希求，他知道眾生心要求什麼，就給他說什麼法門，知道他現在的希望是什麼，及時給他應化、說法降伏他，他就得度了。

「饒益行鳩槃荼王，得普成就清淨大光明所作業解脫門。」「普成就」很難，善根深厚的一聞法就悟了，但是鈍根，聞了他也不開悟，不能明了。人家一生就悟，他經過多少劫還是不悟。這個鳩槃荼王，鈍根也能使他悟，就如虛空一樣的。虛空是什麼樣的？虛空無染著，一切都包容，一切都清淨，普徧融通無障礙，也就是光明義了。有時度衆生不一定用口說，用身體的行爲給他作榜樣，讓他照著去做，用意業攝化他。

「可怖畏鳩槃荼王，得開示一切衆生安隱無畏道解脫門。」世間的惑，起惑造業受苦，是無邊際的，在苦海裡流轉沒有個邊際，沒有什麼時候完了。我們現在沒了，開始了，了什麼呢？了惑，了苦。有惑有苦，你不能安，說三界無安，猶如火宅，極可怖畏。你修道漸漸發菩提心，修菩提道，證得涅槃了，不生不滅了，這才安隱，再沒有憂苦了，再沒有畏懼了。做什麼呢？只要善業什麼都可以，持戒也好、修觀也好、參禪也好，只要佛所教導的，萬行爲因，你行哪一門都可以，達到成就了，無畏了，果就成了。什麼果呢？滅果。道是因，滅是果，修道證得寂滅，寂滅是無生滅的，那就究竟成就了。

「妙莊嚴鳩槃荼王，得消竭一切衆生愛欲海解脫門。」消是消失了，竭是竭盡了，這個惑業消失了，竭盡了。愛與欲，這是廣泛的講，不光是情愛，不光是男女關係的愛。這是普徧性的，你愛什麼，就有個不愛的，不愛就是憎恨。貪愛財，貪愛飲食，貪愛穿著，貪愛住的房屋，這都叫愛。有貪愛的心，有貪愛的意，你就在苦海裡漂流出不去。愛欲斷了就解脫了，不受愛欲的束縛了。沒有愛欲了，就是明白了，明白了就是智慧了，有愛欲了就是黑暗。

眾生的愛欲是沒有滿足的。以現在為例，小公司最初是幾萬塊錢，變成幾十萬了，滿足嗎？不行。幾百萬，不行；幾千萬，不行；多少個億，還是不滿足。什麼時候才滿足呢？他壽命終盡了，死了，他不滿足也滿足了。但是活著的時候不會看破的，看破了他不也入道了嗎？

我知道那麼一個故事。有個老頭子，將死了，壽衣都穿上了，倒在床上。這一家子人，子孫兒女都跪在跟前求，這個傢伙光出氣，說不出來話，眼睛一動一動的，就是不閉眼睛，捨不下。大家圍著說，「您走吧！我們都很好的。」不行，他還是不走，那口氣就是不斷。他的大媳婦很聰明，一看這個老頭子眼睛盯著那個燈。人要死的時候，前頭都點盞燈吧！那時候不是電燈，是油燈。油燈裡頭不是加燈草嗎？那天大家尋思他要走了，油燈裡燈草多了兩根，這老頭子就死不下去，說燈草多了，浪費油。大媳婦很聰明，她跟大家說，老爸不走的原因，是我們燈裡頭燈草加太多了，挾出來他就走了。就留一根，把那兩根燈草都取消了。嗯，這回他嚥氣了。這個故事就說明人的貪心，到死了還不休，來生不知要變成什麼？

所以說貪愛，要想讓他消竭，不在愛欲海裡漂流，很難。這是貪愛的例子。舉一個例子就夠了，你回憶現在有什麼貪愛？哪怕一針一線，一草一木，你愛什麼？上回講的高妙峯禪師，就貪愛一個鉢，他把鉢的貪愛斷了，就清淨無染了。

我在溫州樂清縣修能仁寺，怎麼發起那個心呢？因爲在宋朝的時候有個老和尚叫眞歇了禪師，他做過湧泉寺的方丈，我聽人家傳說，他就是在能仁寺圓寂的。我在鼓山學習的時候，就對這個老和尚很羨慕。我也是學法的，要想當法師的，我說的法師是以法爲師，以佛所教導的法作爲老師。

眞歇了禪師有首詩，我看了非常感動，那首詩上說，「講道論懷實可傷」，說我們給人家說法，說佛所說的法，說自己思想所領會到的。實可傷，傷是傷心的事。這是好事，怎麼會傷心呢？「終朝身臥涅槃堂」，害了重病，涅槃堂是個什麼地方呢？化身窯跟前。死還沒斷氣，不能燒，等斷了氣，再到化身窯裡燒，這時候是在將死未死將燒未燒之間。他是病好了之後作的這首詩。從早晨到晚上，在涅槃堂裡不生不死不生不滅的等著燒。

「門無過客窗無紙」，那個時候是宋朝，沒有玻璃，窗戶都是糊的紙，紙已經破爛了。以前當大法師，這個求見，那個求見，門庭若市，像市場似的。現在倒在涅槃堂，沒有了，一個看他的人也沒有了，窗戶上連紙都沒有，也沒有誰幫他糊一下。「爐有寒灰席有霜」，火爐裡沒有火，剩些冷灰。床鋪上鋪著的席子有外面風吹進來的霜。這個境界是很淒涼的。「病後始知身是苦」，害了病之後才知道現在的身體是苦的，好的時候呢？「健時多為他人忙」，好的時候都給別人去幫忙去了。不說度人了，是給別人幫忙去了。前面六句，沒有什麼，表示害了病之後到要死的過程。

最後兩句話，他成就了，「老僧自有安心法」，安自己心的方法，「八苦交煎總不妨」，八苦都來了，也沒有關係的。生老病死、愛別離、怨憎會、五陰熾盛、求不得，八樣苦難全加到我的身上，都沒有關係，這就是悟道的話。他的這些話，弘法的道友應當經常的回憶，要能達到他最後的兩句話，「老僧自有安心法，八苦交煎總不妨」，這是功夫，八個苦難，生老病死這四個任何人也脫不了，只要你來到人間，只要是個人，只要是有情的動物，你能脫得了嗎？消竭愛欲海，就把這個都消滅掉，這叫妄盡還源。妄沒有了，眞的就顯現了，就是眞智慧了。

「高峯慧鳩槃茶王，得普現諸趣光明雲解脫門。」他得到的是普現諸趣光明雲解脫門。一切諸趣，一般說是六趣。總的說來，諸趣是指著六道輪迴來說的。他得到光明，得到智慧，得到這種解脫。

「勇健臂鳩槃茶王，得普放光明滅如山重障解脫門。」罪障像山那麼重，都把它消滅掉了。光明、智慧就釋放出來，把煩惱障、所知障都斷除。我們經常說業障現前，你自己所作的業，障礙你明白。所以，就在黑暗裡頭智慧顯不出來，要用智慧消除你的黑暗。

「無邊淨華眼鳩槃荼王，得開示不退轉大悲藏解脫門。」多劫修悲願，修大悲。一切苦，三災八難都滅了再不會退墮了。大悲方便，悲心無盡，所以叫藏。藏是含藏之意，含藏的都是大悲，悲愍一切衆生苦，開示衆生出離苦難。

「廣大面鳩槃荼王，得普現諸趣流轉身解脫門。」「諸趣流轉」是利生的方便，他沒有苦，是自在的。他發了這個願，滿他這個願了，自己成道之後，示現到諸趣，天、人、阿修羅、地獄、鬼、畜生，一般都說六趣，沒說到四聖法界。聲聞、緣覺、菩薩、佛，叫四聖法界。既然稱爲普現，那就不是局限，這是稱他自己的性體而產生的神通妙用，是他的智慧。他這個流轉沒有來去相的，沒有流轉相的。

不像我們，我們是被業流轉，業跟願兩個絕對不同的。願是你自己願意去受，願意受是得了神通自在去受。那跟被業驅使，完全是兩回事。我看諸大菩薩，示現到衆生當中，衆生是個什麼樣子，他也示現那個樣子，同事攝，示現跟他同業，那是自在的。廣大面鳩槃荼王，普現諸趣流轉，「廣大面」是什麼趣的面都現，所以叫廣大，示現衆生相，所以才能在諸趣流轉。稱他自己的性海，證得的性體，現他的神通力，他這個流轉是沒有來去相的。

爾時增長鳩槃荼王承佛威力。普觀一切鳩槃荼衆。而說頌言。

成就忍力世導師　為物修行無量劫
永離世間憍慢惑　是故其身最嚴淨

佛利益衆生是沒有憍慢的，所以佛的身體，佛的法身、報身都是最嚴淨的，爲什麼？離了世間憍慢。

憍慢有十種，大致舉幾個。憍呢？驕傲，感覺自己比別人強。慢就不同了，慢是他不如人家，比誰都不如，他自己還感覺著自己了不起，這就叫慢。

憍慢，人人本具。有本事的憍慢，眞正比人強，人家還能原諒，還能容忍。你根本不如人，還覺得比別人強，誰都沒你好，這類人很多。明明沒有智慧，什麼事都不及人。明明不行，自己沒有那個本事，也把自己吹得很高似的。憍慢最厲害了，看看歷史人物，凡是憍慢的，壽命又短，而且死的很慘。

憍慢就是煩惱，在染法當中，覆蓋著你眞正的智慧。既不謙虛又不謹愼，眞有本事的人非常謙虛，學佛法也如是。我們經常說一瓶子不滿、半瓶子晃，滿瓶子不晃了，半瓶的就晃蕩，晃蕩晃蕩，認爲他了不起。

在我們佛教界，比丘、比丘尼也不少。他根本就沒什麼修行，自己覺得了不起，往那一坐，繃起那個樣子很了不起，這也是慢，這叫裝模作樣。你一問他，什麼都不懂。「三藏十二部都通，禪淨律密教，沒有一門我不通的。」一問他，一百二十五再加個一百二十五，叫什麼？叫二百五。千萬莫要憍慢。看我們的五大菩薩，文殊、普賢、觀音、地藏、彌勒，他們示現在一切衆生中，他認爲一切衆生都是佛，在理上恭敬你。越高位置的，比如說佛，不輕慢一切衆生，大家如果讀到〈普賢行願品〉，佛也要報恩，報誰的恩哪，報一切衆生恩。什麼原因？沒有衆生他怎麼成佛？沒有一尊佛不是度衆生成佛的，衆生是菩提樹的根，你要行菩薩道來滋潤，大悲水潤菩提根，菩提道才能生長，把衆生做父母想，做佛想。佛要報衆生恩，衆生報佛恩，衆生因佛而得度。這樣來理解，憍慢就生不起來。

什麼事都要忍。你超過人家，但是理性你超不過，每個衆生都具足佛性，每個衆生都可以成佛。從這一點上你得尊敬一切衆生，他變條狗、變隻貓，他的性體沒失掉。《法華經》裡的常不輕菩薩見著誰都頂禮膜拜，「你是未來諸佛，我可不敢輕慢你。」他這樣讚歎別人，別人還拿石頭打他，說你挖苦我，我是什麼佛，認爲是挖苦他。他也不理，照常如是，常不輕。

大家讀《法華經》的時候一定會讀到，這可以消你的憍慢心。人的嬌氣也含著這一種意思，有些人自己感覺不到，特別是女衆，嬌裡嬌氣的，做起貴族小姐的樣子。我們很多的道友就有這些毛病，什麼都怕髒，所以才要到大寮勞動勞動。爲什麼來我們這兒，先到大寮勞動，先到外頭搬柴，撿木料，先把你的架子放下，去你的憍慢。憍慢沒有了，修道就容易。

還有一個慢，卑劣慢。卑劣還叫慢？這也是慢的一種。什麼事都往後縮，有這樣的道友。常住請他當個執事，他不幹，往後縮，他認為還很對。這叫卑劣。卑劣怎麼還叫慢呢？參一參吧，卑劣還叫慢。他表現是處處卑劣，但是心裡頭不服氣，我們有句俗話，這叫縮頭烏龜。烏龜什麼事都縮頭，一碰到硬的腦殼就縮進去，反正有貝殼保護著。

佛昔普修諸行海　教化十方無量眾
種種方便利羣生　此解脫門龍主得

龍主鳩槃荼王他得的解脫門，叫「普修諸行海」，什麼叫普修諸行呢？假種種的善巧方便化度十方一切眾生，這就普修。

眾生不是好度的，有的道友曾經跟我說過這麼一句話，他說：「人哪太難度了。」我說：「你是人不是人？」他說：「是。」我說：「你好度不好度？」「難度。」如果眾生不難度都成佛，還要你去度？沒有你可度的，正因為難度才去度。因為這樣的想，他說的下句話很不好。

他說：「眾生難度，寧度畜生不度人！」意思說人比畜生壞得多。他又說：「我養馬養牛養雞養狗，就算是養個小雞，給牠吃的，或者照顧牠，牠都很好的，很聽話。人哪，可不行，你越對他好，說不定他要殺你。」

是這樣子的嗎？變個人，投生到人總比畜生功德大吧！六道輪迴當中，人是最好的，為什麼呢？他能修行，能聞佛法，苦樂間雜，所以他好度。天人不好度，為什麼？盡是樂沒有苦難，還求什麼佛道。三塗就沒辦法，失掉理智了。地獄餓鬼那好度嗎？觀音大士現面然大士，地藏菩薩到地獄，很不好度，還是人好度，因為人是理性的。

佛以大智救眾生　莫不明了知其心
種種自在而調伏　嚴幢見此生歡喜

佛在利益眾生之時，眾生心裡所想的，所希望得到的，佛都給他說法，令他得到解脫。這個偈頌是莊嚴幢鳩槃荼王證得佛這麼一個功德，與佛相似的。佛以大智慧來利益眾生的時候，知道眾生的心，這就是對一切眾生的機，對他的機，而給他說法。能以佛的自在心調伏眾生不自在的心，使一切眾生都能得到自在。這個偈頌是說莊嚴幢鳩槃荼王能夠證得與佛相似的功德，能令一切眾生聞法生歡喜。這是第一個偈頌。

神通應現如光影　法輪真實同虛空
如是處世無央劫　此饒益王之所證

「神通應現如光影」，這是指佛說的。佛的神通自在妙用，就像光和影顯現在眾生面前，給他轉眞實的法輪。眞實的法輪就是讓眾生能夠明心見性，悟得理體。這個理體跟虛空相似，這就是《華嚴經》所講的理法界。如是長時間的度眾生，處於世間無量劫。無量劫就是佛度於世，在世間度眾生時候沒有個時間的限制，那就是說長時間利益眾生，沒有疲倦。這是饒益行鳩槃荼王他所得到的，普成就清淨大光明所作的業解脫門。什麼業呢？就是利益眾生，讓眾生都能夠成就清淨大光明。那麼，饒益行鳩槃荼王所證得的也如是，同佛一樣的利益眾生。

眾生癡翳常蒙惑　佛光照現安隱道
為作救護令除苦　可畏能觀此法門

「眾生癡翳常蒙惑，佛光照現安隱道」，癡是愚癡，翳是遮蓋的意思。愚癡把你的眞實體性障住了，也就是我們自己妙明眞心被惑染所翳。佛的光明能夠照，佛光一照使眾生的愚癡黑暗得到解脫，能夠得到安隱道。安隱道就是沒有障礙的地方，得解脫的意思。這是可怖畏鳩槃荼王他入得此法門，能給眾生除苦得樂，救護眾生。

欲海漂淪具眾苦　智光普照滅無餘

既除苦已為說法　此妙莊嚴之所悟

「欲海漂淪具衆苦」，關於苦難的事，儘管他講千百萬億次，我們每天都經過，每天都如是懷念。欲，就是貪欲。欲就是一切苦的根本，無貪無求，苦就漸漸消失了。衆苦就是說苦處很多了。我們在愛欲的海裡漂浮，這就是苦的根本。要想止欲，要先止惡。《法華經》上說：「諸苦所因，貪欲爲本。」爲什麼有苦呢？貪欲的關係。在我們日常生活當中，你會感覺很多不如意，不如意就苦。你思想想的跟外邊的客觀現實不相合，苦有一種逼迫性。我們來這裡聽課，有苦沒有苦呢？你的身體有點不舒服，或者這一個班都要進法堂，你還在那拖拖拉拉的，那個負責的，說你幾句，感覺不耐煩了，這苦不苦？凡是不得自由的，你想怎麼著，可是辦不到，這就苦了。

爲什麼拿海形容呢？太深了，太廣了。天天講苦，佛說了種種斷苦的方法。但是我們用不上。身體不適應，你還得去完成任務，感覺苦不苦呀？我不曉得你們感覺苦不苦，我感覺很苦，想休息又感覺著不行，勉強去做，苦！這裡頭好像沒什麼欲，但是它含著。你這個現行的情況，是以前你所做的那個苦因。有病本身就苦了，再加外頭客觀環境，苦上加苦，這就苦苦了。或者在道友之間，或者在寺院裡頭的，特別像我，我不屬於你們管轄之內，也沒誰管我，自己管自己，這裡含著就有一個苦。

你不願意做的事，這是現實環境中你必須得去做，苦不苦呀？這就苦。苦是一種逼迫性。你可以斷這種逼迫性，拒絕。但是你生在這個人情現實的社會當中，你不能這樣做，這就苦。這個包括的範圍非常廣。怎麼樣才能不苦呢？解脫。知道苦了，就斷欲，欲是根本。斷欲很難，舉例最近幾天我很苦，怎麼斷這個苦呢？沒誰責備我，我可以不苦，但是不行，好像因就在那裡了。

例如有幾個道友來，我本來不願意接待他們，沒辦法，不願意，勉強的事，這就苦。本不願意，你還得去做，這不苦嗎？強加給你的，還有你的願力，現實生活當中，一切事都如是。看破了，放下了，不是那麼容易。做善事，做好事，大家看到修廟，修廟不是善舉，好事嘛？這裡頭含著很多苦處，說不出。完了還得去做，逼迫你去做。

什麼逼迫呢？願力。做善做惡，做善有善的苦，做惡有惡的苦，都在苦裡頭。我們修廟有沒有貪欲心？沒有。這是從那個粗顯的，說這是善舉，不是惡事。如果這裡頭含著貪功德，或者貪福報，這也是貪。凡是逼迫性，都叫苦。這是廣義。

所以說「欲海漂淪具衆苦」，有智慧的人怎麼解決？他是解脫的，不是苦。沒有智慧的人，好事也變成苦事。有智慧的人，苦事也變成解脫。諸佛菩薩度衆生苦不苦呀？衆生沒有那麼順當聽話的。你看《地藏經》，閻羅王向佛請求，說地藏菩薩這麼大的本事，說大願力，那本事不小。爲什麼度衆生，不把他度徹底呢？出地獄沒有好久又回來了。菩薩是不厭煩的，不厭煩還得去度他，一次、兩次、無量次，這裡含著也是苦。度衆生也不是那麼容易的，我們每個人都度自己的衆生，你自己就是個衆生。自己度自己，強迫自己止惡，強迫自己行善，強迫自己精進，不要懈怠。要念經的時候，有點疲勞又困，睡一覺吧。後來又想，這不行，不放棄自己的精進力。好像我做了很久，一下子又停了。這一懈怠，一天當中就把它放棄，就完了，把以前的功德都摧毀了，很勉強，這也是苦。

不過這個苦是你自己願意，自己發願的苦。發願度衆生，衆生難度！可能我們諸位道友沒有體會到。逼迫你一點沒辦法，好多事沒辦法，因爲你生到欲海當中，在欲裡頭游泳可不容易了，經常被它淹沒。想除苦，那就說佛所教授我們的方法。像這樣講講勸別人，自己得先去做，等你做的時候很苦。我給大家念的貞歇了禪師的偈子，到什麼時候才不苦？到了你有安心之法，八苦交煎總不妨。你沒有安心之法，那就是苦了。

還有如何斷苦呢？大家要從現實上去做。經文上只說個大意了，要你自己去參。把佛所教的方法，常時在你的心中迴盪著，一遇著這種事情了，把佛所教授的法，在我們心裡頭觀想。我剛才說很多的事情是苦，一想到佛的教授，這個苦我能斷。斷就是克服。不願意的事也得去做，這是克服困難。過去有個俗語：「明知山有虎，偏向虎山行。」明知道發願、修廟、講經，這裡含著很多苦了。有時你身體不適應，還有你的心裡不適應，不適應也得去做，要讓他適應。最初我們沒有出家之前，世俗的生活過慣了，剛一出家，那麼多清規戒律，講講戒條還勉強，若是講到「三千威儀，八萬細行」，思想一舉一動，身體一舉一動，都在犯錯誤。出家師父的教授，道友之間給你提意見，意見一大堆，這麼也不是，那麼也不是，這也是苦。

但是這個苦，是因為我預備斷苦才受這個苦。這個苦是苦中有樂，那個苦，越陷越深，這樣才能斷貪欲。像過堂，過堂是不自由的，拿什麼你吃什麼。像我在上頭，想吃什麼都可以。我有時自己跟自己過不去，這個我愛吃，少吃。這個不愛吃，勉強地吃。為什麼要這樣做呢？這就是克服。

斷欲的方法，你所愛好的，要把它止住，不願意受的你要去受。沒有誰逼迫你，苦是逼迫，自己逼迫自己。如果你出家之後，修道之後，你自己沒有這麼樣一個心情，怎麼能進入道？順你的愛欲發展，越發展越重，沒完沒了。人就是吃著五種，想著六種。那六種都吃完了又想七種，又想八種，沒有滿意的時候。那就是欲望，欲望無窮。懂得這個道理，要在你的日常生活中克服。

經上所說的，就給你個大概了。苦是本，是逼迫的，為什麼要苦？你造很多因，造的什麼因？貪。當你最高興的時候，你想做的事，事緣滿足了，經濟力不缺了。當這個時候你要提高警惕，拒絕那個誘惑，我這是說斷的方法。

我個人的試驗就是這樣做。愛吃鹹，愛吃辣椒，你吃吧，容易得很多種病，那就開始斷，吃苦的東西，誰愛吃苦，苦的東西去火，它有利益的方面。這是大家的通病。怎麼來斷你的貪欲？從小處下手，漸漸你就能斷了。不高興的話，不愛聽的話，不但要裝起來愛聽，還得一個笑臉，是是。或者是法師教導你，「行，師父，我錯了。」明明你心裡不接受，口裡得這樣說。你不說人家不留你住了，麻煩了，你怎麼辦？漸漸在這上生活鍛煉，說的高深了，你不懂。怎麼在欲海漂流的？怎麼具足衆苦的？太隨自己的妄想、妄識去做的關係。你要想返眞，返眞得把這些斷了，必須得斷了。

從文字上講，不論講多久你也得不到實際的利益，就從你日常生活當中去體會，體會了你就制止它。有時候你所想的，你所希望的完全做不到了。你不願意的，誰願意挨打，到人家捆上你，你不挨也得挨。你動得了嗎？捆綁了，挨打你也沒辦法，等沒辦法反抗的時候，你受也得受，不受也得受。但是我自由自在的，願意受，願意承擔，那就完全不同了。就是我剛才說的，這事要做起來，後面跟著的苦難重重，爲什麼還發願去做？菩薩行菩薩道，不是這樣一修就成觀世音，一修就成地藏，一修就成文殊師利，目前辦不到，不曉得要經過好多劫，才能度生自在。如果諸位道友你們當法師的時候，明明不能做，還得裝模作樣。懂得裝模作樣吧？給人做榜樣。

一天光講苦，講了半天，怎麼辦？怎麼辦？要斷。知道苦是果，果來你不受也不行，避免不了了，怎麼辦呢？斷因。知道苦了，我把因斷了，不再作苦的因，不會結苦的果。那個苦就是你心裡高興的事，高興的事就貪欲。無休止去做，那還不受苦嗎？現在開始斷，自己先跟自己過不去，不要等人家來強加給你過不去，那就強迫了。

這樣子，你漸漸地就能斷苦、斷貪欲。貪欲的種類包括太多了。我們每個人生活都有一個個性，依著他的個性發展，他有個慣力，促使你經常這樣犯。現在你把過去的慣力斷了，依著佛的教導，新走一條道，按照菩提道的慣力，這樣走下去，你才能夠得到智慧。這必須得有智慧，智慧認識到了，但是這裡邊強迫性很大，別人強加給你的強迫，那不能解決問題，得你自己強迫自己才能解決問題。懂了這些道理，你再體會這段經文，漸漸就能懂了。

佛身普應無不見　種種方便化羣生
音如雷震雨法雨　如是法門高慧入

「普應」，佛能夠應一切眾生。一切眾生有求的，有求必應。就一切眾生感，佛一定要應。但是這個應的方式呢？有種種的不同，看你感的如何。例如現在大家學《華嚴經》，應沒應？佛就給我們應了，應了你好好學吧。那個方便不一定說是佛在華嚴法會上說，我們現在大概就是佛在華嚴法會感召的，使我們大家能夠共同學習，這個形式跟佛在世說華嚴的形式不一樣了，這叫方便。但是我們聞的，只能種善因了。一聞到法馬上就證入，進入薩婆若海了，我們從無邊苦海進入薩婆若海。

因爲衆生的種種欲，貪欲是多種多樣的，佛就隨著你的貪欲方便善巧的接引你，慢慢斷貪欲，慢慢生智慧，佛是這樣化度衆生的。「音如雷震」形容佛教化衆生的音，像打雷似的。「雨法雨」，說法就像下雨一樣的。下雨能滋潤你，若是夏天能除你熱惱，法能滋潤你。滋潤你什麼呢？滋潤你的法身。這種道理、這種法門，高峯慧鳩槃茶王他能夠進入的。

以下講十通、十明，我們先把十通說一說。

第一個是他心通，也就是講心。佛的智慧，我們這是幾百人、幾千人、幾萬人、幾十萬人，心裡所想的，佛都知道。通，通無障礙。你的思想，你的作意，佛都能知道。通是無礙義。

第二種天眼，天眼自在。這個天眼自在，可不是天人的天。天是自然義，是心眼。見非是眼，是心。我們的眼是根。現在用的是識不是心，這個識還通的不大。這是佛眼，這個十通是指著大菩薩佛眼通，它是清淨自在的。清淨自在的能夠見一切，佛眼觀一切。

第三種宿住智通，也就是宿命智。佛度這個衆生，能知道這個衆生無量劫他所做的。他的善根成熟了，多生學什麼，給他一說法開悟了，心開意解，叫宿住智。宿命通。

第四種知劫。劫就是時分。久遠久遠之前的事，這是指社會的事。這個世界怎麼形成的？這個世界將來怎麼壞的？壞完了又形成，形成了又壞，壞了又成，成了又壞，都能知道。

第五種天耳。大家讀過《楞嚴經》就知道了，「聞塵清淨證圓通」。圓通就是一切無礙義，那個圓就是智慧。十種通都離不開智慧，沒智慧通不到的。如果是耳識壞了，聽不到了，耳根壞了聽不到了。我們這個報得的，有很多障礙。比如說老了不行了；年輕的因爲害病，失靈了；或者識壞了，也通不到。

第六種無體性智通。通達諸法無性，這完全是智，不是約心識說的，通達諸法無自性。這叫變現自在，無性之性，這是理，就是理法界的理，說諸佛廣利益衆生的時候，他能變現自在。怎能變現自在呢？得到了佛性的理體，體自在故，所以做一切事也自在。

第七種善分別語言通，能通達一切語言。鳥語、畜生語、獸語、海裡頭的魚鱉蝦蟹，它們都有共同的語言，語言不是光指人說的。我們想得到人類的語言通，都辦不到。福建人想把福建這一省的話都懂了，辦不到，福建話有多少種？像東北黑龍江，從齊齊哈爾到喀山這一段，有好幾十個民族。就這麼短短的幾百公里，存在著多少種民族。又者像從泉州到惠安，惠安到仙游，仙游到莆田，如果到過福建你就知道了。仙游人說話，莆田人不懂，莆田人說話，仙游人不懂，從莆田往前一走就是福清，福清說話，莆田不懂，福州話非常難懂。還有到廣東，都是方言。要把一切語言都通了，唯佛與佛。你度他，他的話你不懂，你說的話他不懂，你怎麼度他？沒法溝通。

色身，我們認爲色身種種類類的，有表色的你還可以知道，還能通。無表色的衆生我們看都看不見！有表色的就是有形有相。沒表色的沒有形相！像這類的衆生，你就沒法度了，但是佛眼能觀到。他會變化的，像我們死了，人死了爲鬼，鬼是靈魂，沒有表色的。你不用看那個形象，畫的那些不是的。鬼只是個靈魂，沒表色的，很多鬼道是沒表色的。好多人怕鬼，你怕什麼鬼？其實，鬼怕人，人怕鬼，這是互相怕。人多嗎？鬼多？如果螞蟻命終了，牠又變成鬼了，鬼道特別複雜，飛禽走獸一死，牠又變成鬼了！牠一超生，又不曉得到哪道去了？人只是人道，光說個人道你也通不了。人有種種類。現在你在我們這個小地球，有六十多億人口，你說有多少種族吧？我到過類烏齊，有三十九個民族，語言不同，服裝、生活習慣完全不一樣！本地的人沒有好多，三五十個人就是一個族，類烏齊三十九族，玉樹囊謙二十五族，都在西藏邊界上！你想要瞭解他們的生活習慣，辦不到！你沒有這個智慧。那你又怎麼度他呢？你怎麼度他？有些有表色的，你還可以看到有個形相，他沒表色！這類眾生你怎麼度？沒表色的眾生還很多。

像鬼吧！他可以現人形，可以現畜生形，這是大力鬼王。無形現形，無色現色，你怎麼理解？北京以前有間倒影廟，倒影廟大殿的門有個小洞，這是北京一景，現在沒有了。從洞裡頭看著人在外頭走，你會嚇一跳。他的腳在上頭走，腦殼在底下，上頭邁步，腦殼在底下往前走，會嚇一跳！叫倒影廟，為什麼呢？你不知道了！鬼本來是沒形的，他可以現到你的父母形，你夢中見了父母了，假的！是鬼變化的。他做你六親眷屬騙你，騙你什麼呢？供養，給他燒點紙錢，他只能聞味，不能吃的，我們供鬼神的那些東西，只能聞個味，他就滿足了。這個道理你要想都通達，你沒有智慧能通達嗎？你怎麼度他？還得知道生活習慣。無形現形，這就是智的智慧，叫色身智通，佛、大菩薩能了達這一類的眾生。

第九種一切法通。對一切法，法者就是形式，種種樣樣的形式，種種的事物，不僅能通事，還要通達理，依理明事，依事能顯理，都能通達無礙。

第十種滅盡通。這叫滅定的智慧，在大定當中，能現一切威儀，這個不容易了，這個不是我們一般的定，必須得成佛，這種定叫滅盡智通，名字叫大寂定，一切法的事停止了，一切法的理顯現了，事和理都能通達無礙，理法界，滅盡智通。在《華嚴經》講的是十種通，到〈十通品〉講的比這個就深多了。善財童子參到跟等覺菩薩一樣地位之後，彌勒菩薩讓他再回參文殊師利菩薩，文殊師利叫他參普賢菩薩，在參普賢菩薩之中，講了十定、十忍、十通、十地，那是最後了，是果後普賢。十通，通者就是智慧明。

還有十明。他心智明，就是善知一切衆生的心，知道現在他的智慧量是好大，菩薩能知道一切衆生的心念什麼，我們都不知道自己的心念是什麼？從早上到晚上，你記得嗎？從早上睜開眼睛的時候、有知覺的時候，你都念些什麼？背不出來。有的一念一閃就過了。登地的大菩薩，他都知道你在想什麼，爲什麼你這樣想？都知道，了知你的來龍去脈，爲什麼有這個思想？怎麼產生的？根據你過去的業，這是他心智明，前頭那個叫他心通，這個叫他心智，兩個不同，有區別的。

天眼智明，這是無礙天眼。這個是指菩薩的眼睛就像錄影機似的，照你一切的事，照一切的色相，知道這個事物怎麼生長的？怎麼消失的？消失了又怎麼生長的？又怎麼消失的？無窮無盡的，這個叫智明。宿命智明，過去智，無量劫。

爲什麼前頭叫通，這個叫明呢？爲什麼標個十明還有十通？本來是通的，通跟明是通的，爲什麼他要重新解釋一下子？十通跟十明，略有出入，一個是方便善巧，一個是根本智照。一個是有分別，一個是無分別，有這樣的差別。我們這兒的燈光有分別嗎？沒有分別。菩薩對一切衆生只是照，這就表明他沒有愛憎，就是我們前頭講的那個欲，他沒有貪欲，斷了他才能得到智明。他能照見一切色相，發起、成長、消滅，都知道他這個過去。

有些事物，我們知道的太少了，知道算命批八字打卦的吧？那是世間拿這個維持生活的，對不對呢？確實也有準確的一面也有不準確的，因為他沒有掌握住變化，像紫微斗數，其中有很多的變。不過這些跟佛教講的他心通、宿命通、天眼智通差的太遠了！中國講究《易經》，學《易經》的很多。只知道易，不知道變，「無極生太極，太極生兩儀，兩儀生八卦」，八卦就變了，八八六十四卦。裡頭含著變，佛教專講這個變字，不講那個數字。我們的業是不錯了，造了固定了，說你修行了，它變了。你再繼續造，它又變了。

本來你這個罪過，打二百皮鞭就可以把你的罪過消失了，或者你住十年監獄就消失了。不行！變了！怎麼變的？你住監獄還造業，那就出不來了。出來就死了，之後還要受，變！怎麼樣變的呢？罪越變越重，你繼續作惡，加倍。你惡止了，又作善了，那又變了。學佛講究修行，定業不可轉，業已經定了，「定業不可轉」，如果不可轉，我們出家修道也沒有用處？它不能轉了。下頭還有一句，「三昧加持力」，業就轉了。

古來的大德們，用涼水來比喻，如二水相投，一個冷一個熱，如果熱多於冷，冷水也變成熱了；如果冷多於熱，熱水也變成冷水了。現在我們修行，看你的力量大小，力量大，把你的業轉了，叫業障消失，智慧增長了，業沒有了！我們修道者，信了佛了，佛弟子天天在這裡作善業，轉變你的惡，你該受報的、該受苦的已經變了，天天在轉，天天在變。他心智、天眼智、宿命智，他能看到你的變，我們也知道自己變了，過去你很煩惱，現在你很歡樂，解脫了。

出家之後，在這裡住上六年、七年、八年，它就變了！就是業變，他心智、天眼智、宿命智，就掌握這個變。看不見變化，那不行。看見衆生的業，也看衆生的變化。定業若是不可轉，那沒有成佛的，還有成佛的嗎？還有證阿羅漢果的嗎？定業若可轉，因果就沒有了。佛說的因果律是不變的，那不是變了嗎？你怎麼理解？說：「定業不可轉，三昧加持力。」說你修道的道力能把它改變。

況且你眞正要學《華嚴經》，我們修道的觀想，觀想到無心，業性本空，業性是沒有的。業哪有什麼性體嗎？沒有！唯心造，業是你心造的。說你觀想了，把你的妄心都頓歇了，心都沒有了，心所造的業還存在嗎？但是你懺罪的時候，拜懺的時候，坐著修觀的時候，經常這樣想：「業性本空唯心造」。妄心歇了。「心若滅時罪亦亡」。心都沒有了，它所造的業還存在嗎？「心亡罪滅兩俱空」，心也沒有了，造的業也沒有了，兩個都空了，變成般若智慧了。「是則名為眞懺悔」，這才懺得乾淨。還有罪嗎？沒有罪可言。

這個是什麼智呢？盡未來際的無礙智明，就是三際了，過去、現在、未來。未來世流轉生死，看著一切衆生，如果他不轉化的話，一出一沒、一出一沒，生死流轉，無窮無盡都能夠知道。所以菩薩度衆生，如實了知一切衆生的變化。

天耳，無礙的天耳智，這是六根互用的。明是六根互用，智明是照了一切。分雖然這樣分，六根互用的。大菩薩靜坐的時候，他能聽到十方世界一切衆生的苦難聲音，一切諸佛的成道聲音，他都能聞到。觀世音菩薩反聞聞自性，就是耳根圓通，大家讀到《楞嚴經》就知道這一段。

神力，這個神力是讚歎佛說的，他安住無畏的神力。十地以上的菩薩，他有無量不可思議的神力。十方世界隨意自在，去來自在，利生自在，一切都自在。

分別音聲，辨別音聲，了知一切衆生的語言差別，色身的莊嚴。不是像我們所知道的，看見才幾種而已，世界微塵數，佛刹微塵數的那麼多衆生的身體形狀，大菩薩都能了知，每個佛國土的都不一樣。

眞實智就不同了。必須悟得了，悟得了還沒有證得的更究竟。證得的才究竟，證得自己的自性了。最初我們開始講，相信自己是毗盧遮那。相信，還得經過行，再證。證了，你效果才得的到。到了證得的時候，你就了知一切諸法的實體，叫眞實性、眞實智。

第十種滅定，滅定就是滅盡定。菩薩入於一切法正受，正定就是三昧耶。那個三昧是眞正的佛三昧。

還有十種無畏，十通、十明、十無畏。十無畏沒有再標，就是總說。十無畏就是佛的方便。爲什麼無畏呢？就是如大雷震。成那雷光，雷光什麼的，所以是方便。現在能夠悟得法界之理。爲什麼有畏呢？畏就是恐怖，因爲你的心有罣礙故，才有恐怖。造業多了怕打雷，怕被雷震死。在這個社會上確實是有被雷震死的，不但震死，震死完了背上還有字。你說是有指揮這個雷，是沒有指揮的？

根據我的親身經歷，我當犯人的時候，在工地勞動。從德陽打了一個雷，一直到三十里外的一個鎮上，這個雷才止了。這個雷是怎麼打的呢？我們一般說雷在天上打，不是的，雷在地上打。這個雷打的這麼一條線，在地上滾，那個時候沒有滾到我們，我們看見那個雷滾，就是個有聲音的火球，呼嚕呼嚕，就那麼滾，時間很短。凡是雷所過處的，寬度只有幾十米這麼個寬度，水裡的魚全死了，在路上的羊也好，牛也好，人也好，凡是在這個線上的都死了。從德陽到遼平，遼平是德陽的一個鎮，距離德陽華里五十里，這個雷是從德陽開始。雷起處，那地上就冒雷，嘩，就麼一個雷，這麼一炸，不是在天上，在地上，打完了就沒有了，聲音也沒有了。沿途死的，人也有，畜生也有，魚鱉蝦蟹也有。農村那時候都有水塘，水塘裡的魚都翻出來了。人死的不多，只有四、五十個人，因爲在這一線上的人都死了，外頭的就不相干了。

這個很不可理解，爲什麼？雷是行雲布雨才打雷，那乾雷在地上，不是在德陽縣城，而是在德陽城外，從地上起這麼個雷，這叫不可思議，這叫電光。方圓震動一百里，不一定，有的方圓很大的，有的方圓很小的。發生這個是什麼意思呢？不可理解，想不通。但是確有其事。

這是形容著佛利益眾生的音聲，消滅眾生的罪業，消滅眾生的惑業，消滅眾生的苦難，就像雷一樣的，震瞶發明，再聾的人，一打雷他就聽得見。震動，發瞶的意思。

清淨光明不唐發　若遇必令消重障
演佛功德無有邊　勇臂能明此深理

勇臂鳩槃荼王他得到一個普放光明。誰放的？是讚歎佛說的。這些偈子都是讚歎佛，讚歎佛說的就是他證得了這一門。證得了什麼呢？清淨光明。光明就是形容智慧。這種光明一照使你的罪業都消除了。障礙罪業消除了，你得到清涼了。誰來放的光明呢？能令一切眾生重障消除呢？演佛功德無有邊，這是佛的功德。勇臂能明的鳩槃荼王，他得到這個道理了，他也如是去做。

為欲安樂諸眾生　修習大悲無量劫
種種方便除眾苦　如是淨華之所見

這是無邊淨華眼鳩槃荼王，他得了什麼法門呢？不退轉大悲藏。一說到大悲，不是我們那個悲，我們平常起個憐憫心，那不叫悲。悲能拔苦，能拔除衆生的痛苦。爲什麼加個大呢？我們講《大方廣佛華嚴經》，大就是體，悲是用，悲是方便。我們所起那個憐憫心，不是大悲。大悲怎麼樣呢？憐憫心能解除他的生、老、病、死苦，再深入一點，能解除八苦。我們昨天講「八苦交煎總不妨」，能以大悲願力解除一切衆生的痛苦。這是淨華鳩槃荼王他所見的道，他悟得這個道理。

神通自在不思議　其身普現徧十方
而於一切無來去　此廣面王心所了

他得到諸趣現生度離衆生解脫，得這麼個解脫門。什麼呢？就能示現與衆生同類相攝，示現諸趣，天、人、阿脩羅、地獄、鬼、畜生六道。他本身就是菩薩，他示現聲聞緣覺也示現成佛。反正十道都能夠得解脫、能示現，常時度衆生。鳩槃荼王本是甕形鬼，但是在《華嚴經》上他不是鬼，而是天王，加個王字就表示自在義。所以說是寄位，他不是這個位中人，而是寄託這個位來行他的菩薩行。八部鬼神衆，這是在佛華嚴會上的護法。一到華嚴法會，都不是他所示現的那個面目。證得他的法性理體所行的一切利生事業，別把他當成鬼王看。

鳩槃荼鬼可不是這樣子。鳩槃荼鬼是鬼衆，他示現鬼，不是鬼。大菩薩示現人，觀世音菩薩示現的女人相，他不是女人相。觀世音菩薩的本來相是菩薩相，示化衆生的相。現在我們這個面目也是示現的。什麼示現的呢？業示現的。因爲你的善業重，你能得爲人。我們不要把自己看輕了，要把自己看重一點。天人他過的生活非常幸福，可是不修道。你給他講苦，他不苦，我苦什麼？在人間，「富貴修道難」，生活非常優越，地位很尊崇的，你讓他來信佛修道，來這磕頭禮拜，早晨三點鐘就起來上殿過堂，從好處說，這是消業障、修道。從壞處說，把你折騰得要死，累得你疲勞的不得了。爲什麼？讓你少打妄想。你想造業的心，顧不得了，疲勞的很厲害，這也是折磨你，折磨你幹什麼呢？消業障，使你的身、口、意三業都不得空，都在行道當中。上課、聞法、學戒、禮拜、懺悔，雖然心裡頭還造點業，但是很少很少的。不像在社會，在名利場所去混，那又不同。總的是這樣講。

龍王衆十一法

以下是龍王衆，有十一法。

復次毗樓博叉龍王。得消滅一切諸龍趣熾然苦解脫門。娑竭羅龍王。得一念中轉自龍形示現無量衆生身解脫門。雲音幢龍王。得於一切諸有趣中以清淨音說佛無邊名號海解脫門。燄口龍王。得普現無邊佛世界建立差別解脫門。燄龍王。得一切衆生瞋癡蓋纏如來慈愍令除滅解脫門。雲幢龍王。得開示一切眾生大喜樂福德海解脫門。德叉迦龍王。得以清淨救護音滅除一切怖畏解脫門。無邊步龍王。得示現一切佛色身及住劫次第解脫門。清淨色速疾龍王。得出生一切眾生大愛樂歡喜海解脫門。普行大音龍王。得示現一切平等悅意無礙音解脫門。無熱惱龍王。得以大悲普覆雲滅一切世間苦解脫門。

印度梵本有十一頌，第五頌脫了，就剩十頌。標題還是十一法，單有十法。這十個龍王，清涼國師略加說明。在此處我們先把它略了，後頭再解釋。

雲音幢龍王這個長行與下文的偈子，通有六意，哪六意呢？第一諸趣是化處，這個諸趣專指六道輪迴說的，天人、阿脩羅、地獄、餓鬼、畜生。一切眾生所受報的，所化現的處所，這龍王也示現，在六道中牠能化現，本來是畜生道，能化現人。牠能變化，龍有變化。

第二是淨音，是化具。第三是佛名，這是佛的名號，是化的法。第四是神通，就是他化的本身，這是報得的通，不是修得的。第五是眾生，是這些龍王示現菩薩所化的機。第六是隨樂，是隨那機感的喜樂而化的意。

以下一個個講。

「燄口龍王，得普現無邊佛世界建立差別解脫門。」就像《華嚴經》講的，他一毛孔中能現無邊的依正二報。這一毛孔就是他的本性，就是性體，廣大能容。這種變化是什麼呢？必須得體。龍身是他的報身，龍修成，他寄位在龍來化度眾生，他能現佛身。也像《華嚴經》所講的，一毛孔中轉大法輪。於一毛孔中現剎土，剎土就像莊嚴世界，能說法利益眾生，這叫建立的差別。因爲這些龍王不是龍王了，是大菩薩寄位化度眾生。

「啖龍王，得一切眾生瞋癡蓋纏如來慈愍令除滅解脫門。」啖龍王對治眾生的瞋，瞋是什麼？瞋恨，貪瞋癡的瞋，癡是無明，蓋是五蓋，纏是十纏。佛都能慈悲哀愍這些眾生，能使眾生離開瞋、癡、蓋、纏，給他除滅，他得了這麼個解脫門。這個啖龍王他能夠度眾生，示現的成佛，示現的度眾生，示現的滅眾生的一切苦，行大慈大悲。

五蓋十纏總結說就是三毒，就是身口意所發生的貪瞋癡。三毒俱滅就是貪瞋癡都沒有了，令它除滅。

「雲幢龍王，得開示一切眾生大喜樂福德海解脫門。」那麼雲幢龍王，他得到的是具佛大慈悲的福德海，二種資糧都具備。哪兩種資糧呢？一個是福德，一個是智慧。沒有福德智慧你又怎麼能成道呢？成不了道。有的時候我們說加行位，就是四加行的位。在講次第的時候會講。這裡是專講體的，不講次第的。

「德叉迦龍王，得以清淨救護音滅除一切怖畏解脫門。」慈音，我們修觀世音菩薩法門，當你在苦難中，一念觀世音菩薩，菩薩聞聲救苦，你這個感就得到了應。但是修道者要想把這些污染都除掉，得到清淨，沒有一切恐怖，沒有一切憂愁，得到清淨的樂。德叉迦龍王以音聲能示現，像觀世音菩薩所說的，聞到他的音聲就能夠使你不怖畏。

「無邊步龍王，得示現一切佛色身及住劫次第解脫門。」住劫有二十劫，二十劫的初住、中住，乃至後住。入、住、初，有三種次第。示現呢？這個示現不一定示現的正報，而是示現的依報。依報是這個國土，依報是指著處所，能示現法堂也能示現大殿，讓你修道的處所。依正報二報都是示現的，不是眞實的，龍身也不是龍了，就是這個涵義。

「清淨色速疾龍王，得出生一切衆生大愛樂歡喜海解脫門。」這裡的樂不是希求義，而是快樂得果義。佛在往昔行道當中所得到的快樂歡喜。快樂歡喜的意思，惑業除淨了，就得到快樂了，歡喜成就了，沒有憂悲苦惱。這個清淨色的速疾龍王他能觀察到，也說他能證得了。佛是無量的，我們說的鳩槃荼王也好，以後的夜叉王也好，龍王也好，都是示現的，不是他本身。龍類不能都是這樣子，別認爲所有龍王都有這些本事，這是寄位的菩薩。

「普行大音龍王，得示現一切平等悅意無礙音解脫門。」這個地方講音，在〈疏鈔〉上有四種種類。第一個一切音聲，鼓聲鐘聲風聲雨聲。人類所有一切的語言聲音，凡是音，音就是聲。你怎麼看呢？不管他有好多類，平等平等。第二種是平等，一切音平等平等。有些清雅悅意的，有些煩惱聲的，有些苦惱聲的，你聽見哭，心裡也跟著悲哀。就是這樣子，他看著是平等，不論哪一類音，都是無障礙的，方便善巧。

我記得廟上有一副對，「鐘聲雨聲鐘磬聲、聲聲自在」，形容一切聲音都平等，每個聲音都是自在的。颳風下雨也好，靠鐘靠磬也好，聲聲自在，這是廟上的一對。下一對是，「山色水色煙霞色、色色皆空」，我們在這個山林裡頭，山色水色，早晨起來那個煙霞，色色皆空。形容音聲多普徧，清雅悅意，一音隨類，種種的聲音聲聲自在。這標的題目，一個是色，一個是聲。「風聲雨聲鐘磬聲、聲聲自在，山色水色煙霞色、色色皆空」，你若能達到這種境界，自在。

「無熱惱龍王，得以大悲普覆雲滅一切世間苦解脫門。」這是無熱惱龍。形容他住的那個水，不同。他住的是香水海，出香美水，無熱惱他清涼。如雲、降澍、甘澤，甘是甜的意思，澤是潤覆的意思。得到他這種甘澤了，能滅一切世間苦。

那是形容龍王救度衆生的時候，以他的大悲普覆雲，雲一罩，你好像得到清涼了，熱惱就除掉了。這個熱惱，大家可能體會得到。當你煩惱來了，吃飯吃不下去，睡覺睡也不著，就在床上翻來覆去的，煩惱了就想這件事。舉個例子，或者誰得罪你了，揭你的短處，說你的壞話，損失你的名譽，使你喪失利養，你當然煩惱，想辦法報復。報復了，再還報。想著怎麼樣恢復名譽，可能使你睡不著覺，吃不飽飯。

那麼，同學跟同學的吵嘴也不例外，我們沒斷煩惱也產生熱惱。有什麼方法解除呢？你別睡了，如果哪位道友，真要遇著這種煩惱心來了，你起來洗洗臉，漱漱口，如果屋子有佛像，自己住一間房，你跪在佛像前，或者念一卷〈普門品〉，或者自己受持的經論，你一念，那種清涼可以洗除你的熱惱，看看佛怎麼教導你的。

假觀世音菩薩的慈悲，慈雲普潤，那就好了。如果你不是佛弟子，沒有這種方法，那個熱惱使你變成仇恨，仇恨完了，使你又報復，把人家殺了，惹禍了，你要還報。現在很多人不能得到解脫的，最好的對治方法是念念經，乃至於說是不能念經，就念「大悲觀世音菩薩」，或者念「地藏菩薩」，念你的本尊。不會、不願念聖號，或者你是持咒的，持哪個咒都可以，就能得到解脫，這是降伏煩惱的方法。

爾時毗樓博叉龍王承佛威力。普觀一切諸龍眾已。而說頌言。

汝觀如來法常爾　一切眾生咸利益
能以大慈哀愍力　拔彼畏塗淪墜者

我們經常談到龍，興雲、布雨，這是一種龍。龍的種類很多，龍跟蛇是同類的，蛇就是長蟲。這些龍是常護佛法的，擁護佛法的。牠們是大菩薩寄位的，不是我們所看見的那個龍。龍是畜生的一種，本來屬於畜生道攝的，天龍屬於天道攝，跟人一樣的，天人也是人類。人好像沒有等級，其實人的等級特別多，龍也如是。龍屬於八部鬼神眾之一，牠一共有四大類，四大類之中又分好多類，我們只說四大類。守護宮殿的，這是一類。有守護天宮殿的，人間宮殿的。我們寺廟裡頭都有龍的塑像，那是人間塑的龍像。有一種龍牠靠著地氣生長，靠著雨水生長，能興雲布雨，對人間有利益的。還有一種龍叫地龍，河水氾濫的時候牠給你堵上，牠也能開闊。第四種叫伏藏龍，就是專門守護國王的倉庫，這是一種神類了。

龍還有多種的變化，墮入龍類，就是墮於畜生道了。生到龍類有四種因緣：一者瞋恨心特別重，蛇的瞋恨心就特別重。因爲過去牠多行布施，多布施有福。布施的時候或者有瞋恨心，或者有不平心，或者有下劣心，還有的在人類的時候輕慢他人，即有貢高我慢心，大多數是因爲這四種原因墮到龍類。

這裡頭有個問題，說布施本來是求福的，怎麼會墮到畜生道去了？這是你捨的時候，心裡頭不是善心所，含有惡心所，是強迫的，不是自願的。各個經說的都不同，我們這是總說。《華嚴經》上所說的龍王，都是寄位的菩薩去度那一類眾生，示現龍非龍，沒有龍的種種苦難，他度龍類，使龍類能免除痛苦。

一切眾生種種別　於一毛端皆示現
神通變化滿世間　娑竭如是觀於佛

這純粹是讚歎佛的偈子，這些龍王讚歎佛，其實他也證得了這個法門。娑竭龍王他證到什麼呢？能在一念間把龍形轉化，要度哪一類的眾生就現哪一類的身。例如度我們漢族人，他就示現一個漢族的身，他的語言、行動，就跟漢族人的禮儀、風俗習慣一樣的。如果度藏族的人，他就示現一個藏族的人，藏族的身，他的語言、行動、威儀跟藏族人一樣了。如果示現一個彝族，他跟彝族人一樣的。現在我們這個國土，據國家統計的，就有六十多種民族。隨眾生類，以他的神通變化，要度哪一類的眾生，得示現哪一類的人。因爲他有他的語言，他有他的生活習慣，穿衣服都不一樣，吃飯都不一樣，說話也不一樣。你要度他，得示現跟他同類。

佛以神通無限力　廣演名號等眾生
隨其所樂普使聞　如是雲音能悟解

雲音龍王也能像佛似的，證得這麼一個法門。這個眾生聽到阿彌陀佛聖號得度，那個眾生聽藥師琉璃光如來得度，這是爲什麼會有萬佛名、有千佛名、有無量的佛名。例如地藏菩薩在《地藏經》第九品，爲了利益眾生，說了那麼多的佛名號，聞到這個佛名號，你就能得解脫，聞到那個佛名號，就能得到解脫，這是緣。像《阿彌陀經》，六方諸佛專門演講佛名號的，令眾生得度。爲什麼？因爲他宿世在這尊佛前受過教化，緣很深。無緣難度，他跟這尊佛無緣，這尊佛度他不成。

例如佛在世，佛跟他說法，他接受不進去，或者佛讓他認須菩提作師父，認舍利弗作師父，舍利弗跟他一說，就得度成道了。難道佛的神力還沒有舍利弗大嗎？這是緣。我們經常講緣生諸法，得有因緣。當你聽到這位師父給你說什麼，心裡就很滿意、很高興，照著去做，你能得度。另外一位師父不管他道德好高，乃至證得阿羅漢果，是聖人，你跟他無緣，他度不了你。一切法都如是，諸法因緣生。廣演諸佛的名號，就是使眾生能夠聞到生歡喜心，這一法，雲音龍王能悟解。

無量無邊國土眾　佛能令入一毛孔
如來安坐彼會中　此燄口龍之所見

這是方便解脫的差別法門。阿彌陀佛世界、藥師琉璃光如來世界，三十五佛的世界、五十三佛的世界，無邊無量的佛世界，總之很多了，能夠建立不同的法門。這個大家可能理解，極樂世界阿彌陀佛的清淨佛國土，你念佛就能生，以阿彌陀佛的四十八願成就了。藥師琉璃光如來就不是這樣子，專去眾生病，不但治你的世間病，還治你的煩惱病，你有無量的煩惱都能治你，使你得到解脫。

餤口龍王得到這個法門，普現無邊佛世界，建立差別解脫門。這就是應以何身得度者示現何身，應以何法得度者，就給他說什麼法。因爲衆生有種種欲，希求不同，種種愛好。像我們人類，你在人中也是這樣子，有喜歡音樂的，有喜歡跳舞的，有喜歡各種球類的，你喜歡什麼就示現什麼，目的是使你能夠得度。

一切衆生瞋恚心　纏蓋愚癡深若海
如來慈愍皆除滅　餤龍觀此能明見

這個餤龍王得到什麼呢？使衆生瞋恚蓋纏得解脫。依佛所教授的，怎麼樣去你的貪、怎麼樣去你的愚癡、怎麼樣去你的瞋恚，五蓋十纏。纏縛有多種類型，不是一種，有的瞋恨心重，有的貪欲心很重，有的很愚癡，不貪不瞋，其實他是個傻子。他連是非都不辨，還貪什麼？瞋恨什麼？這是愚癡重。衆生過去的宿業，再加上今生所行的業，各個不同，要給他說種種的法門，怎麼樣得解脫。

一切衆生福德力　佛毛孔中皆顯現
現已令歸大福海　此高雲幢之所觀

雲幢龍王得的法門叫什麼呢？開示衆生能夠使他們歡喜快樂植種福田海，他得了這麼一個解脫門。

佛身毛孔發智光　其光處處演妙音
眾生聞者除憂畏　德叉迦龍悟斯道

德叉迦龍王得一個救護音，專門救護眾生的。眾生有什麼苦惱，發出悲哀的聲音，他聞到，救護他去了，讓他生歡喜心、快樂心，讓一切眾生離開怖畏。

眾生受恐怖的種類就太多了。說非人所惱，現在講的八部鬼神眾都是非人，他們惱害人的事特別多，又不現形，我們見不到。我們經常說爲非人所惱，有痛苦有悲傷，不知道痛苦悲傷從哪發出來的，那就是爲非人所惱。每一類鬼神，有好有壞，有特別壞的，惱害人類的。在無量億劫中，你跟他有某種因緣，某種恩怨，雖然墮到那個道去了，因爲過去有因緣，說不定隔著億萬年突然間碰到一起了，這就遇緣了。我們經常說巧合了，遇緣了，那就倒楣了。若是善緣、福德緣，那還好，給你福德智慧，完了讓你升官發財，讓你得到快樂。但是惡緣呢？或者病苦，或者事業不順當，或者鬧得你家庭不安。這些種種的，不是我們語言所能表達出來的，說不清楚。

所以我們提倡觀音法門，大悲觀世音菩薩能救護一切，你念觀世音菩薩好了。先別說念〈普門品〉，就念菩薩聖號，除惡最好的是念聖號，念經到時候你記不得了，可是「南無觀世音菩薩」，恐怕忘不了吧！你就念觀世音菩薩聖號，就能消滅它們。爲什麼呢？觀世音菩薩有這個願。或念地藏菩薩，地藏菩薩有這個願，你有千百萬億事來求他，他不厭煩的，能給你解決問題。

我念德叉迦龍王成不成？他沒有這個願，得你跟他有特殊的緣。這裡只是說他悟得這個法門，示現龍王度龍去了，你是個人，你念德叉迦龍王，他不見得度你，他也聽不見。頂好還是念觀世音菩薩。你若是求智慧，就念文殊師利菩薩，各有各的願，你的心跟他的願力相合，你就得度。如果你找錯門了，跟他不相應，就通達不到了。懂得這個涵義就知道了，德叉迦龍王得救護一切怖畏的解脫門。他也能像佛一樣，普徧的度衆生，他示現的身就不是龍身了。

三世一切諸如來　國土莊嚴劫次第
如是皆於佛身現　廣步見此神通力

三世是過去、現在、未來，但是這兒是指住劫。爲什麼單說住劫呢？要是在空劫辦不到，成劫也不行，所以專指住劫說的。莊嚴劫、賢劫、星宿劫，是專指過去、現在、未來的三劫。過去的莊嚴劫，現在我們的賢劫，還有未來的星宿劫。莊嚴劫住劫的佛是華光佛爲首的，一直到毗舍浮佛共有一千尊佛出世。莊嚴劫千佛有部《千佛名經》，因爲無邊步龍王是專指莊嚴劫說的，到賢劫他就不度了，他所發的願是專指莊嚴劫千佛的，華光佛爲首，一直到毗舍浮佛共有千佛出世。

我觀如來往昔行　供養一切諸佛海
於彼咸增喜樂心　此速疾龍之所入

清淨色速疾龍王得到一個法門，叫出生一切衆生大愛樂歡喜海，使衆生愛樂、歡喜，得這麼個解脫門。

佛以方便隨類音　為眾說法令歡喜
其音清雅眾所悅　普行聞此心欣悟

普行大音龍王得到一個法門叫什麼呢？叫一切平等悅意無礙。一切平等悅意無礙是什麼？音聲，或者音樂。有些人聞到音樂他生歡喜，有些人聞到音樂，他不但不歡喜，還生煩惱，這是聞到音樂生歡喜的。

眾生逼迫諸有中　業惑漂轉無人救
佛以大悲令解脫　無熱大龍能悟此

無熱惱龍王，得以大悲普覆雲滅一切世間苦解脫門。眾生在熱惱當中，如果有雲覆蓋，就能遮住熱惱，他就得到清涼，這個龍他得到佛的大悲令一切熱惱眾生得解脫，得到清涼。

夜叉王眾十法

上頭講十個龍王，每個都證得佛的一個法門。現在我們講夜叉王，夜叉是印度話，華言叫「勇健」，或者叫「暴惡」，暴是粗暴的暴，惡就是善惡的惡。有三種夜叉，一種是天夜叉，他行走在空中，一種是地夜叉，地夜叉不能飛騰的，一種是虛空夜叉，也能飛騰。夜叉是八部鬼神眾之一，但是現在所講的這個夜叉是指守護佛法的，是大菩薩寄位的。

有時候又稱「羅刹」，在《藥師經》上叫「藥叉」，「悅叉」，「野叉」，意譯為「輕捷」、「勇健」、「能啖」、「貴人」、「威德」，又叫「祭祀鬼」，又叫「捷疾鬼」。

夜叉在人間隨時都會遇到的，你經常念《地藏經》，他不敢惹你。為什麼呢？因為地藏菩薩有護法神，你每天念一千聲，念三年，這些鬼神都對你沒辦法了，有地藏菩薩保護你了。念三年一千日，一天念一千聲，《地藏經》上說的。但不是地藏菩薩說的，而是釋迦牟尼佛跟觀世音菩薩說地藏菩薩有這種大力量。或者念佛的名號，或者念觀音菩薩名號，你一念，他就沒有了。在夜間，你感覺害怕，突然地，你身體不曉得怎麼回事出冷汗了，汗毛都立起來了。可能遇見夜叉鬼，你趕緊念佛、念菩薩聖號，馬上就恢復也沒有恐怖了。

不過我們四眾弟子、佛弟子受三皈的，遇見夜叉的時候很少很少。那些特殊的、威力非常強的夜叉，就專門找修道者，沒修行的還不理你。你修行很好很好的，哎，他要找你毛病了，他沾你的一滴血，來助長他的威力。我的師公就遇見夜叉吃他的血。

現在我們《華嚴經》裡講的夜叉可不是這種夜叉，那都是大菩薩，示現去度夜叉的。夜叉比人類還多，螞蟻有螞蟻道的夜叉，螞蟻打仗的時候，那些特別兇惡的螞蟻，他們就是螞蟻之中的夜叉。人類中的夜叉，你看他兇惡得不得了，和夜叉鬼一樣，他就是從夜叉道來到人中的。夜叉是普徧性的，哪一道都有。你看牛，看畜生，特別惡的，那就是夜叉來的。我先這麼介紹一下，現在開始講夜叉。

復次毗沙門夜叉王。得以無邊方便救護惡眾生解脫門。自在音夜叉王。得普觀察眾生方便救護解脫門。嚴持器仗夜叉王。得能資益一切甚羸惡眾生解脫門。大智慧夜叉王。得稱揚一切聖功德海解脫門。燄眼主夜叉王。得普觀察一切眾生大悲智解脫門。金剛眼夜叉王。得種

種方便利益安樂一切眾生解脫門。勇健臂夜叉王。得普入一切諸法義解脫門。勇敵大軍夜叉王。得守護一切眾生令住於道無空過者解脫門。富財夜叉王。得增長一切眾生福德聚令恆受快樂解脫門。力壞高山夜叉王。得隨順憶念出生佛力智光明解脫門。

這十個夜叉王以毗沙門夜叉王爲首。毗沙門就是「北方天王」，毗沙門就是「夜叉」，得以無邊方便救護眾生。無邊是沒有邊際的意思，也就是普徧的意思。他讓一切善者自樂，惡者必苦，作惡了一定要受苦，那就多度他，救護惡眾生。利益眾生的時候，偏重於作惡的眾生，專救護惡眾生。怎麼樣救護呢？兩種解釋，你救護惡眾生，就要降伏他，令他不去惱害眾生，不惱害眾生就是救護了。我剛才講過，不論哪一類的眾生都有惡眾生，惡成什麼樣子呢？像人類中殺人放火的，你還沒看到惡眾生，比畜生厲害得多。

你若是到西藏少數民族地區，他整天拿把刀子，跟你邊說話，邊摸那把刀子，你都嚇得不得了，好像他要砍你一樣的；他跟他的親人也如是，他隨時摸他的刀子，管你是誰，只要不合他的意就把你殺了。不是你殺他，就是他殺你，漢人把這叫什麼呢？亡命之徒。你惹他幹什麼？很不通情理的，與畜生無異；這種惡眾生很難度。毗沙門夜叉王專救護惡眾生，你要度惡眾生，你得比他還惡，你的惡不如他，你被他害了，你比他惡，那他就怕你了，意思就是這樣子的。

「自在音夜叉王，得普觀眾生方便救護解脫門。」有一類善夜叉，夜叉也像人一樣的，有好人有壞人，有好夜叉有壞夜叉，這個夜叉是自在音夜叉王，他觀眾生，想一切方法來救護眾生，讓眾生得解脫。方便就是善巧，發大慈心救護眾生，你得有智慧，得有方便、善巧。救護苦難，護持善念。這個眾生雖然他是在受苦，他在受惡果的時候，也有善念。你用智慧觀察，拔一切眾生的苦，你得有方便善巧，就是這個涵義。

不能落於空，也不能執於有。對於執著有的眾生，太執著太厲害了，就勸他觀空。哎呀，一切諸法如夢幻泡影，你多修修空觀。有些眾生他滯於寂，什麼都不想做，他說什麼都是無常的，還做什麼呢？這就不行，無常之中還有善法，對這一類眾生，你得給他說有。因果報應絕對不爽的，你要做壞事，一定要受報，做好事也一定要受報。善有善報，惡有惡報，若要不報，時候沒到，到時候了你自然就受報了。

這個問題大家都明白，但是我們做起來就糊塗了，就忘了善有善報、惡有惡報。爲什麼糊塗了呢？那叫業障。善，要多做好事。你做好事就沒有挫折了嗎？我們經常聽到有人這樣說，你做好事，幫助別人，自己往往受害。有沒有？有。你的親友也好，或者你的好朋友也好，找你幫助一下，你是慈悲心，幫助他了，他反咬你一口。這種事很多，到時候他就不認帳了，這個沒有關係，因爲這樣你的善更大。一定要相信善有善報、惡有惡報。

爲什麼你得到這樣的結果呢？你沒有方便善巧，沒有方便善巧不行。做一切善事，得有方便，得有善巧，你自己不要陷入到裡頭。你幫助別人也不求回報，也不讓他感激你，你做了好事，彼此都忘記就行了。這很難。

度惡眾生，你要有方便善巧。比如說，他是個搶劫犯，你掩護他，你幫助他，使他不受罪責。完了他再去做惡，破了案了，他咬你一口，說你是他的同夥，那你就麻煩了。這是你做善事沒有方便善巧，沒有智慧。說大悲心，我們的悲不是大悲，大悲沒事的。你的悲是沒有智慧的悲，沒有智慧的悲就是束縛，就是感情用事。大悲是有智慧的，有智慧的大悲是解脫的，沒有智慧的悲心是情感的，情感的不但今生你受報，多生你都要受報。相信嗎？比如兩個人，人家是愛情關係，你幫助人給人解說，你去做好事去了。完了，兩人都恨你，男方也恨你，女方也恨你，好事不但沒做成，反倒變成壞事。

你要救人、幫助人，必須得救徹底。佛菩薩度眾生，他不是一生、兩生、三生、五生，而是跟著你多少生，直把你度到眞正解脫爲止。道友之間眞正是善友，終生都不離開你，你墮落了，他也要跟著你，你墮落他沒墮落，他有智慧，總是要把你度成。

我們現實的故事很多，像蘇東坡跟佛印禪師，蘇東坡走到哪，佛印禪師一定到哪。不論他被貶到哪裡，佛印禪師一定在那裡有個廟。蘇東坡貶到哪，他也到哪，終生不捨。我們看到有些道友經常在一起，不是一生兩生的，一直提攜你，不讓你墮落。幫助別人，要有智慧，不要用世間的感情。應當怎麼樣呢？應當以佛所教授的方法，幫助他，讓他出離。出離什麼呢？出離世間，出離苦海，真正得解脫。

「嚴持器仗夜叉王，得能資益一切甚羸惡眾生解脫門。」羸是羸弱，就是人的身體很虛弱很虛弱。「羸惡」就是業障很重、惡業很重，他很少有善的力量來對治惡，就是說那個眾生很不好度的意思。這個夜叉王是嚴持器仗，專門度惡眾生的，能夠資益他，使惡眾生得解脫。比如說一闡提，闡提就是他對三寶永遠不會生起信心的。你怎麼度他，他不會信的。闡提是很惡的，很弊惡，沒有善心所，一點善心所都沒有。斷學般若，出佛身血，這一類眾生你給他講佛理，他根本不聽，資益不到。這一類眾生是非常難度的。嚴持器仗夜叉王，他專門度這類眾生，他得到度這類眾生的解脫。

「大智慧夜叉王，得稱揚一切聖功德海解脫門。」「聖功德海」，聖功德就是佛法僧，就是歎佛的功德，或者讚歎文殊、普賢、觀音、地藏這些大菩薩的功德，使眾生聽到，漸漸能夠回心轉意，得到解脫。

「燄眼主夜叉王，得普觀一切眾生大悲智解脫門。」「悲智」，悲智雙運，有大悲心得有智慧，要悲智合爲一心，就合爲你的一念。悲智合爲一心，就回到法身了，回到法身來觀察一切衆生，悲智雙運讓他得到解脫。

「金剛眼夜叉王，得種種方便利益安樂一切衆生解脫門。」「金剛」是不壞的意思，就是形容智慧，得智慧眼就是得佛眼。《金剛經》不是講五眼嗎？佛眼觀一切。應以何身得度者就以何身示現，應以什麼方便法門得度者就以什麼方便法門使一切衆生都得到安樂。樂是快樂，快樂就是幸福了。安就是吉祥如意，平安本身就是快樂。但這裡是指說法，給他演說妙法使他得度。

「勇健臂夜叉王，得普入一切諸法義解脫門。」佛所教授的方法，甚深甚廣，義理無盡。一字海墨書之而不盡，一個字的道理，要把它說完，很不容易。一切諸法、文字、形象，它都含有義理，說法的言詞一定含有道理，從言詞得到法的深廣道理。這個夜叉王他能入一切諸法義，入諸法的理體，說法引導衆生的心，讓衆生都能回歸自己的自性，這就叫普入。衆生應以何法得度，就給他說什麼法。

「勇敵大軍夜叉王，得守護一切衆生令住正道無空過者解脫門。」住正道的意思就是不邪，離邪很不容易，我們自己誰也不會承認自己有邪道，都承認自己是正道。但是在你語言、思想、行爲當中所表現出來的，不正的太多了。我們經常說要具足八正道。我們只說一個，「正語」，你的語言從來沒有說錯過，都是正道，沒有轉到歪門邪道上去的。用語言表現佛所教授的一切法，一切法是相，由相而入性，性是理體，就是所含的義。你能演說，能演說就是入的意思。演說一切諸法的義理，讓一切衆生能得到利益。若是離開佛所教授的法，這就是邪。若說得嚴格一點，凡是不稱實性，或者依《華嚴經》，凡是不稱一眞法界，你所說的話都是邪道。怎麼樣才正呢？念念之間，思想、言語、身體所做的，都是在佛的教導當中。

我們天天學戒律，佛教我們防非止惡。吃飯、穿衣、說話、走路，你的一舉一動，三千威儀，一一威儀當中還具足很多細行。有一件事，很簡單，我們全犯，相信嗎？佛教我們走路的時候，眼睛所見到的，前後左右不能超過三尺。如果聽到不正的聲音，心裡頭可以完全不動，正念現前。但是就眼睛這一樣很難做到，因爲我們的眼睛總是在看。

在道友和老師當中，我只看見一個人（按：虛雲老和尚），永遠如是。我跟他住了幾年，只要他離開方丈室，我沒看見過他的眼睛，不論你在哪裡看見他，那老和尚總是如是的。總是微微有那麼點光，小和尚只要遇見老和尚，總觀察他。我就注意這件事，幾時碰見他，他永遠是這樣子的。我說這個老和尚一定有神通，有神眼，不用肉眼了，總是閉著。沒有看到過他腦殼擺來擺去的。走路的時候一般是看三尺，他只看三寸。他有神通、有慧眼，路也不看，他是用眼看嗎？

那個見不是眼見而是心見，心裡的見是正知正見那個見，這個就不容易。爲什麼說不可思議呢？不分別什麼是正、什麼是邪，沒有邪，全是正的。這個是什麼意思呢？每一法都有法的法性，你觀一切法的本體，邪也是正，惡就是善，沒有善惡之分，萬法唯心所起，心正故無法不正，心邪故無法不邪。什麼叫住正道？如果把正道提得深點，就是相信自己是毗盧遮那佛，也就是我們現在所講的《大方廣佛華嚴經》的「大」。邪法的本體是什麼？還是「大」。邪和正是對待的，有對待的都不是眞實的，正也不是眞實的，邪也不是眞實的，這就叫不可思議了。不分別什麼叫邪，不分別什麼叫正，那就眞正住到正法裡頭。

怎麼樣才叫離邪呢？達到你自己的本性，回歸你的本體，那就眞證了。證得什麼呢？證得涅槃了，菩提道達到究竟菩提果。正是對邪而言的，邪是對正而說的，沒有什麼正，沒有什麼邪，有正有邪是分別。佛的菩提道是正道，離開佛的菩提道都是邪道。證得了之後佛佛道同，說正道就是這樣來理解。《大方廣佛華嚴經》講的大，是絕對的大，這才符合眞實的華嚴義。如果方便善巧地說，三乘之道，佛所說的一切教法，都叫正道，這是廣義而言。

「富財夜叉王，得增長一切衆生福德聚令恆受快樂解脫門。」增長一切衆生福德聚，「令恆受快樂」，得到這麼個解脫門。「福德聚」，聚是招集的意思，聚就是因，說你集福、集德就能夠感得快樂的果，這個快樂可不是一般的快樂，是究竟的佛果的快樂。佛是福德智慧都圓滿了，所得的果是涅槃快樂的果，是絕對的快樂，不是相對的快樂，這就是由你的智慧而證得的法身。智爲能入，法身爲所入，回歸你的自性本體。這個福德聚，就是說把福德都聚到究竟，究竟就沒有福德可言，是這樣的一個涵義。

這個夜叉王能夠像佛一樣，得到這一種解脫門。增長衆生福德，讓衆生常時受快樂。我們也如是，天天在集福德。什麼福德因最殊勝呢？無相、無作、智慧、空義、般若，這個福德是最大的，以這個因感得的是絕對的究竟快樂，不是相對的快樂，相對的快樂會失掉的，絕對的快樂失不掉的，因爲這是究竟的。

「力壞高山夜叉王，得隨順憶念出生佛力智光明解脫門。」我們現在念佛、學法，這是修因。常時憶念佛，常時就是佛。不是口念哪，而是讓你心裡憶念，念佛要從念心起，念念從心起，念念不離心。憶是不忘的意思，常時憶持，持而不捨，才能夠生起智慧光明。

爾時多聞大夜叉王承佛威力。普觀一切夜叉衆會。而說頌言。

這一段講的是夜叉王。長行講完了，以下講偈頌。在任何法會當中，無論在任何經卷，或者文殊師利、或者普賢菩薩，在他說法、說偈頌的時候，都加一個「承佛威力」。

就我所說的話、所說的法，乃至於讚歎佛的偈頌，是承佛威力而說的。這個涵義就是，不是我自己的意見，而是佛加持我產生的這種智慧。這是讚歎佛的加持力，推崇佛的加持力。我們一般地說話，很少這樣。你在哪個佛學院，哪個主講的老法師，說我們是承著法師教授我的，我如是說的。這有兩種好處，一者尊師重道。另一種就是我這個說話，所說的法，是有所本的，不是我自己創造的，也不是我見，含著這種意思。每個夜叉王，每個鳩槃荼王，以後的每個菩薩都如是，都加一個「承佛威力」，就是這個涵義。

這個多聞大夜叉王代表一切夜叉衆會，他這裡舉的是十個，有的是十一個。「普觀」，就是看看一切與會的夜叉大衆，這都是王。「而說頌言」，以下讚歎佛的功德，之後就說這個夜叉王是證得這一法門的，也就是他所得到的，一個夜叉王一個偈頌。偈頌是四句，四句就成爲一個偈子。頌是頌的佛功德，我所得到的這個解脫法門，是因佛的教授我才得到的，因此頌揚佛的功德。

衆生罪惡深可怖　於百千劫不見佛
漂流生死受衆苦　為救是等佛興世

因爲救度這一切衆生的苦難，佛才現於世間。先說是因佛的教授，這些受苦難的衆生才能脫離苦海。

「罪惡深可怖」，我們也應該如是體會，體會罪惡甚深是非常恐怖的，那你就別造惡。這一個偈頌是讚歎佛，佛對於可怖的衆生，因爲佛要救拔他才現世間的。

但是罪惡深重的眾生，又不能見佛。見了佛的時候，能見佛，就表示他的罪惡深重可以消失了。

見佛聞法很不容易的！佛涅槃了，在末法的時候，我們見不到佛了，可是佛所遺留的教法還存在。我們依著教授的法，聞法如見佛，見經如對佛。因爲經上所說的話，就是佛說的。我們見到經，能遵照經上所說的教授，我們自己依教奉行，也能得度。但是罪惡深重見不到了，經常地造業，聽不到佛的教授法了。如果沒有聞法就不能得度，在生死海漂流而受很多苦難。佛興世很難遇，遇佛出世很難，聞法悟道更難。如果在佛的末法時期，你能遇著佛法，應當慶幸。

夜叉王是鬼。夜叉鬼，大家都知道，他是害人的。連害人的鬼都能修成道，何況我們具足善根的人，修道聞法不是更容易了嗎？這些大菩薩寄到夜叉道度眾生，並不是一切夜叉都能遇著多聞大夜叉王，聞到多聞夜叉王而得度的，很少。這個例子怎麼說呢？現在大家都在文殊菩薩的道場五臺山，文殊菩薩就在這裡天天地教化南閻浮提的一切眾生。我們想到嗎？有這個觀想力嗎？你的思想想到文殊菩薩在這個道場給你說法？你到這個道場來了，在五臺山住，聽到文殊菩薩給你說法了嗎？如果你朝黛螺頂，朝佛母洞，朝五個台，你有什麼感想？你有什麼希望？貪、瞋、癡、慢、疑、身、邊、戒、見、邪，這十種煩惱你消失了好多？聽到一切佛所教授的法，這段本來是多聞夜叉王讚歎佛的，讚歎佛能夠在這個罪惡甚深可怖的國土中利益眾生，使眾生不再在生死苦海裡漂流，不再受苦。

我們回想現實的情況，我們就在文殊菩薩化導教育之下，比多聞大夜叉王教授夜叉殊勝得多。我們是在人道當中，不是在夜叉道；要這樣的聯想，這樣去觀想。這個偈子我們講多一點，下頭那九個偈子就不用多說，這個可以爲首。

如來救護諸世間　悉現一切眾生前
息彼畏塗輪轉苦　如是法門音王入

這是自在音夜叉王，他得到的是普觀察一切眾生的方便、救護。方便就是諸佛菩薩利生的善巧方便，應以何身得度者就給他說什麼法。

眾生惡業為重障　佛示妙理令開解
譬以明燈照世間　此法嚴仗能觀見

這個是嚴持器仗夜叉王，他得到資益一切眾生，哪一類眾生呢？惡業很重，善業很少，讓這一類眾生能夠聞法得解脫。眾生惡的業障，惡的習氣，貪心、瞋心。貪心、瞋心重，就因爲他沒有智慧，沒有智慧就愚癡，愚癡就是無明，所以障很重。佛給他顯示怎麼樣斷障，怎麼樣令他得智慧，這是開解的意思。你在黑暗當中，假燈的光明來照。燈的光明就形容佛的智慧，佛說的法是光明義，令你聞到這個法，在黑暗當中得到光明的救護，嚴持器仗夜叉王證得佛的這一部分法門。

佛昔劫海修諸行　稱讚十方一切佛
故有高遠大名聞　此智慧王之所了

這一句是大智慧夜叉王，他得到稱揚一切聖功德海解脫門。聖功德海就是讚歎佛的聖功德。讚歎佛的功德，令一切眾生學習佛的功德。先得要信仰，信仰經過學習而去做，就是行，行完了也能證得。但是大智慧夜叉王只能證得這麼一個法門，大智慧夜叉王他所得的是什麼呢？他說佛在無量劫修行利益眾生，自己修行成就了，佛佛道同，佛佛都稱讚佛。

例如釋迦牟尼佛說《阿彌陀經》，讚歎阿彌陀佛的功德。說《藥師經》，讚歎藥師琉璃光如來的功德。阿彌陀佛在極樂世界，一定讚歎釋迦牟尼佛在娑婆世界化眾生的功德。佛跟佛是這樣子，菩薩跟菩薩也是這樣子。你讀《地藏經》，就看到文殊、普賢、觀音都讚歎地藏菩薩的功德，請佛說地藏菩薩的功德。如果你看《般若經》的時候，那些諸大菩薩，都讚歎文殊師利菩薩的功德。他是互相讚歎，讓眾生聞法歡喜，生起欣樂心。

佛如是，佛的四眾弟子也應如是，而不是專指出家人說的，在家二眾都在內，應當互相讚揚，不要互相吹毛求疵，找別人的過患，這是破壞三寶。僧讚僧，佛法興，佛讚佛，也是佛法興！佛教化他的弟子，說《阿彌陀經》的時候，佛是跟舍利弗說的，舍利弗是斷了見思惑，沒有煩惱。但是，釋迦牟尼佛讚歎阿彌陀佛的功德，讓眾生生極樂世界、念阿彌陀佛。

我們在現實當中，也就是現在弟子當中，也應該學佛這樣的功德，應該學菩薩這樣的功德。我們往往對別人的批評意見非常多，吹毛求疵。沒錯都找些錯，有錯就更不消說了。這不是學佛的。這個毛病在這個末法時代特別嚴重。我們看諸佛不是這樣子，不是吹捧自己，壓低別人。我們看一個道場住的四眾弟子，就知道這個道場的住持人，所表現的如何。

我們不表現自己，讚歎別人，這樣可以減少很多的錯誤，減少很多的過患；所以，應當學佛，佛都讚歎佛。我們應當讚歎一切，換句話說再普徧一些，讚歎一切，乃至有一善，他都讚歎這個眾生。這是鼓勵的意思。這樣有什麼好處呢？使我們的佛法更加振興，就是這個意思。稱讚一切佛在往昔劫怎麼樣修行的？怎麼樣利益眾生的？這是叫有智慧的。大智慧夜叉王稱揚讚歎一切聖功德海。

智慧如空無有邊　法身廣大不思議
是故十方皆出現　談目於此能觀察

「燄眼主夜叉王，得普觀察一切眾生大悲智解脫門。」這個偈頌，讚歎佛的法身，是從理上的讚歎。智慧像空一樣的，沒有邊際的。空有什麼界限呢？沒有邊際。誰的智慧是這樣子？佛的智慧是這樣子。佛證得了他的法身。法身所具足的智慧，所以說廣大不可思議。智慧在十方都能夠普皆顯現，還不用說是佛的光輝，太陽也如是，它照這個地球，是沒有分別的，是普照的，佛的智慧也如是。

這形容普度一切眾生，不要分別眾生的醜惡，不要分別眾生的賢愚，只要他能跟我有緣，有接觸的因緣，那麼盡一切力量幫助他，幫助這個眾生解脫，這叫普偏的大悲。所以才能夠在十方都現身。燄目夜叉王對這個能觀察。

一切趣中演妙音　說法利益諸羣生
其聲所暨眾苦滅　入此方便金剛眼

金剛眼夜叉王他證得的就是六道輪迴當中，在一切趣中行菩薩道，我們著重的是六道。夜叉是鬼道，這些夜叉王都是在鬼道行菩薩道的。我們怕鬼，可是這些菩薩專門示現度鬼。夜叉是害人的鬼，鬼道裡最惡的、害人的鬼，害一切眾生的。菩薩行菩薩道，專門度這類眾生，而且不止在這個鬼道，能夠在一切道中。

但是，我們所說的這個夜叉王，主要是在鬼趣當中說妙法。妙法就是能夠讓他得悟，能夠讓他離苦，能夠讓他得樂。所說的法沒有高下，只要他能得到聞法解脫了，就好了。說法要對機，他能領悟了，領悟了明白了，明白了不造業了，法的力量效果就生起了。這個方便是金剛眼夜叉王他得到的。

一切甚深廣大義　如來一句能演說
如是教理等世間　勇健慧王之所悟

一句法都含著很多道理，無量法，那含的道理更多了。法的甚深廣大義理，說法是事，言說必有所詮，詮什麼呢？詮的義理，什麼義理呢？離苦得樂。佛在一句話說，一句話含藏著甚深廣大義，那看衆生隨他的智慧能理解好多就理解好多。理解深了，他悟得的也深，證得的也深。理解淺了，他能夠得到離苦得樂，離什麼苦呢？一個分段生死苦，一個變異生死苦。

對我們來說，分段生死苦，我們是嚴重存在的，變異生死苦我們還不知道。就像那些阿羅漢，他是斷了分段生死苦，但是變異生死苦他沒有證得法性，還不究竟，所以那個苦他還存在的。現在能夠使他二死永亡，如來的教義能夠成就與佛無二無別的，這種才叫深廣義。這個法門，勇健臂夜叉王他能如是說，他也如是證得。

一切衆生住邪道　佛示正道不思議

普使世間成法器　此勇敵軍能悟解

勇敵大軍夜叉王他得到什麼呢？得到一個守護衆生令他住正道，他得到這麼個解脫門。現在衆生是不是常時住在正道呢？一切衆生連道是什麼都不知道，他怎麼能夠常住正道呢？必須得菩薩示現、教化，把佛的教導弘揚出去，傳授給這些衆生，住持正法。什麼叫正道？什麼叫邪道？這不是思想所能想得到的，也不是議論所能議得到的。我們對於阿羅漢，斷了見思惑，那是住正道的。但是，以佛的甚深教理來說，就是依《華嚴經》的教義來說，他還沒有得到正道。眞正的正道是什麼呢？佛所證得的果德，究竟的正道。如果大家讀過《維摩詰經》，看維摩詰居士，怎麼批評阿羅漢的，說你所證那個不究竟，不要以得少爲足。

這是甚深廣大義。如果一切衆生依菩提心而走的道路，那就是正道，一定證得菩提果。如果你的心離開了菩提，就不是正道了。必須相信自己的心，跟佛無二無別的。這個信是信正道！信完了理解，理解要經過很長的過程，就光一個信，要一萬劫。信完了行，信跟行中間，還有個解悟，解悟就是先把佛所的教授明白了，就像我們上哪地方去，你到太原，先得買個太原地圖，哪個街道你得熟悉，你不然走錯路了，你會轉很大的彎，那個解就是這個涵義，經典也就是這個涵義。

我們學很多經，路有千差萬別，我們從中找條正路。正路是什麼？就是你要去的地方，先得知道你要去的地方。說：「我們要求佛道。」求佛道你必須得學，學什麼了就理解了。你信了，信了自己的心跟佛無二無別。但是怎麼走？知道了無二無別又怎麼能達到？這要解。解就是辨別，就是正知正見。辨別什麼是正道？什麼是邪道？現在對這個解的過程當中，我們還辨別不清楚。要一切眾生都住在正道，就是讓一切眾生都依菩提道成到佛果，這就是佛所示的正道。這是不可思議的。普使一切世間都能成得法器。一個器皿，瓶瓶罐罐的，那叫器皿。

世間裝藥品的藥罐，裝什麼的都有什麼的罐，都有什麼的器皿。我們要成正道的器皿，直至成佛的正道，除此之外都是邪道，你得是成佛的法器。把一切住在邪道的眾生，把佛的教授啓示他們，讓他們得開解。示現給他，讓他悟得，完了讓他證得，這是《法華經》的開示悟入，這都是正道。這一大法，是勇敵大軍夜叉王他能悟解的。所以他能夠護持佛所教授，乃至守護一切眾生，讓他都住正道。他得到這麼個解脫門。

世間所有眾福業　一切皆由佛光照
佛智慧海難測量　如是富財之解脫

這四句是富財夜叉王，他得到增長一切眾生的福德和智慧，令眾生得到快樂，他證得這麼個解脫門。那他所示現的教化眾生，在世間上所有一切的福業，知道自己的福業，都是從佛光照的。依著佛的慈悲教授，你能得到福。這個福是什麼呢？

不是世間的貧富貴賤、窮通壽夭，不是這個福。這個福具足佛的福慧，這個福是利益眾生的福。因爲佛的智慧像海那麼深，海那麼廣，佛能有這種慈悲的力量，佛的光照就是佛的慈悲力。慈光攝受，能得到佛光照的，就是你的福德無量。

福是怎麼來的呢？靠你的修。我們一般都說，人家困難了，施捨人點財物，解決困難了，積累這個布施的福；這個福德不大，還是有限的。怎麼樣最大呢？說法，把法說給一切眾生聽，讓他聞法得解脫。布施是施捨財物。施捨財物不是施捨法，施捨法叫法布施。法布施的福最大！你給一個困苦、沒法生活的人，一萬塊錢，或者給他十萬塊錢，這個福業不小了吧？不如給他說句佛法，讓他能信入佛法，這是眞正的濟貧方法。眾生沒聞到佛法，沒有智慧。沒有智慧的福，靠不住的、虛幻的、有限的。要以法布施，這個福德最大了！因此，諸位道友若是積福的話，不一定是人類，比如說螞蟻，或者魚蝦，你別認爲牠不懂，你給牠念句佛號，或者給牠說個三皈；我們放生的時候，不論飛禽、小鳥，你給牠說說佛法，牠就得到你的福德了。

我們不要用狹隘的觀念，認爲說：「我說話牠能懂嗎？」不要做這種的思想，這是你以法布施，是你的心。佛教授我們的，一切的福德智慧都從你的心上立，不是從世間相立！世間相是如夢幻泡影的。那個眞實的，就像我們所說的，相信我們是佛的眞實心，同那個眞實的慧，普徧地供養，普徧地布施，這叫法布施。法布施的福業是無量的。所以說「一切皆由佛光照」，你給一切衆生說法，就是宣揚佛的慈悲、佛的智慧，照耀一切衆生。所以，佛的智慧像海一樣那麼深，是難得測量的。這個是富財夜叉王，他得到這個解脫門了，能夠使一切衆生的福德智慧增長。

憶念往劫無央數　佛於是中修十力
能令諸力皆圓滿　此高幢王所了知

力壞高山，說他的力量能摧壞高山。什麼高山呢？這可就多了！我慢的高山、邪見的高山，總的說，一切愚癡的高山。以這個智慧力，摧滅一切的我慢山、愚癡山。得隨順憶念衆生，出生佛的力量智慧光明，得這麼個解脫門。就是偈子所說的，憶念往昔的無量劫，那時候佛在其中修十力。能令這十力，每一力都圓滿。專門指佛的十力說的。那是高幢夜叉王，他能證得了。

十種力在各個經上說，叫十種智慧力。這是佛的十八不共法的十力，叫十種神力。我們經常念的經都有，《金剛經》、《彌陀經》都有，有的是明說的，有的沒有明說，義理內含著佛以十力度衆生。這是佛所證得的實相。《華嚴經》裡講的「一眞法界」，證得實相的一眞法界的智慧，能了達一切法！這種力量，不被一切的業所壞，而沒有能勝過佛的十力。這種力量是無相的、無形的，是總說。以下就分別講講這十力。

第一、處非處智力。佛能知道處非處。怎麼樣理解呢？說現在你在這個處所，你處的依報，現在你的依報是處非處，這是道理上講，對不對？你在這個處所應當不應當在這個處所？又怎麼講應當不應當呢？因緣果報。因緣果報又怎麼能知道的呢？這是你作的業。你作的業不應該受這個報，但是你受了。什麼原因？我們不知道，佛都能知道。你依什麼因緣墮落到人道，到人道之中你依著什麼因緣，你能夠出家，這叫處。非處，你本來是過去很多生的因緣，應該出家得道，但是你墮落了，生到畜生道。爲什麼墮到畜生道？這叫處非處。這叫什麼呢？這是審察你的因緣果報，或者善業、惡業。善有善報，這就對了，這就是「處」。善業得到惡報，「非處」。

爲什麼「處、非處」？我們沒有這種力量，不知道，佛就知道。或者按你的過去業，或者三生或者五生，應該生到人道，但是你墮到畜生道。應該生到人道，是「處」。但是你墮到畜生道，就叫「非處」。什麼因緣？佛能清楚了了的，說你應該這樣子，你墮落到這一道去了，因爲中間夾雜其他的因果。因緣果報種種錯綜複雜，必須徧知。只有佛的力量才能徧知處非處。你所做的，應該生到人道，但是你生到畜生道去了，這個大家很能理解了，就是處非處，佛才能清楚。我們在一念當中，一會你起這麼個變化，一會你又起那麼個變化；一會你變了菩薩，一會你變了畜生，菩薩跟畜生相差太遠了。爲什麼？一念之差。「失之毫釐，差以千里。」

我們這個心不曉得經過好多的變化，有時候說我度眾生，遇到一點挫折，灰心喪志了，哎！我還是先了生死。勇猛心一發，說我出家、行佛道、學佛法。出了家後悔了，看見世間人享受，看見家庭子女，羨慕了，身還沒還俗，心已經還俗了。這個心若是相續不斷，和尚當不成的，不論男女都要退的，這是出家二眾。在家的，信佛信了幾十年了，財也沒發，家庭也不順當，兒子也不孝順了。他說：「我還不如不信佛，信佛一點加持都沒有，你看我求的什麼都沒有，乾脆不信佛了。」有的吃素吃了幾十年，又回去吃葷。這些就是心的妄念。「處非處」，能夠知道你的心在想什麼。這叫處非處智力，只有佛才能究竟。

第二、知眾生根智力（或作「業異熟智力」）。你所造的業，有的成熟，有的還沒成熟，異熟果就是這種涵義。異熟果有很多的因，由這個因，這個果先結了。

我以前跟大家講過，惡業因成熟了，善業的那個因還沒成熟，善業在後，惡業在前。身口意的三業在三世，過去、現在、未來三世，哪個業先成熟了，哪個業沒成熟。所以，佛知道一切眾生過去、現在、未來業果的因緣，業報的因緣，普徧能知道。知道之後就知道這個眾生應當用什麼法度他，應當知道他現世怎麼樣，他過去生怎麼樣，這個很不容易。

《華嚴經》裡講的很多名詞，跟其他經上講的義理是通的，但是文句、名相不同。涵義是一樣的，只是文字上翻譯的不同。這個大家要注意。十力都是一樣的，不論在般若部門，阿含部門，還有小乘教義也如是。眾生身口意的三業經過過去、現在、未來的三世，佛是清楚了了的，都能徧知。知道了有什麼好處呢？可惜我們知不道，若是知道的時候，自己心裡頭永遠是平靜的，平等平等的。不知道呢？心裡頭多少起伏上下不定，沒有這個智慧。

一個人得會用，就是「善用其心」，得會用你這個心。說你不知道，但是從你學佛的過程當中瞭解到，當你受了怨害苦，本來不該受，你受了。如果自己能夠理解到，過去三世的業，他有異熟，異熟就是差異不同，這個成熟了，那個滅了，那個成熟了，這個滅了。不然容易退道心，容易墮落，就是這樣子。自己理解自己，怎麼理解我自己呢？

我住監獄的時候就常時想，從我出生到信佛，沒有什麼要住幾十年監獄的吧？沒有這個業，這是現生，過去生呢？不知道了。過去的過去生呢？哪個業成熟了？如果產生抱怨，我信了佛了一點加持沒有，我總共出家學法才二十年，住監獄就住了三十三年，這兩個不相稱。怎麼能想得通呢？想得通，想過去，過去還有過去，知道哪個業成熟了？業是交叉的。想到你的每一天，我們所生起的念頭，善惡交叉的，我們認為是做好事，其實你做錯了。

因此能夠知道你所造的業，有異熟因、異熟果不同了，你有這種智慧你認識到了。對一切眾生的過去，過去的身口意所造的三業，現在的身口意所造的三業，過去所作的業成熟了，受報。現在所做的業還沒成熟，佛是清楚的，乃至於你多少億劫的佛都能清楚，這叫有力量。

爲什麼叫十力？本來說的是智，是智慧的力量。十力就是十種的智，這個智有力量。我們這個智，是從佛的教授當中知道的三業，知道的三世，眞正的能夠成熟了，運用了，我們做不到。菩薩是漸知，不是究竟，唯佛與佛才能有這十智力。

第三、靜慮解脫等持智力。染淨業力，平等等持。定能生慧，他有一種智力，分別什麼是染？什麼是垢？把它弄清楚。明明是垢，我們當成清淨了，這就顚倒了。不清淨的當成清淨了，清淨的當成不清淨的了。如來對一切禪定叫靜慮，他是自在無礙的，絕不把人天的定，混淆出世間的定，也不把楞伽的定，混淆一般的定，也不把如來的禪定，混成了四禪天的禪定。這種思惟邏輯是等持，如來才能得到這種力量。定的淺深，出世的、世間的，能夠如實瞭解。如實者就是眞正的稱著一眞法界的智，能夠瞭解到，這是第三種智力。

第四、根上下智力。就是諸根的勝劣。衆生有上上根，又有下下根，這是根力。劣根性嗎？勝業的根性嗎？應該給他說大法的，給他說成小法了，不知根，沒有這種智慧，佛不是這樣。佛對於衆生的一切根性，上上根的絕不給他說中下根的法，中下根的人絕不給他說上上的法，佛有這種智力。其他九界衆生，他的差別不同了。因爲有錯綜複雜的因，得的果有大小不同的果，有善惡的果，佛能徧知，知道衆生的根力。知道衆生根力，佛度衆生，衆生都得到實在的利益，絕對沒有差錯的。這是知根的智力。

第五、種種樂欲勝解剎別智力。種種解智力就是，衆生有種種欲望，有種種的希求。衆生的那個智慧，他的欲望也太多了，所以佛對於衆生的種種欲望，善惡的希求，佛都如實清楚，所以佛度生無障礙，我們的障礙太多了，因爲無知，障礙就太多了。不但我們，阿羅漢也如是。

佛臨要涅槃的時候，度了一個老比丘，這是說佛的智力。他到精舍要求佛超度他，他老的不得了了，年齡非常大。舍利弗、目犍連這些阿羅漢用智慧眼一觀，他八萬大劫一點善根都沒有，沒有一個阿羅漢願意度他。他在門口悲哀地哭。佛就出來了，佛就說：「來，我度你出家。」佛就度他出家了，鬚髮自落，給他一說法，立證阿羅漢果。這些大羅漢非常的奇怪，舍利弗、目犍連他們都感到莫名其妙的。佛說他在八萬大劫前的善根成熟了，你們只觀到八萬大劫，八萬大劫前的你們就不知道了。佛對於根的智力、種種勝解的智力，佛對於衆生的一切欲望，善惡的不同，因果的遲速，他都清楚了了的，如實偏知。

第六、種種諸界智力。界是什麼呢？就是衆生種種性，種種的根性，知性的智力，知衆生的性。遇著世間的衆生，他種種的界限，種種的生處，種種的欲望，都是不知的，如來能偏知。如果我們對照佛所教授的，應該自知，自己知道自己是什麼根性，知道自己的惡劣性在什麼地方，爲什麼煩惱斷不了？我們如果不自知，就從知者給我們指示，業障又很重，遇不到佛。因爲這個你不曉得走的好多好多的彎路，自己不能徧知，也不曉得自己能不能成道？有沒有這種智慧？究竟念哪部經好？究竟請哪個本尊好？都不知道。因此，佛的勝解力，能夠理解一切衆生的智力，使衆生能夠得解脫，這個我們沒有。就是對一切衆生的種種根、種種的界限，他所有的一切，佛能如實知。

第七、徧趣行智力。又者說智處道智力。智處道智力，如來對六道衆生，每一道，佛是清清楚楚的。你落入這個道了，爲什麼落入這個道？什麼因緣落入這個道？佛都能知道，這是佛的智力。

第八、宿住智力。知道你過去的宿命，以無漏智的智力能知道過去的宿命，叫宿命力。如實了知過去的事，一切所做的種種，佛都對你清清楚楚的，對一切衆生都能如實知。種種的宿命，一世到百千萬世，億劫到百千萬劫，生這兒死那兒，死那兒生這兒，種種的生死，每一次你叫什麼名字，都吃什麼東西，墮到哪一類，壽命的長短、所受的苦樂，佛能如實知。假使我們遇見佛，我們就得度！雖然善根沒有修好，現在還能遇到法，你自己去對吧！看你對上號對不上號，把佛所說的經自己拿來印證，看六度當中，哪一度我能夠得度？苦集滅道這兩種因果，不要認爲這是小乘大乘的，不要分別層次，只爲你得實益。

我這個苦是怎麼來的？過去用哪些因招感到的？我們自己不知道，你所遇見的善知識，恐怕沒有像佛那樣子的。像我們有病，如果找到一位很高明的醫生，那藥一出，你喝二付藥就好了。若是遇著個蹩腳醫生，明明是熱病，他不給你退熱，他說你受寒了，再給你加熱藥，你還能活的了？爲什麼說善知識難遇？佛有如是智，這就是宿命智力。

第九、死生智力。這是佛的天眼無礙，這叫無礙的智力。佛的天眼力，他如實了知衆生死生。未死的時候就知道你死之後墮哪一道，看你現在所作的業，你轉變不了，你沒有這個轉變的力量，這就是宿住生命力。如實了知衆生死此生彼，死彼生此。未來是墮落到惡趣嗎？墮到善道嗎？將來的來生得到貧富，還能當和尙嗎？還能出家修道嗎？因爲我們這比丘身是現生的，死了就沒有了，得從頭再來。沒有相續性，如果你修的道力有了相續性，佛一看就知道。佛眼觀一切，佛的佛眼能觀，知道你未來生的面貌如何，生活情況如何，貧富如何，惡緣重嗎？善緣重嗎？善惡的因緣如何，都是清楚了了，這是死生的智力。

第十、漏盡智力。這個漏盡智力就是永斷你的習氣，直到你永斷習氣，漏盡了。如來以這十種力，一一皆知清楚。每部經都有十力，特別是你學《華嚴經》，從信位開始，一直到等覺位，佛全能清楚。善財童子五十三參，每位善知識都給他指示很清楚的。

夜叉本來是鬼類，但是我們說的這個夜叉王是大菩薩。寄位顯勝，我們在《華嚴經》最初開始講，他寄託這個位，不是他本身，只是寄託這個位置來度眾生。我們都知道觀世音菩薩，他是果後行因的，果後又來造因，果後又來利生。但是在善財童子五十三參，他是迴向位，那叫寄位，六道都有這些大菩薩寄位。能夠參加華嚴法會的，夜叉能辦得到？因此大家要這樣來學，《華嚴經》什麼類都有，我們前面講夜叉，夜叉是鬼，鳩槃荼也是鬼，但是他能參加華嚴法會，就是示現的菩薩。

摩睺羅伽王十法

復次善慧摩睺羅伽王。得以一切神通方便令眾生集功德解脫門。淨威音摩睺羅伽王。得使一切眾生除煩惱得清涼悅樂解脫門。勝慧莊嚴髻摩睺羅伽王。得普使一切善不善思覺眾生入清淨法解脫門。妙目主摩睺羅伽王。得了達一切無所著福德自在平等相解脫門。燈幢摩睺羅伽王。得開示一切眾生令離黑暗怖畏道解脫門。最勝光明幢摩睺羅伽王。得了知一切佛功德生歡喜解脫門。師子臆摩睺羅伽王。得勇猛力為一切眾生救護主解脫門。眾妙莊嚴音摩睺羅伽王。得令一切眾生隨憶念生無邊喜樂解脫門。須彌臆摩睺羅伽王。得於一切所緣決定不動

到彼岸滿足解脫門。可愛樂光明摩睺羅伽王。得為一切不平等眾生開示平等道解脫門。

現在講摩睺羅伽王，一共有十法。「摩睺羅伽」舊時翻譯爲「修羅」，新翻譯叫「摩睺羅伽」，時代不同，翻譯也不同，音譯不同，其實就是八部鬼神衆之一，是大蟒神，有時翻作叫「大腹行」，蛇都是腹行的。

蟒呢？就是大的蛇，有時翻牠大蟒蛇。這種翻譯的情況，隨著大衆的理解而翻譯，有的新譯，有的舊譯，舊譯就是晉朝時候翻譯的，新譯就是唐朝的時候翻譯的，翻譯不同。我們有時候管這個蟒神叫地龍，說牠沒有腳，是腹行的。蛇的瞋恨心特別重，但是也有外道的廟供養蟒蛇，有時供養酒，供養肉類，水果牠是不吃的，供完了第二天沒有了，就說神來了，其實是給蟒蛇吃掉了。

這類的衆生有時作畜生道攝，有時候又作鬼道攝，兩種都有，大蟒神有時現的蛇頭人身。但是現在《華嚴經》上講的是菩薩寄託的，牠的體積非常大，只要是蟒蛇類的都屬於摩睺羅伽王的眷屬。像狐仙、狐狸，一切狐狸都稱牠的眷屬，其實牠單有一族的，屬於神族那一族，並不是所有的蟒都是神，不是這樣子的，而是單有那麼一類，牠生下來就有神通，那是不同的，《華嚴經》上所講的，那是大菩薩寄位的；這個我們每座都要講，這是寄位的大菩薩，不要當畜生來看。

以下念的這十位是寄位的菩薩，寄到蟒這一類的。無論寄什麼類身都可以，主要就是度那一類眾生。他說化度眾生，令眾生都能得樂。長行的是標蟒神的名字，這蟒神不是蟒神，都是大菩薩示現的摩睺羅伽王。

以下就每一個蟒神所證得哪一個解脫門來做解釋。這個神寄位的每一個蟒蛇，所證得哪一個解脫門，就是所證得哪一位，他的名字就代表他所證得的。「善慧」不是一般的智慧，他證得佛的一種神通，叫什麼呢？方便，令一切眾生都能夠集聚一切功德。集聚功德是因，到成佛的果德就是果。這上面講「普現威光，名爲神通」，說善慧，他的神通都是普現威光，普現威光是他的用，不動性淨是他的體，無論約體、約用都是他的方便。在因地行因的時候叫集，集什麼呢？集德，這個德不當「功德」那個德講，當「道德」講。說行道有得於心，就叫集德。他所依的體性，是一眞法界性，一眞法界性就叫無依涅槃，不生不滅，不生不滅的體性就叫無依。

我們現在修因是有依，依著什麼呢？依著外緣的是佛法僧三寶，內依也是體性，這個是平等平等的。說我們最初相信自己就是毗盧遮那，依著我們自性法身的性體，就是毗盧遮那的性體，得無依涅槃，這是說善慧摩睺羅伽王。

淨威音摩睺羅伽王得到什麼法門呢？使一切眾生除煩惱、得清涼，這都是大家所需求的。煩惱熱，熱到什麼程度呢？熱到你糊里糊塗發昏了。我們有時候煩惱來了，又哭又鬧，又要上吊又要自殺的，那就是煩惱熱了，那股熱能力量很大，他能清涼下來。這個煩惱主要是貪欲，因爲蛇類本身欲念非常之重。他的惑（惑是動、躁動）不躁動了，就契合他那個定，寂是寂靜不動了。

我們說釋迦牟尼的牟尼，釋迦是「能仁」，牟尼就是「寂默」，就是這個寂，默是沒言說的意思，把惑業除掉契合眞寂了。眞寂是什麼呢？就是法性。除惑契淨，這是個因，證果的時候就是清涼悅樂，就是涅槃的果。惑就是熱惱，熱、惑消除了就清涼，清涼了就快樂，快樂就自在了，這就是涅槃果，不生不滅的涅槃果。我們說涅槃也好，說法性理體也好，都是名詞的不同，義理就是一個，證得眞寂，這個寂當「眞寂」講。

「勝慧莊嚴髻摩睺羅伽王，得普使一切善不善思覺衆生入清淨法解脫門。」善惡業的衆生，行善業的衆生，行惡業的衆生，善也是由他的意念、由他的思惟，由他的覺觀而產生的一切作用；惡業衆生也是由他的思想意識做的。善沒有達到究竟，惡還沒有止，止惡行善，行善的讓他達到究竟入清淨法。清淨法得入佛乘，位到佛乘才是清淨、究竟的，也就是善惡兩亡，善念也不存在，善念是對著惡的，止惡而行善，惡沒有了善也亡失了。就這樣恢復他本來的清淨覺體。

「妙目主摩睺羅伽王，得了達一切無所著福德自在平等相解脫門。」這是說你的思想不要執著，什麼是福？什麼是禍？什麼是惡？什麼是善？達到他的平等性體。從相而悟入他的性，性是平等的，但是這裡加了一個「不要執著」。我們衆生心就是特別執著，就說善業，惡業的不說，善業指的什麼呢？說《華嚴經》〈普賢行願品〉是究竟的，說《阿含經》是小乘的，因此我要讀大乘、深入大乘，這就不平等了。他平等嗎？說善業，趣善去惡，如果都去行大菩薩，現大菩薩相、現莊嚴相，那誰度他那一類衆生呢？像我們說這個摩睺羅伽王，誰去度呢？這是形容他不執著，他示現摩睺羅伽王，來專度這一類衆生，但是沒有說摩睺羅伽王只度蟒蛇，每位的摩睺羅伽王都能得到這種，他是大菩薩境界，普度衆生的。

另外還要體會到，並不是一切蟒蛇都能現菩薩相，都能度蟒蛇，不可能吧？這是專指菩薩，菩薩雖然寄託這一類，但是他還是度一切類的衆生，這才叫平等，不然怎麼叫平等呢？例如說我們現出家相，這是福德相，出家跟在家平等不平等？我們這是在什麼位行什麼道，寄位顯法，在什麼位說什麼話。這個「不著」的功夫進入到相當的程度，一切自在他就不著了。

妙目主的摩睺羅伽王他已經證得了，達到一切無所著。沒福又缺德，跟這福德相，兩個能平等不平等？假使我們說這個人很缺德，現在我們哪個不缺德？現在若說你缺德，你心裡絕對不高興，但是你跟佛菩薩比，你那德差的太多了，缺德不缺德？缺就是少，這叫語言。聽到人說你這人眞缺德，你聽到了會很不高興，但是實際上你就是缺德，看跟誰比？拿佛、拿菩薩比嗎？我們連二乘的神通、二乘人的福德也沒得到，不缺德嗎？佛是萬德具備的，是這樣來說。

學佛，假如你理解到了，人家說你缺德也好，或者罵你怎樣，你會感覺人家說的都是事實，就是缺德。不缺德不都成佛了？他是在這上執著，而這些大菩薩示現八部鬼神，都平等達到了。我們看見觀世音菩薩，他現的是菩薩相，觀世音菩薩有沒有示現鬼神？我們放焰口的時候，觀世音菩薩就示現餓鬼相。這個意思是說，我們不要在一切的福德智慧上、一切有相法上去起執著。佛是示現平等相，沒有什麼福德相也沒有什麼缺德相，這是從哪上來立、來要求的呢？從性體上平等說的。

《金剛經》上說，福德即非福德，不可著染也不可著淨，因此這叫自在相，是自在平等相，加個「自在」兩字，這個不容易了。他示現蟒蛇，在人類也好，在畜生類也好，不論什麼，乃至於菩薩類，他不但能示現蟒蛇也能示現佛，像這個地位所示現的大菩薩，什麼相都能示現的，因爲這個說的摩睺羅伽，我們就專說示現摩睺羅伽這一類的。佛跟佛都是自在的，這叫平等平等，在福德上平等自在。

「燈幢摩睺羅伽王，得開示一切衆生令離黑暗怖畏道解脫門。」這做兩種解釋：說令一切衆生離了黑暗，黑暗就是沒有智慧，證得智慧了，證得光明體了，就離開黑暗了。心有罣礙就不得解脫、就有怖畏，心無罣礙，怖畏就滅了。《心經》上說：「依般若波羅蜜多故心無罣礙，無罣礙故無有恐怖。」說害怕，爲什麼害怕？因爲心裡有罣礙，所以就有恐怖，心無罣礙就證得光明體了，證得光明體就離開黑暗了，沒有智慧就像處於黑暗中。

燈幢摩睺羅伽王，他是有燈的，這個燈是法燈，是智慧燈，有了智慧燈就沒有黑暗了。我們在受苦的時候，由於過去的苦因造成苦果，苦果成就因此恐怖了。現在這兩種都離，離了因也就離開果了。黑暗就是沒有智慧，沒有智慧就是在黑暗當中。雖然有日、月、燈三光，但是你心裡沒有智慧，因此你還是處在暗中摸索，暗中摸索就是不明了生死法，不明了涅槃法。不明包括了很多，例如我們都是求前途的，你對自己的前途不明了，生死不明了，因果不明了。

「最勝光明幢摩睺羅伽王，得了知一切佛功德生歡喜解脫門。」我們天天拜佛、禮佛，什麼是佛功德？佛有利生、方便善巧的功，他修道證得的，行道有得於心就叫德。佛在因地當中，布施一切衆生的智慧，不是布施一切衆生的黑暗；除一切煩惱，除衆生的煩惱，產生衆生的智慧。

幢的意思就是摧伏一切魔軍的意思，假如說有智慧的人，摧伏一切魔軍，降伏一切怨敵，就說智慧幢。燈幢是以光明爲幢，破除一切黑暗，他證得了佛的這個法門，得到解脫；然後又把這一法教化一切衆生，令他們離黑暗、離怖畏。要了知佛的功德很不容易，怎麼不容易呢？必須自己修行，明白我們的性體，就是我們經常說的開悟了，開悟了只是瞭解，並且還要證果。開悟悟得什麼？悟得自己本具的佛性，但是我們要把這個佛性修成了。佛性是本具的，但是現在被這個無明癡暗掩蓋住了，以修行把這個無明黑暗除掉，這樣才能跟佛無二無別。佛就是這樣做的，這叫知佛的功德。

佛的體性是什麼？智慧的體、功德的體，不是有形有相的，而是無形無相的，這叫眞空。功德依著證得眞空之理，所起的妙用，眞空不空就叫妙用，就是我們說的妙有，妙有不是眞有，恢復眞空的意思。這個涵義就是知佛的一切功德，不去執著、不去貪著，不是說人間的富貴、名聞、利養這些東西，這是說悟性成佛。但是，這只是個過程，悟性成佛了，悟得性，這是理上成佛了，事上還得漸漸修，漸修後得到的功德，那就是妙有的功德。

「師子臆摩睺羅伽王，得勇猛力爲一切衆生救護主解脫門。」師子臆摩睺羅伽王證得佛的法門，就是能夠救護一切衆生，給一切衆生做救護主，主是自在義、主宰義。因爲他明白他的性體，性體就是理、理法界。理法界，他理解了，你說甚深的義、說成佛、說佛佛道同、說佛的不思議、說十八不共法，他聽到不懷疑也不認爲這個很難得求，「聞聲不疑」。乃至聽到講世間的因果，講人間的因果，說「諸惡莫作，衆善奉行」，這是沒有局限性的，但是不起分別。不要因爲是一點小事，好處不大，說這是善小；說這件事，雖然錯了一點，但也沒有傷害到誰，沒有關係的，這叫小善小惡。這樣的理解是錯誤的，這跟「諸惡莫作，衆善奉行」是相違背的。這種道理不止我們佛理這樣講，不是只有佛這樣說，我們的古德也都理解這個，也就是說，一善不遺，雖然這個善事很小，幫助人家也不太大，或者認為這個惡事很小，好像無所謂似的，以這樣來做人的標準是不可以的。

過去，劉備託孤，就跟他的兒子說：「勿以惡小而爲之」，不因爲這件事是小惡而去做，「勿以善小而不爲」，不因爲這個善事很小而不去做。這個涵義是什麼呢？在理上決斷一切的事物，說成佛，從凡夫修到成佛，這個道理甚深了，你不感覺得深也不感覺修行很困難、得不到，這叫聞甚深法而不生退卻。說世間因果，像剛才講的惡小善小，說你千萬不要造業。造業一定要受報，這件事本來很淺的，道理也很淺，但是不論聞深聞淺都不爲所動。一切佛所教導的法，不是深的也不是淺的，非深非淺，有的時候是即深即淺，是深的也是淺的。你要有勇敢的精神，勇敢的精神是什麼呢？有八風吹不動的精神，有這種勇猛力，稱譏苦樂愛憎毀譽，這八種境界風，不爲所動，那八風一齊來了，吹不動你。

過去蘇東坡，在他桌子上頭寫一個偈子：「稽首天中天，毫光照大千；八風吹不動，端坐紫金蓮。」當人都稱讚你，這是名聲很好了，他譏毀你、毀謗你，稱譏，這一個好的，一個不好的；受苦跟享樂，那苦的當然不好了，人人都要享樂。誰願意受苦？愛和憎，憎是憎嫌你，人人都討厭你，人人都喜歡你，就叫愛。說人家都毀謗你，你也無所謂；人家都讚歎你，你也無所謂，這八樣叫做八風。也就是外邊的境界風，吹不動你，說你好，你也不爲所動，說你壞，你也不爲所動。

蘇東坡的意思認為自己「八風吹不動，端坐紫金蓮。」他坐那個蓮華裡，表示他修行有道力了。他認為自己了不起了，佛印禪師在底下寫了「放屁」兩個字，他就冒火了，這是譏，他就動了。他剛寫完「八風吹不動」，人給他寫上，他看見就受不了了。他住在杭州錢塘江這面，佛印禪師寫完字就回淨慈寺。

蘇東坡就到淨慈寺去找佛印禪師。他說：「你怎麼罵我？」「我沒罵你啊！」他說：「你怎麼說我放屁？」他說：「你說的什麼話？」他說：「我說我八風吹不動！」他說：「你既然都八風吹不動，我只是放個屁！還是寫的字。八風吹不動，一屁送你過江來。」就說這個不是實在的，不是你眞正證得的。

師子臆摩睺羅伽王，他是八風吹不動，是眞正吹不動，他把這八風降伏住，自己能正才能正別人。佛弟子就是這樣，先正自己，我們的行為，我們的語言，我們的意念所想，都能自己正了，再去正眾生，就是給一切眾生做救護主。在這個法門上，他得到解脫，也就是他能做得到。

「眾妙莊嚴音摩睺羅伽王，得令一切眾生隨憶念生無邊喜樂解脫門。」這是過去世修的喜樂因，今生人家見著你都歡喜。過去無量劫，經過億萬萬年，修的歡喜因，現在誰見了你都歡喜，像彌勒菩薩一樣。他總是笑哈哈的，笑臉相迎，這叫歡喜。你看見他，他先布施你歡喜，給你歡喜，你看見他歡喜臉後也就生歡喜心。喜怒哀樂憂恐驚，這七情六欲我們是具足的，看著歡喜相，心裡頭就很歡喜，若看恐怖相，你心裡頭就很恐怖，相由心生！一切相都是你自己心生起的，相由心生，相也由心滅。說往昔修歡喜因了，誰見了你都歡喜，衆妙莊嚴音摩睺羅伽王，他就得到這種法門，讓一切衆生見了都生歡喜。

「須彌臆摩睺羅伽王，得於一切所緣決定不動到彼岸滿足解脫門。」這是說他證得佛的這個法門是什麼呢？佛是平等應一切衆生，因爲衆生有感，有感就有應，有感佛就能應，也就是有求必應。我們看很多土地公廟，都寫一個匾，四個字「有求必應」，只要你求我，我一定滿你的願。

是這樣子的嗎？佛是滿一切衆生願的，佛能做得到。我們是要求成佛，不是要求你給我一點快樂，或者我生病苦了，你把我病苦消失了，不是這個應。我們的求是什麼呢？求成佛的果，求成道證得佛果，那佛、菩薩也就應，但不是一下子應你馬上就成佛果。那只是告訴你一個方法，方便善巧，讓你自己去修，自修漸漸就能證得，這是你自己的果德成就了，在理上你明心見性，在行上你也成究竟了，三祇因，修因成果了。諸佛菩薩利益衆生時，以他的智慧啓發、教導衆生，行我們所說的，在《華嚴經》上叫十度的施、戒、忍、進、禪、慧、方、願、力、智，度一切衆生都能夠成佛，又教導衆生先要有智慧。智慧就是解，有智慧才能信、才能瞭解，以智慧導你的行，行而後一定能證果，得於一切所緣念不動到彼岸，滿足一切衆生。

「可愛樂光明摩睺羅伽王，得為一切不平等眾生開示平等道解脫門。」不平等眾生，凡是沒有見性，沒有開悟的，他不會平等的，見了性曉得自己的自性，曉得一切眾生的自性跟佛的體性。心、佛與眾生是三無差別，這是理上平等，不是事上平等。在事上眾生相還是眾生相，佛相還是佛相，但是從理上來說平等的，這叫同體大悲。

所以在你求佛的時候，佛能滿足你的願，為什麼呢？平等！這是破眾生的一切執著的情，使眾生在理上能平等，讓你明心見性，讓你悟得，這就叫平等道。一切眾生不明理，不明理就平等不了。這裡頭你若眞正詳細地研究，那道理太多了，一個道理是平等的，其他道理是不平等的，哪個道理呢？菩提道、眞如理，同走的菩提道，同證得自己體性所具足的，平等平等，令他悟得平等道，這是理上。在事上千差萬殊，他說：「你不是行菩提道，你行的是其他善惡所有一切道，那不是平等道。」因此，怎麼樣算平等？不善者，佛勸你行善，沒入佛門者讓你入佛門，已入佛門者讓你漸次地修，修完後就平等了。

爾時善慧威光摩睺羅伽王承佛威力。普觀一切摩睺羅伽眾。而說頌言。

汝觀如來性清淨　普現威光利羣品
示甘露道使清涼　眾苦永滅無所依

以下有十個頌，這十個頌的頌言，我們前面已經講了。善慧摩睺羅伽王，他得到一切神通方便，令眾生修一切功德善巧，能夠得到解脫。

一切眾生居有海　諸惡業惑自纏覆
示彼所行寂靜法　離塵威音能善了

淨威音摩睺羅伽王，他能除一切眾生的煩惱熱惱，使他得到清涼的快樂解脫門，這四句話就是讚歎這個。「示彼所行寂靜法」，離開這個塵世，離開這個六塵境界，把你的惡業纏覆，都把它消失了。「一切眾生居有海」，說有生死的苦海當中，被惡業的惑所纏覆，示現出離的清淨法，使你離塵得清淨。

佛智無等叵思議　知眾生心無不盡
為彼闡明清淨法　如是嚴髻心能悟

勝慧莊嚴髻摩睺羅伽王，他得一個善不善思覺眾生入清淨法解脫門。

無量諸佛現世間　普為眾生作福田
福海廣大深難測　妙目大王能悉見

這不是指的哪尊佛，而是無量諸佛在世間顯現了，做什麼呢？度眾生。不一定在一個世界上，他也互相交叉的，阿彌陀佛本來示現在西方極樂世界，那他到娑婆世界也可以度眾生；藥師琉璃光如來在東方琉璃世界，他也可以到娑婆世界來利益眾生，佛佛道同。

一切諸佛所以在世間上利益眾生，就是給眾生作福田，這個福田就有二種：一種是世間相六道的福田，一種是出世的，聲聞緣覺菩薩，一直到究竟佛的福田。佛給我們作福田，我們是佛弟子，又給一切眾生作福田。我們所披的這件衣，就叫福田衣，像那個田地一樣一塊塊的，這叫福田；但是得播種，種了才能生長。福田的土地作什麼呢？要種福田，種福田就是什麼呢？就是做好事，做好事就是福田。說利益人，讓一切眾生作福田，讓一切眾生作福田就是自己作福田。

一切眾生憂畏苦　佛普現前而救護
法界虛空靡不周　此是燈幢所行境

燈幢摩睺羅伽王，他得到開示一切眾生令離黑暗怖畏，這個我們在前頭講了。

佛一毛孔諸功德　世間共度不能了
無邊無盡同虛空　如是廣大光幢見

最勝光明幢摩睺羅伽王，他了知佛的功德，讓一切眾生都生歡喜心，都得到佛的功德。佛是在一毛孔中就能現一切功德，這全是華嚴義，於一毛孔中轉大法輪，於一毛孔中能示現一切的功德。讓一切眾生都能共度過生死海，超出世間，叫離世間。不過，這種道理在〈離世間品〉，講得最深入。最勝光明幢，他得佛功德生歡喜的解脫。

如來通達一切法　於彼法性皆明照
如須彌山不傾動　入此法門師子臆

師子臆摩睺羅伽王，他得一個最大勇猛力，救護一切眾生解脫。這是偏重的說法，例如我們說大智文殊，地藏菩薩沒有大智慧嗎？觀世音菩薩沒有大智慧嗎？這是偏重。四大菩薩，智、悲、願、慧偏重，其實都是平等的。像釋迦牟尼佛、阿彌陀佛跟藥師琉璃光如來，阿彌陀佛救度一切眾生，不也是施藥嗎？跟藥師琉璃光有什麼區別呢？這都是偏重，你若理解了，佛佛道同，只是他度生的方便法門不一樣而已，就是這樣的涵義。

佛於往昔廣大劫　集歡喜海深無盡
是故見者靡不欣　此法嚴音之所入

眾妙莊嚴音摩睺羅伽王，他得到讓一切眾生隨他的憶念，生無邊歡喜的快樂。我們一天當中的憶念，回顧過去也好，憶念現前的事情也好，都能生歡喜心了嗎？恐怕生煩惱的心多吧！比如說，我這件事做錯了，馬上就生悔，悔心所是煩惱。說這件事自認爲做得很如意，心裡生歡喜，這個歡喜不是歡喜，也是煩惱，這叫憶念。說憶念過去也好，憶念現在也好，凡是憶念就是你心裡繫念，繫念的時候就放不下，放不下就看不破，放不下看不破了。在這裡頭就產生無量的分別，有分別的時候，得者就歡喜，失者就煩惱。自己感覺這件事做得對，生歡喜，感覺做錯了，生煩惱，他不知道這一件事，一會錯了，一會又對了，一會又不對了，反反覆覆的無邊煩惱。

舉個事實說明，現在我們出家二眾，起碼家庭煩惱沒有了，兩性的關係沒有了，我們也沒什麼和好，也沒什麼離婚，也沒什麼吵鬧，我們沒家庭，沒有就是好。但是，有沒有出了家又放不下，又回顧過去的？說：「哎喲！現在出家苦難這麼多，道也修不成，不如在家好。」這個一念頭產生過沒有？會有的。若不騙人的話，對別人不好說，那麼對佛菩薩說吧！當你悔心所生起來的時候，趕緊對佛前懺悔。第一、二念，沒有關係，今天念一念，過去了沒關係，明天又來了，後天又來了，來著來的你就清淨不了，罷道還俗，我在這幾十年看見很多。

這叫什麼呢？憶念，隨你的憶念生起無邊的煩惱。我們這個講的可是無邊喜樂，那是念修道，念一生、一生、一生，得了通了。但是，這個喜樂也是煩惱，連作夢都是煩惱。夢本來是沒有，但是作了好夢醒來後，一天兩天三天的，他十幾天還想那個夢；作個壞夢呢？哎呀！該不會發生吧？作個壞夢或者夢裡遇到什麼災難了，他醒來後心裡嘀嘀咕咕的，放不下。

不曉得大家這樣作過夢沒有？我曾經連續作了將近八、九十天，就像寫一部小說似的，腦殼一擱枕頭，就睡著了，睡著了就作夢，一醒，這個夢完了，起來後該幹什麼還幹什麼。第二天，一倒下，接著昨天那個夢又來了，一回一回的就像寫章回小說似的，一章、一段的。看著是作夢，實際上就是放自己的電影，看自己的電視。你說這個怪不怪？

《金剛經》告訴我們，過去已經過去了，過去心不可得，再也得不到了；未來心，未來心還沒來，你知道是怎麼回事嗎？未來還沒來，你想他也沒用，到時候起變化，說我們計劃、設想，計劃設想跟事實是不相符合的。這個道理大家都懂，懂也不行，他還是想打未來的主意，打一百年、打千年，連子孫後代都想了又想，辦不到的。夢就是如夢幻泡影，夢沒有真實的；說現在，昨天不是今天，今天呢？今天也不是明天，明天要怎樣還不曉得呢！說不定。

莊嚴音摩睺羅伽王，他得到什麼呢？令一切衆生隨憶念的無邊歡喜。但是這個憶念可不同了，念佛、念法、念僧、念三寶，我們有沒有這個憶念？諸位法師將來要給人家授三皈，若有在家弟子求你們授三皈，你們必須給人授三皈，你一定囑咐他，從受三皈開始起，每天晚上要睡覺時候，一定念：「皈依佛、皈依法、皈依僧」，哪管最少也要一百聲。早晨一睜開眼睛，什麼念都沒起，第一個念頭就是「皈依佛、皈依法、皈依僧」，也是念一百聲，這二十四小時，你用不到半個小時，看著很短的時間內把這個功德做了。如果你皈依三寶之後，你受過沙彌戒，受過沙彌尼戒，受過比丘、比丘尼戒，萬丈高樓從地起，不管別人修好多層樓，地基得打好。你學多高深的什麼法，也離不開「皈依佛、皈依法、皈依僧」。《華嚴經》沒有一個地方離開佛、法、僧三寶的，不管什麼神，不管他怎麼修道，不管成就什麼樣的佛果，離不開佛法僧三寶的。說別的修行沒有，能保持這麼一個修行，起碼你生生世世保住了你的人身，生生世世你得遇三寶加被，那還不能直至成佛嗎？應當如是做，應當如是做。

了知法界無形相　波羅蜜海悉圓滿
大光普救諸眾生　山臆能知此方便

須彌臆摩睺羅伽王，他得到於一切所緣決定不動到彼岸，滿足一切眾生的解脫門。「波羅蜜」，我們一般講是從此岸到彼岸，「波羅蜜海悉圓滿」就是從生死海到了不生死海，到了涅槃彼岸，就是此岸跟彼岸。這裡形容的就是佛所教授我們的，你用哪一法都可以，布施波羅蜜、忍辱波羅蜜、持戒波羅蜜，都一樣的；但是你最初只專注一法，你能緣的心緣於所緣的境，能緣的心緣每一法，我修哪一法，哪一法就把我送到涅槃彼岸去，就了了生死。一法就可以了，法有八萬四千法門，你不用太多，太多了辦不到。度到那一邊去了，那就什麼都成就了，就這樣到彼岸。圓滿到彼岸是不容易的，但是須彌臆摩睺羅伽王能作得到，他自己做得到了，所以他才能夠度衆生，也讓一切衆生到彼岸。

汝觀如來自在力　十方降現罔不均
一切眾生咸照悟　此妙光明能善入

可愛樂光明摩睺羅伽王，得為一切不平等衆生開示平等道的解脫門。

緊那羅王十法

復次善慧光明天緊那羅王。得普生一切喜樂業解脫門。妙華幢緊那羅王。得能生無上法喜令一切受安樂解脫門。種種莊嚴緊那羅王。得一切功德滿足廣大清淨信解藏解脫門。悅意吼聲緊那羅王。得恆出一切悅意聲令聞者離憂怖解脫門。寶樹光明緊那羅王。得大悲安立一切眾生令覺悟所緣解脫門。普樂見緊那羅王。得示現一切妙色身解脫門。最勝光莊嚴緊那羅王。得了知一切殊勝莊嚴果所從生業解脫門。微妙華幢緊那羅王。得善觀察一切世間業所生報解脫門。動地力緊那羅王。得恆起一切利益眾生事解脫門。威猛主緊那羅王。得善知一切緊那羅心巧攝御解脫門。

我們要過齋飯的時候，就是念大聖緊那羅王。「緊那羅王」又作「緊捺洛」、「緊拏羅」、「緊擔路」、「眞陀羅」，在晉譯的華嚴裡頭，譯成「人非人」，你說是人，他不是人，說不是人又是人。這叫什麼呢？叫疑惑，叫疑神，又翻「歌神」、「樂神」，他是八部鬼神眾之一，給帝釋天作樂的樂神。「緊那」就是懷疑。懷疑什麼呢？他究竟是人不是人哪？說是人，頭上有個角，有點像麒麟；你說不是人，他的一切行爲生活，都是人的相狀。緊那羅王有十法，一共有十個緊那羅王，以善慧光明緊那羅王爲首。

「善慧光明天緊那羅王，得普生一切喜樂業解脫門。」善慧光明緊那羅王他得了普生一切喜樂業解脫門。都是什麼喜樂呢？就是世間喜樂業。世間的歡喜、快樂的事情，都是因佛而生的，怎麼講呢？說世間的歡喜事，世樂無常的，如果你依止佛、皈依佛，使這個無常的世間喜樂，變成了出世間的喜樂，那就常了，所以說因佛而生的。

「妙華幢緊那羅王，得能生無上法喜令一切受安樂解脫門。」聞甚深法而跟你的心神相應，是無上的法喜，這就叫「適神」，最終得到究竟的涅槃安樂。

「種種莊嚴緊那羅王，得一切功德滿足廣大清淨信解藏解脫門。」種種莊嚴緊那羅王。他得到一切功德滿足廣大清淨信解，最後加個「藏」，「藏」就是含藏著廣大清淨信解。第三種說「佛德深廣，信亦包含」。得一切的功德，滿足廣大清淨信，滿足了一切衆生的清淨信。佛德的深廣唯信能入，信中能包含佛德的深廣涵義。這個道理我們恐怕大家都清楚，我們從講〈起信論〉就講信大乘，只要有信就能夠證得，佛法甚深難測量，唯有信解能證入，只要有信心，因信而生解，一定能入佛道。「初發心時成正覺，如是二心初心難」，就是信，信能夠包含著佛的深廣的德，這是種種莊嚴緊那羅王所契入的。

「悅意吼聲緊那羅王，得恆出一切悅意聲令聞者離憂怖解脫門。」所說的音聲是演法的，演什麼法呢？演的是一眞法界的法，演的是眞如法，令一切衆生聞到之後，妄除眞現。眞顯現了，憂悲苦惱都沒有了。心開意解了就明心見性，開悟不就快樂嗎？這叫悅意。說眞法讓他除妄，除了妄了，憂悲苦惱就都沒有了，那還不能解脫嗎？當然得解脫了。所說的法音，能令衆生把這個妄除了，憂惱也沒有了，他心裡自然喜悅，是這個涵義。

「寶樹光明緊那羅王，得大悲安立一切眾生令覺悟所緣解脫門。」光講這個「覺悟所緣」，所緣的境，在這個境上你悟得了，不論你緣什麼境，比方說我們禪宗那些大德，他當時給你說一個偈子，或給你做個手勢，那也是你的所緣境。但是，那是從他大悲心所生出來的，這叫對機說法，因機說教，甚至給你一拳頭、踢你一腳也可以，只要令你生出覺悟，忘了你的憂惱，心生喜悅，那就對了。

寶樹光明緊那羅王能達到唯心所現，了解一切諸法本空，這也是安立眾生的覺悟。這個形容著寶樹光明。在人間的寶樹，放光明的寶樹還沒有，我們看佛的極樂世界，七寶行樹是放光明的。但是，在南閻浮提的釋迦牟尼佛，所坐的菩提樹，我們沒看見他放光明。這個是形容詞，寶樹光明是大悲心安立的，說樹有潤覆眾生的功能。

印度的天氣是很熱的，當大家熱惱的時候，躲到樹底下去乘涼。寶樹是大悲心安立的，特別是菩提樹，其他的樹也如是，但是覺樹能令眾生覺悟。如果你到菩提迦耶，你看到佛坐的那棵樹，你心裡會產生很多喜悅的感想。到那兒去朝聖的時候，一般都要在那樹底下坐一坐，現在我聽說金剛座圈起來不讓你坐了，過去沒有圈起來的時候，你可以坐坐金剛座。

佛坐金剛座的時候是悟道成佛，我們坐那金剛座呢？雖然沒有成佛，也能有機會消災免難，我們這裡的道友可能有去坐過的。如果朝聖到印度迦耶的時候，你會看到歷史性的變化，當年佛就在尼連河沐浴，現在尼連河沒有了，連痕跡都沒有，這就變化了。

「普樂見緊那羅王，得示現一切妙色身解脫門。」妙色身，妙色身不只說人類了。微妙的色身，那得看衆生的觀念，假使我們看看孔雀、看看鸚鵡、看八哥，那是鸚鵡、八哥的色身。有些人看見鸚鵡、看見八哥或看見孔雀，生起歡喜心，他認爲牠那個身體很好，但是牠是畜生，所以說是隨衆生心而安立的覺悟情景。

什麼是妙色身？一般講微妙現的色身。剛才講如果大家都喜歡孔雀、鸚鵡、八哥，這算不算是妙色身？這個不是的，是畜生身，這個妙色身是指佛的色身說的，那是三十二相八十種好。這個我們沒有見到，因爲佛出生的時候，我們還不知道在哪兒受報，沒有見到。即使見到佛的妙色身了，這也只是一種，因爲你的因緣、你的福報、你的智慧所得的福感，僅能見到丈六金身，千丈盧舍那你見不到了。若是有那個德，見著千丈盧舍那，那也是妙色身。見到佛的任何化身，都可以說是妙色身，這個是隨你的意念。就我們現在所見到的銅鑄的、木雕的、泥塑的，算不算是佛的妙色身呢？如果你在拜佛的時候，見著佛的身，你觀想什麼？說這是我所見到妙色身，那他就隨你的意念，隨衆生的緣念而不同。

佛身、佛法跟一切聖德大善知識等類難遭遇，遇見了你能得到利益。所以，佛跟一切諸佛菩薩所示現的色身，如果你把他現在的塑像當成妙色身，你得的利益就是妙色身的利益。千山萬水來朝五臺山，到了黛螺頂，朝五文殊也是妙色身。你看看〈五臺山志〉，殊像寺文殊菩薩的歷史，殊像寺的文殊師利菩薩也是妙色身。這要看你所有的因緣，殊勝的因緣，能遇著什麼境界，你若作勝境會，那就是勝境；如果不作勝境會，那就不是。

一切諸法都是從心上立，從你自己的心來建立的。不要執著，因爲你沒有這個福，沒有修這個福也沒有修這個德，沒有福德你要強求，那看你強到什麼程度吧！文殊師利菩薩經常在五臺山現寶燈光，燈光就是光明，就是文殊菩薩的智光，智光燈。你見著好多？見著幾回？如果你用甚至捨身命的態度來拜、來求，你能見到，你能得到利益，那是自己的心領神會，你可以體會得到，就看你自己行的力量大小了，也就是感和應的力量相應不相應，這是妙色身的境界。

比如說我們受著一種危難，在危難當中，你或是在夢中，見著文殊師利菩薩，見著地藏菩薩，或者是觀音菩薩，那也是妙色身。你的意識、意念知道，這是觀音菩薩來加持我，地藏菩薩來加持我了。在你的困難當中，或者是你在修道當中都可以，不要往深了去會。就現在你所遇見的寺廟或塔，或在你修道當中，有些人見著就不同，像北京佛牙舍利，各各見的就不同。現在中國的舍利，一個是在寧波的，那是佛的舍利，阿育王造的，所以就叫阿育王寺，那個舍利是自己飛來的，隋朝的時候到現在，也快兩千年了。你見到的也是佛的妙色身哪！那也可以說是釋迦牟尼佛示現的妙色身。看你見到的、得到的是什麼，各各得到的不一樣。有的衆生說自己業障重，業障重你要懺悔，業障不是眞正一成永遠不變的，業障無定體的，就看自己的功力。

「最勝光莊嚴緊那羅王，得了知一切殊勝莊嚴果所從生業解脫門。」殊勝莊嚴果所出生的業用，得到這樣的解脫門莊嚴果。

「普樂見緊那羅王，得示現一切妙色身解脫門。」示現的就不是眞實的，衆生的根機不同，這些菩薩示現的情況也不同。什麼是妙色身呢？色身都是虛幻的、不是眞實的，「妙」就是很美好的色身。這是不一定的，像緊那羅王示現的就不是。示現緊那羅王，他頭上長個犄角，這有什麼妙呢？人家看見就害怕。

所言「妙」者，就是適應衆生的根機，他希望見什麼相，也不能超出常情，超出一般普通人類所見的，那就無法接近了；而且，菩薩示現者就不是眞實的，他以相好莊嚴對待這一類根機的衆生，是這類衆生喜歡見的，那就是妙色，妙色不一定有什麼色相。

另外，我們感覺到普通的，就是約一般常情來說，大家看得過去，那比一般人不同，就是莊嚴一些。像我們此土衆生，華人相貌臉白一點，頭髮黑一點，那就好看了。在歐洲，那就不行，或在黑種人也不行。黑種人他認爲越黑，黑得發亮最美，看你是哪個民族。所以，這個「妙」要這樣解釋，就是他在利生的時候，依那些衆生所喜歡的，示現給他，他若示現黃種人，黃種人要求的是什麼，他示現黑種人，黑種人要求又是什麼。

菩薩寄位緊那羅王，我們在齋堂大概都供大聖緊那羅王，可是齋堂裡頭爲什麼供大聖緊那羅王？跟這個好像不大相應似的。前面我們講了，緊那羅王是疑神，「疑神」就是疑神疑鬼，說他那個相貌，懷疑心特別重，他是帝釋天的一個做樂器的神，那怎麼會在齋堂供養他呢？我們查這個出處。各個經論所說的不同，翻譯的名字也不同。

爲什麼我們要在廚房供緊那羅王？他是護法神之一，把他當成神了，但是菩薩示現就不同了。在中國流傳的故事說，以前剛建寺廟的時候，廟裡遭強盜來搶劫，眼看著三寶道場就要遭到破壞了，寺廟裡的出家人都想不出來一個打退強盜的辦法。在這時候，廚房裡頭有一位師父，他拿了一把大鏟子出來了，一下子就把強盜都打跑了。強盜跑了，這個出家人也不見了。但是，廟裡從來也沒有這麼個出家人，因此傳說是緊那羅王示現的，因爲那兒有一張緊那羅王像。以後就在廚房裡頭供上緊那羅王。

八部鬼神衆基本上都是樂神，唱歌、舞蹈的，都是帝釋天的一批樂神。在《大方廣佛華嚴經》說，所有這些神類，都是菩薩寄位的。《華嚴經》裡所有的這些聖人，也就是華嚴法會的大衆，多數是果後行因的大菩薩，都稱他們爲聖人，他們什麼位都寄，寄了位就度那一類衆生。知道這個涵義之後，你對《華嚴經》裡的鬼、神、天，都做這樣的理解。

「最勝光莊嚴緊那羅王，得了知一切殊勝莊嚴果所從生業解脫門。」解脫的意思就是無障礙，我們不解脫，就有障礙，哪些障礙呢？凡是能生起你的欲望，讓心裡不安定的，這都叫障礙，障礙你的聖道。障礙你聖道的是什麼呢？業。若想得殊勝莊嚴的佛果成就，你先把業斷了。業有兩種，一種是善，一種是惡。莊嚴的果必定有莊嚴的因。因是指解脫，這因是什麼呢？就是智慧。智是因。因爲智慧這個因生起，你所做的一切佛事，莊嚴你的果德，這就是最勝光莊嚴緊那羅王所證得的。

「微妙華幢緊那羅王，得善觀察一切世間業所生報解脫門。」「業所生報」跟前面是相通的，前面是從果上說，這個是從因上說。他能觀察世間一切因所感的報，報就是果。說世間的業，哪些業用能感到解脫的果，哪些業不能感解脫果，他能夠善於觀察世間的業。我們現在在世間所做的，大家都在造業，這叫世間業。但是，我們分不出來。我們看這個人造的不善業，但是他所感的果報是善，原因是什麼呢？世間業的因我們不清楚。

我們看見他是在作惡，其實，他是行菩薩道，他作的是善。如果這一個人，他去殺了另外一個人，我們看見的只是看他殺另外一個人，這殺人的人不是惡業嗎？不是該得惡報嗎？我們不知業。爲什麼殺他？菩薩行菩薩道，他知道這個人要傷害很多人，卻沒有另外的方法來制止他不造，所以就把他殺掉，使他造不成這個業，這樣他就害不了別人；同時，這個人將來也不會受到惡報。可是，菩薩把他殺掉的時候，菩薩要受報的，你殺了他，要還他的債、還他的報，這叫菩薩代衆生受苦的意思。

我們經常發願代衆生受苦，怎麼代？斷一切衆生惡業的因，他斷衆生惡業的因，在這個衆生的份中殺他，他是要還命債的。菩薩一切行爲都是幻化的，他還也無所謂，反正是來度他的，使他這個業造不成。但是這個必須得有智慧，沒有智慧是不行的；不但有智慧，還要有大智慧，一般的智慧還不行，也還得有這個力量，沒有這個力量你也辦不到。

過去我們有很多這樣的大德，不過這都是在隋唐的時代，現在這種事沒有了，他能使兩軍陣前的雙方敵人停止戰爭，他現神通力制止戰爭，這種故事很多了。

我看道濟禪師傳，有一次，他正在那喝酒，他把酒壺拿起來往天空那麼一灑，酒沒有了。這時，杭州東門失火，天上下場大雨，大雨酒氣很重。他在這邊灑的那瓶子酒，掉到那邊變成水，水把火撲滅了。像這種就是善於觀察一切世間的業，他能止住，但是這得大菩薩，況且那個業微細難思，每個人聯想我們自己，聯想我們周圍，聯想我們所見到的那個業，微細難思。

現在的業可不像過去，越發不同。舉個例子，現在製造的這種武器，殺害力極強的，大家知道原子彈吧？現在又有了導彈。愛因斯坦造原子彈，後來他後悔了，但是後悔已經沒有辦法了。他認爲他發明創造的，好像是對人間有利似的，誰知道他創造的這種武器，殺了很多人。像這種的業，非常難思！像發明飛機的，把飛機用來當戰爭工具。我們往後頭就講到好多的城、鎮，現在的城池有什麼作用？城池是防刀兵的戰爭。面對現在這種戰爭，城牆就沒用了，所以，現在哪個還修城牆？沒有修城牆的了。以前有座城就進不去了，現在從空中就給你來了，甚至於隔幾百里、幾千里，現在洲際導彈能達到兩萬公里，你用什麼城能防得到？它能漂洋過海，像這種業，微細難思！過去靠火力，現在靠電力，凡是一個事物發明出來了，不錯，有利的方面，害的方面呢？現在我們看見電燈，太方便了，一開電門就是了，它的害處看見沒有？這種業微細難思，若想把它全部究竟了，不可能！唯佛與佛能知。這些示現的菩薩都能知道，他們有這種智慧。

佛說在末劫時候「草木皆兵」，拿什麼都能殺死人，都能害死很多人，我就聯想到現在的化學武器不也是這樣子嗎？一切事物都如是的。這樣理解那些示現的菩薩神力。

「動地力緊那羅王，得恒起一切利益衆生事解脫門。」衆生事物太多了，他用神通來利世救人。有時候偶然間利益一切衆生，這很容易，但是恆起、常時利益衆生就不容易了。像我們求得明心見性，求得神通，神通就是自然的心，慧就是通。

自然的心生長智慧力，就能利益一切眾生，而且恆常的。這必須得地上的菩薩，三賢位的菩薩還不能恆常利益眾生，地上菩薩是恆常利益眾生，他的事業就是利生爲事業。我們也向這方面學，雖然沒有付諸實施，但是我們每天念三寶，學習三寶、學習佛，天天念慈悲濟世，這就是利物度人。

「威猛主緊那羅王，得善知一切緊那羅心巧攝御解脫門。」這叫什麼呢？知機，善知眾生的心。知道機、觀機才能給他說相對的法，應以何身得度者，就給他說什麼法。我們現在是有這個心也發菩提心，這叫有這個心但沒有這個力，我們連度自己都很困難，哪還有力量度別人呢！不說「恆」，說一時，一日或者有這些道心。「恆」者就是常利益眾生事業，這個非地前菩薩所能做得到的，必須得地上的菩薩。

後面幾個緊那羅王都是一樣的，神通益物，知機巧化，攝受眾生，恆常不斷。簡略地把這十個緊那羅王（寄位的菩薩）解釋一下，這些偈頌讚歎前頭他所得的。是誰讚歎呢？善慧光明天緊那羅王，他觀這十個緊那羅王，代表大眾讚歎佛的功德，也就說明他自己，「我只證得這一個法門」，但是所證得是相同的，因爲他們的地位相同。

爾時善慧光明天緊那羅王承佛威力。普觀一切緊那羅眾。而說頌言。

世間所有安樂事　一切皆由見佛興
導師利益諸眾生　普作救護歸依處
出生一切諸喜樂　世間咸得無有盡
能令見者不唐捐　此是華幢之所悟

「唐捐」就是白白地浪費，唐是唐喪，捐是捐棄。說見者絕對不白見，絕不是捐棄，絕不是浪費，這能得到好處。

佛功德海無有盡　求其邊際不可得
光明普照於十方　此莊嚴王之解脫

得一切功德滿足了，令一切信解生解脫。一個是讚佛的功德，一個讚佛化度衆生的功德，緊那羅王他也證得這一法門。

如來大音常演暢　開示離憂真實法
眾生聞者咸欣悅　如是吼聲能信受
我觀如來自在力　皆由往昔所修行

大悲救物令清淨　此寶樹王能悟入

佛的自在神力是怎麼來的？往昔修行得來的。「大悲救物令清淨」，大悲是拔眾生的苦，眾生在苦難當中，是污染的，這個是指的惑業，把業清淨了，就能究竟成佛了。大悲是安立一切眾生，令他覺悟。

如來難可得見聞　眾生億劫時乃遇
眾相為嚴悉具足　此樂見王之所覩

佛的出興難得遇到，難可能見、能聞，經過億劫乃能遇到，不是短時間所能遇到的。佛的功德海，所有的莊嚴相，是由佛無量劫修行，利益眾生所得到的。這個樂見王，他也悟得了。

汝觀如來大智慧　普應羣生心所欲
一切智道靡不宣　最勝莊嚴此能了

他得這一切殊勝莊嚴果，莊嚴果必須得有因，這個因是什麼呢？從利生事業而得到的。

業海廣大不思議　眾生苦樂皆從起
如是一切能開示　此華幢王所了知
諸佛神通無間歇　十方大地恆震動
一切眾生莫能知　此廣大力恆明見

動地力緊那羅王，他恆起一切利益衆生的事業，得到這麼個解脫。

處於眾會現神通　放大光明令覺悟
顯示一切如來境　此威猛主能觀察

善慧光明天緊那羅王代表十個緊那羅王，說十個讚歎佛的偈頌。

迦樓羅王十法

第七個是迦樓羅王，迦樓羅王就是大鵬金翅鳥。我們夜晚施食的時候，也有大鵬金翅鳥的一分。大鵬金翅鳥是以龍爲食的，龍來求佛救護龍衆，因此佛就讓龍披我們比丘的袈裟衣，不是全披了，有的披那麼一條，這樣迦樓羅王想吃牠們就辦不到了。這樣就把龍王龍類都救了，那大鵬金翅鳥牠又吃什麼呢？牠是以龍爲食的，所以，佛就規定弟子們，也就是比丘們在吃飯的時候，要施給大鵬金翅鳥一分。牠也跟前頭一樣的，各個經論翻譯的都不同，有「迦婁羅」、「揭路茶」、「迦嘍茶」、「伽樓羅」、「俄嚕拏」、「檗嚕拏」等，這麼多個名詞，因爲是譯音的關係。迦樓羅是鳥的名字，這個鳥跟一般的鳥不同，牠的兩個翅膀非常微妙，但是所出的音聲非常不好聽，盡是悲苦的聲音。

因爲牠經常有種苦聲，後來，佛把牠收攏來度牠，大家看到佛像上頭都有個金翅鳥，那個金翅鳥就是指大鵬金翅鳥說的，牠後來也是護法，也是八部鬼神衆之一。這也是菩薩寄位到這一類當中，大家略知道知道就行了。這種鳥不但我們今生沒見過，不曉得他生見過沒有？一般是不常見的，因爲我們若想在南贍部洲見到這些鳥，牠飛過來的時候，太陽日光都遮住了，你看也看不見了。

爲什麼我們聽到牠的聲音說是苦呢？因爲牠的音聲不正。牠所以翻這麼多名字，牠每一個名字都是形容牠所具足的不正，除了翅膀美妙之外，其他的都不正，音聲不像一般鳥的聲音，聞到牠的聲音有恐怖感。大概就是這樣子，其他的也沒有什麼，這應該屬於飛禽之類的。但是現在這個不同，這都是寄位的菩薩。應當有十個，但是在長行裡頭，把第五個給脫落了，叫執持王，也就是大海處攝持王，雖然這個脫落了，但是還是有名字。

復次大速疾力迦樓羅王。得無著無礙眼普觀察眾生界解脫門。不可壞寶髻迦樓羅王。得普安住法界教化眾生解脫門。清淨速疾迦樓羅王。得普成就波羅蜜精進力解脫門。不退心莊嚴迦樓羅王。得勇猛力入如來境界解脫門。大海處攝持力迦樓羅王。得入佛行廣大智慧海解脫門。堅法淨光迦樓羅王。得成就無邊眾生差別智解脫門。妙嚴冠髻迦樓羅王。得莊嚴佛法城解脫門。普捷示現迦樓羅王。得成就不可壞平等力解脫門。普觀海迦樓羅王。得了知一切眾生身而為現形解脫門。龍音大目精迦樓羅王。得普入一切眾生歿生行智解脫門。

這是十個迦樓羅王的名字。以下略微解釋一下，之後就是偈頌，都是這樣的次序。「大速疾力迦樓羅王，得無著無礙眼普觀察眾生界解脫門。」大速疾力迦樓羅王的智慧，智無著，所生的知見非常正確，沒有障礙的，叫知見無障礙，不執著了，他的一切見解都無障礙了。「普」是說大悲，因為大悲故，所以普觀察一切眾生，能洞悉一切眾生的痛苦，還能夠給他說法、調伏，這是大速疾力迦樓羅王。這些都是大菩薩的示現，他示現這一類的來度這一類眾生，讓他們調伏，使他們都去度眾生，是這個涵義，這是把他當成神，不是當成飛禽，而且這個神是大菩薩寄位，要這樣來理解。所有《華嚴經》這一百二十多種的異生類菩薩，八部鬼神眾，都可以做如是解釋。

「不可壞寶髻迦樓羅王，得普安住法界教化衆生解脫門。」「住法界」，住在什麼地方？我們不是講法界性嗎？若是在人間說，像釋迦牟尼佛所坐的菩提樹，我們認爲就印度那一個，其實不止了，有無窮無盡的菩提樹。所以像這個，他偏坐一切覺樹，就是徧坐一切菩提樹，這樣住法界。我們可以這樣理解：在一微塵裡頭，有無窮無盡的三千大千世界，每一世界裡頭都有個小世界，每個小世界裡頭都有個菩提樹，都有個金剛座。「徧」字的涵義是這樣，但是你得一層一層地這樣解釋、這樣理解。

「清淨速疾迦樓羅王，得普成就波羅蜜精進力解脫門。」六度的精進度，往昔修因的時候，專門修精進度，修精進得成就了。因爲他精進，精進就含速疾的意思，清淨速疾。

「不退心莊嚴迦樓羅王，得勇猛力入如來境界解脫門。」勇猛力是精進勇猛不懈怠，能以這個入如來境界的解脫。「境界」跟前頭法界一樣的，是無境界的境界，無境界的境界是怎麼講呢？意念性具當中，假以不可思議則得入，凡是可思可議的入不進去。

「大海處攝持力迦樓羅王，得能竭衆生煩惱海解脫門。」這個在譯文當中脫落了。「大海處攝持力」，大海就是能竭衆生的煩惱海，竭衆生的煩惱海，就是攝持一切衆生。古時傳來的譯本沒有這一段，後來傳來的本子有，才又把它補上的。

「堅法淨光迦樓羅王，得成就無邊衆生差別智解脫門。」差別智，衆生是無量的、差別的，你必須得有差別智慧，才能夠利益種種的衆生，依他的根機對機說法，因爲他各有所好，成就的智也就多了，所以菩薩成就了差別智來度衆生。

「妙嚴冠髻迦樓羅王，得莊嚴佛法城解脫門。」城，我們看看過去古城，西安還存在著古城。大家知道長城吧？長城是什麼意思？防備匈奴的。那時候匈奴非常地厲害，從蒙古到新疆，靠西北那條線都是匈奴的境界。我們漢地在城內，長城以內的，就是我們漢人居住的，長城以外的都是匈奴居住的，修萬里長城是用來擋匈奴的。現在的每個城，是防強盜的、防盜賊的，城有防敵義。像我們一個寺廟修個圍牆，這也是個城，我們在城內得安靜，大家在裡頭能夠修養、安息，就是這個涵義。如果門開了呢？就是通達義、引攝義，這是城的涵義。現在新建的城市，城牆都拆了，敵人來了靠那個城是防不住的，城的作用沒有了。

現在我們講的這個城，是法，防非的法城。莊嚴的法城有三個意思，什麼呢？心城！心城就是性空。心城性空故，一切迷惑進不來了。防非止過，這個心具足了恆河沙的性功德，把我們的心防護好，就是養我們的性功德，城就代表了這個涵義。如果開門呢？八萬四千法門，度一切衆生，我們若入一門，都可以得成道。所以，莊嚴佛的法城，得了這麼個解脫門。

「普捷示現迦樓羅王，得成就不可壞平等力解脫門。」我們前頭講的法身，法身是無相的，無相是不可壞的，本體是眞如的，眞如是平等的，這就是我們講的佛性。佛性是平等沒有分別的，安住平等，這就是成就力。

「普觀海迦樓羅王，得了知一切衆生身而爲現形解脫門。」調伏衆生示現同類攝，就這麼句話。要調伏衆生得示現跟他是一類，你跟他不同類，你攝受不到他。

「龍音大目精迦樓羅王，得普入一切衆生歿生行智解脫門。」歿，就等於死、生，衆生歿此生彼，生死都由你所作的業，這叫什麼呢？這叫生死的智慧，了知生死，「普能入」就是對一切衆生的生、死都能了知。

爾時大速疾力迦樓羅王承佛威力。普觀一切迦樓羅眾。而說頌言。

以下這些「頌言」，先是讚歎佛，再說自證。佛的法門無量，功德無量。現在所舉的這些衆，每一種類都有十種，他們都各得一分，不是全部的，佛德無窮無盡，佛的法門無窮無盡，他們只證一法得一分，等他達到究竟了，他就全得了。大速疾力迦樓羅王，承佛的威神力、加持力，觀所有來的迦樓羅衆，說讚佛的偈頌，說每個迦樓羅王他們所得的。

佛眼廣大無邊際　普見十方諸國土

其中眾生不可量　現大神通悉調伏

大速疾力迦樓羅王他自己所證得的是什麼呢？無著無礙，什麼也不執著。普觀一切眾生，說一切法讓眾生得解脫。

佛神通力無所礙　徧坐十方覺樹下
演法如雲悉充滿　寶髻聽聞心不逆

這是不可壞寶髻迦樓羅王，得普安住法界教化眾生的解脫門。

佛於往昔修諸行　普淨廣大波羅蜜
供養一切諸如來　此速疾王深信解

清淨速疾迦樓羅王，他得到一個普成就波羅蜜精進力解脫門。

如來一一毛孔中　一念普現無邊行
如是難思佛境界　不退莊嚴悉明覩

不退心莊嚴迦樓羅王，他得入了佛的勇猛力如來境界，得這麼個解脫門。

佛行廣大不思議　一切眾生莫能測
導師功德智慧海　此執持王所行處

迦樓羅王到大海，以龍王爲食的，所以我們就拿大海來說。攝持力的迦樓羅王，他能竭海，把龍王抓出來吃。這是說他度眾生，能把眾生的煩惱海給竭盡，使眾生得解脫。〈疏鈔〉上說，第五句偈讚，在古疏本上沒有，他特別補說第五偈。

如來無量智慧光　能滅眾生癡惑網
一切世間咸救護　此是堅法所持說

堅法淨光迦樓羅王，他成就了無邊眾生的差別智慧解脫門。

法城廣大不可窮　其門種種無數量
如來處世大開闡　此妙冠髻能明入

妙嚴冠髻迦樓羅王，得了佛的莊嚴佛法城解脫門。

一切諸佛一法身　真如平等無分別

佛以此力常安住　普捷現王斯具演

普捷示現的迦樓羅王，他成就了不可壞，什麼不可壞呢？平等力不可壞，他得了這麼個解脫門。平等是不二的意思，一切都平等。我們跟諸佛都平等不二，這只是理，本具的性體是平等不二的，在事上呢？不是的。凡是說平等的，都是說理，不是說事，事若能夠會歸於理，那事也就平等了。在事沒會歸理之前，有差別相，是不平等的。這差別相就是平等智而起的妙觀察智，觀察種種的差別相，得這樣理解。

佛昔諸有攝眾生　普放光明徧世間
種種方便示調伏　此勝法門觀海悟

普觀海迦樓羅王，他了知一切眾生無窮無邊的無盡形類、形相，一個形相就是一個種類，大形相有大形相的種類，小形相有小形相的種類，還有很多我們肉眼看不見的。

佛觀一切諸國土　悉依業海而安住
普雨法雨於其中　龍音解脫能如是

龍音大目精迦樓羅王，他普入一切衆生歿此生彼、歿彼生此，種種交叉的生死，依著業海而安住。這是衆生生死的智，得到這麼個智慧。

迦樓羅王就如是解釋了，下頭是阿脩羅王。我們這裡講的都是鬼神，鬼神修道都能成，都能得度，說這些菩薩示現，一類一類的寄位。《華嚴經》是「雜華」，雜者是因非常之雜，種類非常之多，都能成佛。人道呢？所有菩薩，文殊、普賢、觀音，都是示現在人類成道，成道之後去度這些衆生。這是說這些衆生都有佛性，證明這麼個問題，不論哪一類衆生都有佛性，都能成佛，都示現爲大菩薩。

阿脩羅王十法

以下我們就講阿脩羅（或作「阿修羅」）。

大家可能知道阿脩羅，他特別的惡，跟夜叉是同等的。夜叉，我們前頭講了，阿脩羅還沒有講。阿脩羅跟夜叉、羅刹都是同類的，信不具，非常的兇惡。阿脩羅本來屬於鬼道的，但是也屬於天道的，定六道的時候，天道、人道、阿脩羅道、地獄、餓鬼、畜生，這是六道輪迴的阿脩羅道；但是有時候沒有，就只是五道，有的經上說五道衆生，沒有阿脩羅道，因爲阿脩羅偏於這五道。天有天的阿脩羅，人有人的阿脩羅，畜生有畜生的阿脩羅，地獄也有阿脩羅，到地獄那兒受罪，他還跟別的受罪分子不同。有的時候也指以戰鬥爲事的一類鬼類。

阿脩羅又作「阿素羅」、「阿須羅」、「阿素洛」、「阿索羅」、「阿須倫」，意譯為「非天、不端正、無善戲、非同類」。阿脩羅是印度古來諸惡神之一，常與帝釋天率領的天族對抗作戰。在六道之中，除他自己本道外，每一道中都有一種特別惡的，也管他叫阿脩羅。他的業因是什麼呢？他有三種最大的過患：瞋恨心特別重、懷疑心特別重、我慢心特別重。

阿脩羅王大致就這麼介紹，但是菩薩要化身度阿脩羅，必須得十地以上的菩薩，才能攝受他。

復次羅睺阿脩羅王。得現為大會尊勝主解脫門。毗摩質多羅阿脩羅王。得示現無量劫解脫門。巧幻術阿脩羅王。得消滅一切眾生苦令清淨解脫門。大眷屬阿脩羅王。得修一切苦行自莊嚴解脫門。婆稚阿脩羅王。得震動十方無邊境界解脫門。徧照阿脩羅王。得種種方便安立一切眾生解脫門。堅固行妙莊嚴阿脩羅王。得普集不可壞善根淨諸染著解脫門。廣大因慧阿脩羅王。得大悲力無疑惑主解脫門。現勝德阿脩羅王。得普令見佛承事供養修諸善根解脫門。善音阿脩羅王。得普入一切趣決定平等行解脫門。

這十法就是十個阿修羅王，所謂的阿修羅也有很多福德，不是說他身形大了，而是他能夠跟天作戰，有天人之福，沒有天人之德。在諸惑中，主要是瞋恨心特別重，懷疑心特別重；懷疑正是對著信說的，疑就不是信，他也能夠常見佛，常見佛菩薩，但是他不信。

你看他活的那個歲數、時間，佛若住世的時候，以他的神通力，能遇見佛；但是他不信，這個不信就是慢，他認爲在世間上他就是第一了，非常我慢，我慢就是認爲自己高，高出別人。像這些大菩薩示現去做阿修羅王，目的是度阿修羅。我們說人難度，其實阿修羅更難度，那些大菩薩寄位來度阿修羅王，得發大心。

哪一類衆生最好度呢？人，最殊勝的是人，所以佛在人道成佛。《大藏經》裡沒說哪尊佛是在阿修羅道成佛的，沒有，諸佛成佛都在人道成，人道是最殊勝的。但是，人的報沒有阿修羅的厲害。以阿修羅的法力，你若是信佛者，他就要惱害你，如果他來惱害，你要仗佛力加持。我們所說他的法力，都是邪知邪見、邪覺觀，這是指阿修羅說的，不是現在我們所念的這些阿修羅，這些阿修羅都是大菩薩。阿修羅也護持佛法，他要培福，他在修福也在造業。他的身體那麼大，那些菩薩要度他的時候，得現報身佛，你說釋迦牟尼佛是丈六金身，他的身量好大？他的身量比須彌山大四倍，你說須彌山好大？須彌山上四邊就住著四大天王，阿修羅比這四大天王的力量還大，但是，他是邪神，邪不侵正，知道這個道理就好了。

「復次羅睺阿脩羅王，得現為大會尊勝主解脫門。」十個阿脩羅王，這是為首的。尊勝的涵義，尊是尊重，勝是超脫。這是顯示諸佛的威光，不是顯阿脩羅王。先舉諸佛。佛的威德、光明，泱被大眾，這個羅睺阿脩羅王，他得到佛的威光，也能像佛一樣，做一切眾生之主，這是十阿脩羅王的第一個阿脩羅王，他得到這種解脫門，解脫是無罣礙的意思，也是沒有障礙的意思。我們經常說解脫跟不解脫，解脫了就是心裡沒煩惱，自自在在、愉愉快快的，但不是一般的解脫，是尊勝解脫。

「毗摩質多羅阿脩羅王，得示現無量劫解脫門。」毗摩質多羅阿脩羅王，他示現無量劫解脫門。何謂示現無量劫呢？就是延促自在。時無定體，能於一念間具足無量劫，無量是不可計數的，一念是很短的，把無量劫攝於一念。我們不說無量劫，就說這個地球的成就，不過幾十億年。我們經常說炎黃子孫，從我們的祖先以來也才五千年，或說加一倍吧！一萬年，加十倍呢？十萬年，再加個十倍也才一百萬年，還不到一劫。無量劫是說時間最長的，他能示現無量劫。看我們這一生，或者幾十歲，就算活一百歲，煩煩惱惱的不自在，解脫不了。他卻能把無量劫所有的事事物物，在這一剎那、一念間示現，一念間又把他演成無量劫。

我們現在看電視，很短的一個時間，把好多的事物都攝進來了，這就是延促的意思。如果是你喜歡的節目，坐那兒看一個小時、兩個小時，感覺好像很快就過去了，等你來聽經的時候，一個半小時，你聽不進去，其實也還沒到時間，你坐在那裡心裡毛焦火辣的，腿子也痛、心裡也煩惱。一點多鐘的時間，你可延長到三天、五天那麼長的時間，這是煩惱。

我們應當這樣來認識這個劫，例如做一件不高興的小事，當我們做不完的時候，會感覺時間很長的；但如果是你高興、喜歡做的事，做兩、三個鐘頭，還是一樣高高興興地做。看那小孩兒，不願意念書，翹課逃學到電動玩具室去，他可以在那兒玩兩三天不感覺時間長，這就是我們的心念啊！延是長，促是短，延促本來不一定，隨我們的心轉。一念能做很多事，很多時間做不了一念事。

因此在我們修道、出家學佛的時候，要有耐心是很不容易的。你在普壽寺住了三、五年或六、七年，乃至十年，你再回頭憶念一下，事情已經過去了，感覺時間又很短，但是在你的經歷當中，又感覺時間很長。這都要修觀的，什麼意思呢？很長的時間，你把它縮短。你回顧在這裡住了七年、八年、十年，現在坐這一想，好像很快就過去了。這是過去，未來也如是，人生百年好像做了很多的事，等你一死，什麼都沒有了，等你到成佛的時候，你把過去這一段的時間現前回憶，變成很短了，這叫延促自在。時間的長和短都是依你的心建立，就像剛才說的，你高興、願意做的，不感覺時間長，一切法都依心上立。毗摩質多阿脩羅王，他得到這種把無量劫攝爲一念，一念現無量劫的功德。

「巧幻術阿脩羅王，得消滅一切衆生苦令清淨解脫門。」怎樣才能消滅衆生苦？只有給他講佛法，講覺悟的方法，才能滅衆生苦。覺悟的法門有很多，因爲衆生的苦無量，苦不滅心裡清淨不了，苦滅了心裡就清淨了，要將苦還於清淨，需要多種法門入佛的境界，這一切佛所說的法門，是善巧方便。這個阿脩羅王像演幻術一樣的，他藉此種種善巧方便，消滅一切衆生的痛苦，令一切衆生得清淨。「以多法門入佛境界，則苦滅心淨，種種法門亦如幻也。」巧幻術阿脩羅王消滅一切衆生苦，令他得清淨，他說的什麼法門呢？入佛境界的法門。怎麼樣入佛境界呢？八萬四千法門都能入到佛境界。在這過程當中，若心裡清淨，心淨則一切皆淨，心淨了身也淨、國土也淨，依報、正報都清淨了。雖然演了種種法門，但是皆如夢幻泡影，他證得了這樣一個解脫門。

「大眷屬阿脩羅王，得修一切苦行自莊嚴解脫門。」在無量劫中，或者利益衆生，或者自己修很多苦行。如「尸毗救鴿子」、「薩埵投崖」，這是兩個佛經上的古老故事，佛示現行苦行來莊嚴他的果德。但是，要這樣做必須得有定、有智慧，才能以無量劫的勤苦，得到清淨的佛果位。

在很久很久以前，閻浮提有個國家叫尸毗，這是個大國家，統領八萬四千個小國。國都叫提婆底城。尸毗國王愛護人民，行仁慈的政治，他憐憫所統治下的八萬四千個國家的人民，他想要使這些人民都生活得快樂。當時，三十三天主，就是我們所說的玉皇大帝、帝釋天天主，他非常的傷感。

他說現在在人間，佛法已漸漸消滅了，看不見有發菩提心、行菩薩道的人出現，因此悶悶不樂的，非常不愉快。他有個大臣，叫毗首天子，安慰他說：「大王！你不要煩惱，事實並不是這樣的，我聽說閻浮提尸毗國王的意志很堅強，他奉行佛道，勇猛精進行菩薩道，這個尸毗國王將來一定能成佛的。」他向帝釋天主說了，帝釋天主不大相信。帝釋天主說：「我們去考驗考驗他吧！」

怎麼考驗呢？於是帝釋天天主化作一隻兇猛的老鷹，毗首天子化隻小鴿子。鴿子在前面飛，老鷹就在後頭攆，那鴿子飛到了尸毗王跟前，求他掩護牠，於是尸毗王把這鴿子用衣服掩護起來。這時老鷹也飛到尸毗王面前了，他不是說鷹話，他用人的語言說：「我現在餓得不得了，飛了這半天了，也沒找到食物，剛找著這隻鴿子來給我作食物，你又把牠保護起來，快快把牠還給我吧！」尸毗王跟這隻化的老鷹說：「我曾經發過願，要救度一切眾生。鴿子是個眾生，現在這鴿子求我保護牠，庇護、照顧牠，我怎麼能把牠給你，讓你吃掉牠呢？」老鷹說：「大王，假使你度牠、救牠的話，那你把我的飲食給斷了，我豈不是要餓死嗎？」尸毗王說：「那這樣好了，我給你別的肉吃，可以不可以？」老鷹說：「你給我別的肉？我要吃鮮的，就是剛殺且還滴嗒著血的肉，溫暖的，不能涼了。」於是，尸毗王就取來一把快刀，在自己的大腿上割了塊肉給牠，來換取哺鴿的生命。

這老鷹又說了，「大王，你若想仁慈救護眾生，那你應當對一切眾生都平等，都應當救護。你希望拿這塊肉代替鴿子的生命，那你割下來的肉，必須得跟鴿子一般重，你看你割下來的肉跟鴿子是不是一樣重呢？」國王拿了秤，讓鴿子站一邊，國王割下的肉放一邊，可是國王割下的肉總是輕的，怎麼也沒有鴿子的重。後來，尸毗王沒辦法，就整個人跳到秤上去，讓他跟鴿子的肉平等，他用他的生命來換取這隻鴿子的生命。就在捨身救這鴿子的時候，他心裡非常的歡悅。這尸毗王是誰呢？佛說：「尸毗王者，我身是也。」這個故事是講釋迦牟尼佛在因地時候，是這樣的來救護衆生，行菩薩道的。

「薩埵投崖」呢？這也是佛講他的前生。佛過去是一個國王的三太子，名字叫薩埵。有一天，國王的三位太子到山上去遊玩。他們看見一隻母老虎，領了幾隻剛生下來的小老虎。小老虎太小還不能去找飲食，要吃母老虎的奶，母老虎餓得不得了，沒有奶供應牠這三隻小老虎。三太子薩埵看見這種情況，非常不忍，他心裡發起慈悲心，決定以他的身體來供給這老虎。他就撒了個謊，把他兩個哥哥支走了。然後就把他的衣服脫下來，自己躺到老虎跟前。老虎這時連口都張不開，怎麼還能吃肉呢？沒法啖飲食了。薩埵太子就爬上山去，從山上跳下來，把他身體摔壞流血，這頭餓老虎得到血，張開嘴就把他吃掉了。他這兩個哥哥，隔了很久沒見到三弟回來，就回來找他，看到他們的弟弟已經被老虎吃完了，這就是釋迦牟尼佛的前生。

捨身飼虎、投肉供養鴿子，這是說行菩薩道的。像現在這個末法的時候，我們有些道友也效仿。在菩薩戒、菩薩經論裡頭講，要燃身供佛、捨身供佛，我們受戒燃頂、燃身，或有的道友燃臂、燃指，就是這麼樣來的。滿清末年、民國初年，天童寺的寄禪老和尚，他就燃了兩個指頭，叫「八指頭陀寄禪老和尚」。那時候，國民黨北伐成功了，建立南京政府。南京政府很窮，內政部長薛篤弼就出了個主意，他說和尚很有錢，寺廟裡土地多錢也多，把和尚的財產、廟產都沒收，來辦學校。動員和尚把錢全捐獻出來，給國家辦學校。

那時候寄禪老和尚，就跟政府打官司，還有，太虛法師、上海圓瑛老法師等一些老和尚就跟政府爭。後來怎麼辦呢？我們自己辦學校吧！僧人佛學院就從此開始了。第一個辦的是太虛法師，武昌佛學院。各個寺廟都有個僧侶小學或者僧侶中學。事實上各個寺廟辦了辦就沒辦了，反正，錢是不捐、土地是不給了。老和尚在南方爭執完了，到北京來又是爭，一個南京政府，一個北京政府。

那時候我記得我們老和尚寫的一個對子，「南政府，北政府，政府何分南北，總而言之，統而言之，總統不是東西」。政府是南北，總統可不是東西，大家一聽就知道這暗裡頭含著罵人的話，但是你說不出來他的錯誤。對啊！南政府、北政府，政府就是一個，怎麼還分南北？總而言之，統而言之，總統是個人，不是東西。後來，寄禪老和尚死在北京法源寺，也就是現在北京佛學院所在地。

我在那兒教書的時候，從爛木頭堆裡，發現寄禪老和尚的〈八指頭陀詩〉，是刻印用的木版。大家可以看看〈八指頭陀詩〉，佛經流通處有流通的。他是燃了兩個指頭。後來我在鼓山看見虛雲老和尚，也是燃兩個指，他們的願力大、發心大。出家人過去在南方受戒要燃頂，這代表供佛的意思。說菩薩不捨身供佛不是菩薩，就是根據這個來的。有些師父們燃臂，有些師父們在背上燃香，有的燃一掛念珠，一百零八個，有的燃兩掛念珠，有的燃到三掛念珠。這些雖然不能全身供養，但他用他身體的肢節分來供養，學習菩薩行，行菩薩道，這叫什麼呢？這叫內施，內施就是用身體髮膚供佛。

不曉得諸位比丘尼師父落髮的時候，師父有沒有告訴你，落髮供佛。女人的頭髮是很重的哪！當落髮的時候，你心裡想：「我落髮供佛。」這是你身體的一部分，跟「拔根汗毛表寸心」可不一樣的。這是眞心供佛，不是表寸心，是學習佛。我們上邊的壽寧寺，那是北魏太子捨身供佛的地方。在《藥師經》裡頭，藥王菩薩就捨身供佛，那含有很多意思。怎麼樣燃身供佛呢？身上拿白布纏上，白布拿油泡了，泡完了纏，纏完了燒。這都是供養的意思，怎麼供養呢？拿生命供養眾生，行菩薩道。像這種供養力，來生他能得到神通。這個神通叫什麼？大幻的通力。

對一切眾生，我們說佛是大雄大力大慈悲，阿脩羅王也能有這種力量，這是形容阿脩羅王得到這種功力了。大眷屬阿脩羅王，他以修一切苦行來自莊嚴，無量劫以來就這麼修因、修苦。這種苦行也屬於布施，有形有相的布施，但是布施以法供養爲重，大家讀〈普賢行願品〉就知道，法供養爲最。或者你用修行供養，用淨心供養，用聞法供養，這個供養比那個供養更重。法供養能使衆生心開悟解，你給老虎肉吃，你只救牠生命，是一時的。法供養呢？給他說法，讓他悟解，那就是永久的了。這意思就是布施衆生，使衆生永遠沒有怖畏，這是一個方便法門而已。或者是用種種的權巧方便，能夠使衆生安穩，使衆生歡樂。

但是究竟說呢？要讓他們開佛的智慧，悟解佛的道理，這樣才是眞實的。或者是萬善順理，行一切善事，把這個善事都歸到理體上。善事是事，回歸理體是回歸到性體，這就能得解脫。用悲，悲必須入般若智，悲智雙運，讓一切衆生得大利益，心開悟解。或者供事修善，供事修善的方便，我們不是經常上供嗎？供養衆生？菩薩行菩薩道得普入一切衆生處，普入衆生處是現時，還有過去、未來，這都是菩薩行菩薩道所做的因，感得的果呢？就是成就佛果。

爾時羅睺阿脩羅王承佛威力。普觀一切阿脩羅衆而說頌言。

十方所有廣大衆　佛在其中最殊特
光明徧照等虛空　普現一切衆生前
百千萬劫諸佛土　一剎那中悉明現

舒光化物靡不周　如是毗摩深讚喜
如來境界無與等　種種法門常利益
眾生有苦皆令滅　苦末羅王此能見
無量劫中修苦行　利益眾生淨世間
由是牟尼智普成　大眷屬王斯見佛
無礙無等大神通　徧動十方一切剎
不使眾生有驚怖　大力於此能明了
佛出於世救眾生　一切智道咸開示
悉令捨苦得安樂　此義徧照所弘闡
世間所有眾福海　佛力能生普令淨
佛能開示解脫處　堅行莊嚴入此門

堅固修行妙莊嚴阿脩羅王，他得了普集一切不可壞善根淨諸染，一切染法都清淨，得這麼個解脫門。

佛大悲身無與等　周行無礙悉令見
猶如影像現世間　因慧能宣此功德

這是廣大因慧阿脩羅王，每一個偈頌就是一個阿脩羅王。

希有無等大神通　處處現身充法界
各在菩提樹下坐　此義勝德能宣說
如來往修三世行　諸趣輪迴靡不經
脫眾生苦無有餘　此妙音王所稱讚

善音阿脩羅王他在一切眾生中，不論是哪一趣，畜生道也好，人道也好，阿脩羅道也好，他都能夠平等普徧地去度。我們說一趣，一趣就包括很多很多。畜生道就包括飛禽走獸，身體大的、身體小的。人道也包括黑種人、白種人、黃種人、紅種人，大家可能沒見過紅種人，紅種人就是美國的原住民，不過現在很少很少了。白種人，大家知道，黃種人大家也知道，黑種人是非洲的，大家也能知道，也能看見。但是花種人，我們還沒見著，他的名字叫花苗，他們的臉面、身體還是不花的。不過現在有些人在身上紋身，現在他就變成花人了，現在也有人在臉上紋。

所以說一切眾生，只要是眾生就是一切諸法所合成的，我們也是一切諸法而合成的。我們這身體就光是地、水、火、風嗎？包括很多哪！我們有形的，都屬於地大，包括身體、頭髮、牙齒、眼、耳、鼻，這都是身體。種種的一切趣平等、平等，這些阿脩羅王都是大菩薩、地上的菩薩，所以他能平等利益眾生。

每個偈頌裡頭所含的意思是相通的，十個阿脩羅王所證得的、所行的道，是相通的，個別表現特別突出的，其實他們都具足一切行門。

◎諸神眾

主晝神十法

以下講十九眾，全是什麼神呢？主晝神、主夜神。善財童子在普賢的毛孔中就參這些神，這是入法界。主晝神、主夜神，白天有白天的神，黑夜有黑夜的神，空有空神，空還有人管嗎？空也有神管！這裡的空不是那個空，這是形容化現說的。這些都是我們意念想不到的，過去見到過的，你一轉身都忘了。以下是十個主晝神。

復次示現宮殿主晝神。得普入一切世間解脫門。發起慧香主晝神。得普觀察一切眾生皆利益令歡喜滿足解脫門。樂勝莊嚴主晝神。得能放無邊可愛樂法光明解脫門。華香妙光主晝神。得開發無邊眾生清淨信解心解脫門。普集妙藥主晝神。得積集莊嚴普光明力解脫門。樂作喜目主晝神。得普開悟一切苦樂眾生皆令得法樂解脫門。觀方普現主晝神。得十方法界差別身解脫門。大悲威力主晝神。得救護一切眾生令安樂解脫門。善根光照主晝神。得普生喜足功德力解脫門。妙華瓔珞主晝神。得聲稱普聞眾生見者皆獲益解脫門。

這十個主晝神。從名義上講就是管理白天的，這可不是像我們當班一樣，說白天十二個小時，夜間十二個小時，他是白天也當班、夜間也當班。

第一位主晝神，叫示現宮殿主晝神，普入一切世間。怎麼叫普入一切世間呢？他的智慧能瞭解一切眾生心，從空入色，色即是空，空入於色就是色法，示現宮殿就是色法。他的智慧能瞭解一切眾生的心願，他的身體放種種光明，他的身體是什麼樣子呢？就像太陽跟空相合成一個似的，他的身徧一切處，不止正報還徧於依報，就像那個相在鏡子裡一樣。

世間主的力量能使此身的性體跟世間平等平等，這是他能觀的觀、所觀的機，所以能普入一切眾生機，這普入的世間是正報的有情和依報的所依；眾生得有個住處，所以他普現宮殿讓眾生住，但是都得有緣。我們住的還是自己的房子，得花錢買或自己蓋，這是意念的，是他修得的。他的智慧瞭解一切眾生心，但是眾生也是不存在的，是空的，這是性體上說，從性體而入一切色相，眾生造了什麼業就有什麼相；但是這個相是假的，所造的業是空的，這都是光明義，空是比喻光明的意思。光明在世間能攝受一切世間眾生，這就是法跟相結合。

學佛就有佛的智慧，佛的智慧爲能入，能入什麼呢？能入眾生的心，眾生所思念的、所有的一切動作，這是所入的。入是通達、到達的意思，佛的心能入一切眾生、到達眾生。經上說：「佛智廣大同虛空，普徧一切眾生心，悉了世間諸妄想，不起種種異分別」，這是佛智，也就是智了物心。〈如來出現品〉說「譬如虛空，徧至一切色非色處」，因爲空才能徧，不是空、有障礙就徧不到的。太陽光無分別的、平等徧照，我們現在蓋了這麼一個法堂，太陽就沒辦法照入了。佛智是普徧的，讓一切眾生都得到利益，但眾生的業障障住了，見不到佛光。

〈疏鈔〉上解釋這些光，取其光明義，空就是所入，光明就是法，光明跟虛空都是智慧、通達、能入，身上的光照一切世間，這是照事，智慧光是照理也照事，太陽光只能照事，不能照理，理因爲無相，無相故照不到。他說，有三種入，一者光入，一者智入，三者身入；但言無不入，不壞身相故，就像相在鏡子裡面一樣，相在鏡子裡面只是形相，也不壞相的本體，也不壞相的攝入。我們在依報當中，在塵世剎土當中見佛，佛就是覺，覺就是心。這主晝神能攝一切眾生身，因爲眾生身的性體，等徧世間，智身、色身都是世間。這個怎麼解釋呢？智性跟色身的身性，心即是身，身即是心，身心相即，智光能照色，色能被智光所收，智性、色性就是一個性，是這樣的意思。佛這樣來度一切眾生，觀一切眾生的機，所以叫普徧。佛智是沒有分別的，但是得有緣，隨緣得度。

「發起慧香主晝神，得普觀察一切眾生皆利益令歡喜滿足解脫門。」慧香就是智慧的香氣。

「樂勝莊嚴主晝神，得能放無邊可愛樂法光明解脫門。」樂從因上說，求就是希望得到；從果上說，得到樂就是歡喜，歡喜就是快樂。這個主晝神能夠像佛一樣，放出令一切眾生生喜歡的光明，這光明本身就是法，得遇到這個光明，就像聞法一樣生起歡喜。

「華香妙光主晝神，得開發無邊眾生清淨信解心解脫門。」清淨信解心，我們有信也有解，但是沒有達到清淨。怎麼樣才達到清淨呢？沒有煩惱，有煩惱就是不清淨。如果你感覺到沒煩惱了，那是一時清淨，斷了煩惱是常時清淨。我們有時候起煩惱，你的心裡知道起煩惱，自己能把煩惱降伏了，降伏的時候清淨，起煩惱的時候就不清淨了，是這個涵義。華香妙光主晝神，他開發令無邊眾生都能夠生清淨的信解心，這是清淨信解。我們的信裡頭夾雜很多不清淨，解是了解的意思。對於佛經，對於佛講述的道理，我們信了之後要瞭解；但是在信、在瞭解當中，摻雜有些不清淨的成分。那麼這個華香妙光主晝神，能開發眾生清淨的信解心，他用法雨來滋潤眾生，令眾生對於眞如實際理地心開意解，善根還沒有成長，還沒有發芽的，讓他生長、讓他發芽。

「普集妙藥主晝神，得積集莊嚴普光明力解脫門。」「普光明力」是什麼樣子呢？是什麼法都能明了，都能夠悟入，那就叫普光明力。智慧顯現了還得有力用，也就是說悟得了還得行，證得了才有力量，沒證得光明白，效果不大的。必須給人家解說自己所證得的，產生力量了，力量就是作用。這不是一生、兩生能夠達到的，要曠劫修集，經過長時間的修行才能成就智莊嚴，然後自己產生力量，光明就是智慧，產生力量才能得到解脫。

「樂作喜目主晝神，得普開悟一切苦樂衆生皆令得法樂解脫門。」樂作喜目主晝神得到一種法門，普開悟一切苦樂衆生，都令他們得到法樂，苦沒有了。在衆生來說苦多樂少，他能讓一切衆生開悟，讓他得到法的快樂，那苦就沒有了。法能解脫一切苦難，得到這個解脫門。世間的樂都是苦，樂是苦因，讓衆生明白這種道理。若見理上的法樂，法樂是沒苦的，但是這必須得登地的菩薩。眞正見到眞理了，覺悟、明心了，覺悟明心還要證得，不是光明白就行。說明白，我們現在都明白，明白我們這個妄心不是我們的眞心，明白我們自己本具的跟毗盧遮那佛無二無別的，那是我們的眞心。樂作喜目主晝神他能夠普徧地開悟一切苦樂參半的衆生，都讓他得到法樂，再沒有苦了，但是這是方便開示，只有證得悟入出世間法的登地菩薩，才得法理上的快樂。

「觀方普現主晝神，得十方法界差別身解脫門。」如來的身像雲彩一樣，你說雲彩是有還是沒有？如來的法身，「體」說有不可以，因爲不是有相的，說無也不可以，因爲法身是眞性的實體，不是空無的，這是約佛來說。約一切衆生來說，那就差別太多了，其實我們現在這個色身，你說它是有是無？說無的話，現在受苦受樂正受著呢！你說他有，他隨時死亡了，但是他的法身是常在的。約衆生的機說，是徧於十方的，但是在作業當中，這個業是空的，似有，似有不是有，不是眞實的，業的性不是有。是不是空的呢？他現在受報，是不空的。

約佛就不同了，佛是稱理的，是以一眞法界爲身，你說佛的法身是有？是無？佛是隨緣示現，這個隨緣不是有。法身是空的，眞性的理體能隨一切衆生緣，他是眞實不虛的，所以眞法界不可謂之有，不可謂之無，隨緣非有的法身是隨衆生緣的，但他又不異於事相，又能夠顯現。

釋迦牟尼佛在印度降生，這是有，他入滅了，好像這段故事又沒有了，如是來理解這個道理。這個是無差別智的差別，佛示現度衆生是隨衆生的緣，二乘聲聞、菩薩、十善衆生，乃至十善業都沒有圓滿的，能夠度他生極樂世界，到那裡再去修行、再進修，這叫做方便。到十方法界示現一切身，這就叫差別身。佛的身像雲一樣，說有不可以，說無也不可以；說一不可以，說多也不可以。說空不可謂之無，稱眞法界不可謂之有。這是隨緣非有的法身，不異事相而又顯現度一切衆生，這個道理就是使一切衆生都能悟得進入。

「大悲威力主晝神，得救護一切衆生令安樂解脫門。」一切衆生都在危難當中，得到安樂當然就不苦了，也是離苦得樂的意思。不安就是危險，令他安，那就得度了。

「善根光照主晝神，得普生喜足功德力解脫門。」衆生爲什麼被無明癡暗所遮住？欲望太多了，若斷了欲就不會在長夜中流轉了。這要靠什麼呢？靠法，以佛的教授方法使他明白，使他歡喜，使他有智慧，這就能讓他離苦得樂。

「妙華瓔珞主晝神，得聲稱普聞衆生見者皆獲益解脫門。」怎麼能夠聲稱普聞？你得有德。覺悟後有了德行，他所作所行的都是積德的事，這叫德行。有德的人，不但當時的人都聞知他的名字，未來無量生也都知道他的名字。釋迦牟尼佛、毗盧遮那佛，我們都知道他們的名字，這是他們的德。釋迦牟尼佛介紹阿彌陀佛，阿彌陀佛在極樂世界不也介紹釋迦牟尼嗎？佛佛都如是。《彌陀經》說，十方諸佛都讚歎釋迦牟尼佛能在五濁惡世行佛道，不可思議，這叫名稱普聞。福德智慧高於一切，衆生聞者都能得到實際的利益，聞名得益。

爾時示現宮殿主晝神承佛威力。普觀一切主晝神衆。而說頌言。

佛智如空無有盡　光明照曜徧十方

眾生心行悉了知　一切世間無不入

這就叫普入世間的解脫門，示現宮殿神所得到的。

知諸眾生心所樂　如應為說眾法海
句義廣大各不同　具足慧神能悉見

語言字句裡頭所含的義太多了，各各都不同，看對哪個機說的，具足慧神他都能了知，普觀一切眾生都令他得利益，讓他歡喜。

佛放光明照世間　見聞歡喜不唐捐
示其深廣寂滅處　此樂莊嚴心悟解

樂勝莊嚴主晝神，他得到無邊可愛樂法光明解脫門。他能放出無邊的光明，都是可愛樂的，這個光明是法光明。

佛雨法雨無邊量　能令見者大歡喜
最勝善根從此生　如是妙光心所悟

華香妙光主晝神，他開發一切眾生生清淨信解心，他得到這麼一個解脫門，能開發眾生的清淨信心。

普入法門開悟力　曠劫修治悉清淨
如是皆為攝眾生　此妙藥神之所了

普集妙藥主晝神，得積集莊嚴普光明力解脫門。妙藥，藥是治眾生病的，眾生有種種的貪欲、種種的病，要用法藥來醫治，用光明的力量來醫治他，得這樣來理解。

種種方便化羣生　若見若聞咸受益
皆令踊躍大歡喜　妙眼晝神如是見

樂作喜目主晝神，他得了普開悟一切苦樂眾生，都令他們得到法樂的解脫門。

十力應現徧世間　十方法界悉無餘
體性非無亦非有　此觀方神之所入

這個主晝神觀方普現，就是觀十方法界的差別身，差別身不同，給他說的法也不同。

眾生流轉險難中　如來哀愍出世間
悉令除滅一切苦　此解脫門悲力住

大悲威力主晝神，他得到救護一切衆生令安樂的解脫門。這個神的名字，大悲威力。衆生在流轉險難之中，他的悲心能像佛一樣的哀愍，令衆生除掉這些苦。

眾生暗覆淪永夕　佛為說法大開曉
皆使得樂除眾苦　大善光神入此門

善根光照主晝神，他得一個令衆生都喜歡、都圓滿的功德力解脫門。

如來福量同虛空　世間眾福悉從生
凡有所作無空過　如是解脫華瓔得

妙華瓔珞主晝神，他得到什麼呢？聲稱普聞，衆生見者皆獲益。見者獲益，聞名也獲益。聲稱普聞，聽聞他的聲音衆生就得到利益。

這是十個主晝神，以下講主夜神。有晝就有夜，有白天就有黑夜。這都是善財童子所參學的善友，都是十地菩薩，見解深廣，彌顯衆海，法門難思。

主夜神十法

復次普德淨光主夜神。得寂靜禪定樂大勇健解脫門。喜眼觀世主夜神。得廣大清淨可愛樂功德相解脫門。護世精氣主夜神。得普現世間調伏眾生解脫門。寂靜海音主夜神。得積集廣大歡喜心解脫門。普現吉祥主夜神。得甚深自在悅意言音解脫門。普發樹華主夜神。得光明滿足廣大歡喜藏解脫門。平等護育主夜神。得開悟眾生令成熟善根解脫門。遊戲快樂主夜神。得救護眾生無邊慈解脫門。諸根常喜主夜神。得普現莊嚴大悲門解脫門。示現淨福主夜神。得普使一切眾生所樂滿足解脫門。

有十個主晝神就有十個主夜神，這十法是十個主夜神。「普德淨光主夜神，得寂靜禪定樂大勇健解脫門。」這是善財童子離垢地的善友，他得的法門是寂靜禪定樂普游步。普遊步是大勇健的意思，游步是走，身體勇健。大勇健是約法來說的，

「寂靜禪定」是定體，禪定是靜慮。得到定體，得到法樂，住於法，以法爲樂故名爲樂。大勇健游步，「大勇健」是定用，健是身體健康，勇者無畏。見佛清淨遊戲神通所以叫勇健，亦名游步。勇健廣大就稱普德，無惑智俱，可謂淨光。大勇健步比喻他在利生的時候，勇猛健壯無有畏懼，因爲他得到定體，定體所起的妙用利益衆生，沒有惑染全是具足智慧的，跟智相合，所以就叫淨光，普德淨光。

「喜眼觀世主夜神，得廣大清淨可愛樂功德相解脫門。」前頭是離垢地，這是發光地的善友。這個主夜神他有大勢力，得到普喜幢，「普喜幢」就是把一切煩惱都摧伏、解脫了，解脫本身就是德，叫解脫德。周偏化度一切衆生，這叫有大勢力，是廣大的意思。約身、約心都沒有惑染，都清淨了，所以普喜，誰見他都生歡喜。大悲心所積聚的德相，這是幢的意思。廣大清淨可愛樂，所以叫喜目觀察衆生。這個主夜神叫「喜眼觀世」，夜間本來是黑暗的，他的眼能放光明觀一切世間，使黑暗變成光明，爲什麼呢？垢染除淨，就光明了。

「護世精氣主夜神，得普現世間調伏衆生解脫門。」這是燄慧地的善友。護世精氣，也就是救度衆生。夜間，衆生容易失掉精氣，這都是主夜神顯他法門的不思議。有感必現前，你若感，他一定令你清淨，並不是說念這個護世精氣主夜神的名號，不是這樣子的，而是說你念三寶。因爲《華嚴經》裡的護法神衆，都是地上的菩薩、燄慧地的菩薩。

「寂靜海音主夜神，得積集廣大歡喜心解脫門。」寂靜海音，這是難勝地的善友，他念念都出生廣大歡喜。我們念念念阿彌陀佛，念多了就有了力量了，積集所有念佛的力量。因爲見佛利生，你念佛得到利益，心裡生大歡喜。我們見著佛像，或者我們念一聲阿彌陀佛，見的時候是自己見，念的時候是自己念，聞的是自己的聲音，見聞都是自己。見佛修的是歡喜因，你得到快樂，這快樂就是莊嚴，以莊嚴來嚴你的快樂，就是果。

「普現吉祥主夜神，得甚深自在悅意言音解脫門。」這是現前地的善友，「甚深自在悅意」這含有兩種意義，一者吉祥，二者守護，在〈入法界品〉中就作守護義解，如果是以義來會，說是能增長威力。普現吉祥，在這甚深自在的妙音解脫當中，當然吉祥，而且是妙吉祥。這個妙吉祥不作文殊師利菩薩解釋，每個菩薩都有這個意思。說世間的妙音，使你悅意，這就是妙音。甚深自在，在寂靜當中智慧自在。普現吉祥主夜神，在一切事，現的都是吉祥的。

「普發樹華主夜神，得光明滿足廣大歡喜藏解脫門。」這是遠行地的菩薩，遠行地是第七地的菩薩，從初地歡喜地到遠行地，一地一地的修，好像走路走了很遠很遠，到現在因將要成就了，所以說普發一切樹花。普發就是出生廣大歡喜光明，菩薩無量歡喜知足的光明。知足就是滿足，說是能知如來善巧方便智。大福德威光就是光明，用佛的福德智慧滿足一切衆生心，這含藏無窮無盡的歡喜。藏者，是含著歡喜的意思。

「平等護育主夜神，得開悟眾生令成熟善根解脫門。」這是善財童子不動地的善友，他以大願精進力來救護一切眾生，這個法門就是教化眾生令生善根，教化眾生令他開悟，教化眾生令他成熟，或者現神通，或者給他示現吉相，調伏一切善根，令無分別的生長，是精進大願故，所以平等護育。

「遊戲快樂主夜神，得救護眾生無邊慈解脫門。」恆徧救護，念念修行，這是無邊慈。悲是拔眾生的痛苦，慈是給眾生快樂，這就是無邊慈。眾生的痛苦是無邊的，他這個慈力也無邊，因此叫遊戲快樂。他度眾生不著眾生相，我們想要幫助別人，而他又不接受你的幫助，用盡好多心思，結果你在幫助別人的時候，反而自己生煩惱。我們有沒有這種情況？有時幫助別的道友，結果自己生煩惱，為什麼呢？因為人家不聽、不受你的幫助，乃至於再說幾句不好聽的話，你聽到就生起煩惱。因爲我們的慈悲沒到位，還沒有念念久修啊！我們也不是常幫助人，我們幫助人是遇著因緣，偶爾的幫助幫助別人，並不是眞心、全心全意的，像這些大菩薩則是全心全意的幫助一切眾生。

這個主夜神是遊戲快樂，大家都很歡迎他，我們就想又遊戲又快樂。他這遊戲快樂不是輕易得到的，因爲修行的時候念念都不放逸。修什麼呢？修慈，慈是給予眾生快樂。快樂再加遊戲，這個遊戲不是像我們的遊戲，我們遊戲有時候是造業的，他這個遊戲是利益眾生的。遊戲三昧不容易，善財童子他遇見的善友是歡喜地的善友。前頭我們都講到遠行地、不動地，怎麼又回來說歡喜地呢？這裡說是與歡喜地相似，這些能夠給眾生快樂，無邊的大慈，恐怕都是等覺位的菩薩。

能「救護眾生無邊慈」，這個慈是給眾生的，不是一般性的快樂，尤其能夠普偏的救護眾生。他得到這個解脫門之後，能夠使一切眾生常時歡喜，歡喜就是慈悲的表現。

前講慈，後講悲，慈悲兩個是連繫的，「普現莊嚴大悲」，大慈大悲兩個應該聯合起來，遊戲快樂主夜神得救護眾生無邊慈，諸根常喜主夜神是普現莊嚴大悲，慈和悲，一個是與樂，一個是拔苦，與樂拔苦。我們一般的眾生，到了夜間都休息了，而這些主夜神所示現的慈悲，就是在你休息當中，使你的心也不忘失三寶，而念三寶的時候就能得到快樂，得到離苦。把這兩個主夜神合起來說，這樣子所得到的是什麼呢？得到離苦得樂。可是眾生的貪瞋癡三毒，把所有一切功德、福德智慧都壞了。「諸根常喜」，諸根總說是六根，這個主夜神，他也能夠令一切眾生離三毒，常時歡喜。

以下有一個佛的故事，講「石室留影，毒龍心革」，說毒龍發起善心，把惡心變成善心了。在《觀佛三昧海經》裡，有很長一段故事講佛度毒龍。佛告訴阿難說，如來曾經到過一個地方，叫那乾訶羅國，這國土有一個山，是古來仙人修道的地方。在這裡有個薝蔔華林，林內有個毒龍池，那個池塘是毒龍居住的。離毒龍池不遠有個青蓮華泉，青蓮華泉就是羅剎穴，是羅剎休止的地方，這個地方在阿那斯山的南邊。這個穴洞中有五個羅剎，羅剎有神通會變化，變化成龍女與毒龍通。這個羅剎跟毒龍結合起來，這個國土就不愉快了。隨時降冰雹，隨時殘害人類，所以饑饉瘟疫就在這個國土流行開了。

國王非常恐怖，到各個神廟祈禱，但是效果不大，情況環境沒有什麼改變。這時候有一個梵志，修清淨行的一個修行人，就對國王說：「你應該求佛，佛的功德不可思議！可以使我們國家災難免除。」這位國王聽了這個修道者的話，但他不知道佛在哪，因此就在宮裡自己燒香，「焚香遙請如來」，就這樣燒香、供養、禱告，請如來來救這個國土。佛的神力遙知了，佛有神通智慧，國王這一求，佛就應了。如來受那乾訶羅王的請，廣現神變降伏羅剎和毒龍。

這個羅剎和毒龍，在佛的神變當中，受佛的教化得度了。得度之後龍王就請佛常住他這個龍窟裡，唯願如來，常住此間，說佛若是不在，我惡心就又發起來了，也就是說自己降伏不了自己的惡心。佛就應他的請，不離龍窟，不離龍王的洞穴。但是，國王也請佛說法呀！佛又受國王的請，入城去教化這個國土的人民，因為這個城，是佛在往昔行菩薩道的時候，常教化的眾生。這些龍見佛入城去，他們就隨著佛到城裡聞法。佛若常住城裡，就不會住龍洞了。因此，他就啼哭流淚地向佛請求，說：「請佛常住到我這裡頭，如果佛捨了我，我又要作惡事，一作惡事就墮惡道啊！」不止毒龍了，每個眾生若離開三寶，善念就保不住了，離開三寶，惡心就起了，什麼貪瞋癡、五欲煩惱都來了，都如是。

佛就安慰他說：「我受你的請了，常在你的洞中，在你的窟裡坐，我坐一五〇〇年，可以了吧？」於是，佛就把身體踊入石中，這石頭就變成像明鏡一樣，能見人的面，諸龍都見到佛在石頭裡頭。佛雖住在石裡頭，但他的影像可現在外邊。這時諸龍就歡喜了，常見佛面，常見佛日。佛結跏趺坐在石壁當中，眾生見的時候，從遠處看得很清淨，相貌很莊嚴、很清淨，但是近處看不見了，「遠望則見，近則不見」。這個時候，諸天都來供養佛，雖然是影子，但是因為有人供養，所以佛也就給他們說法，這是影像說法，無有障礙。

這時大梵天王就來讚歎佛：「如來處石窟，踴身入石裡」，說佛把身體入到石頭裡面去了；「如日無障礙」，佛光像太陽一樣，光照一切處；「金光相具足」，佛的三十二相都是圓滿的、金色的；「我今頭面禮，牟尼救世尊」。

在《觀佛三昧海經》第七卷的經文裡，佛就告訴阿難這段故事。這段經文是很廣的，清涼國師從中摘錄下來，給大家略為介紹。又令眾生看見佛的丈六金身，佛坐的是草座，草座就是自己拿草鋪在地下，《金剛經》所謂的「洗足已，敷座而坐。」又云：「作一石窟，高丈八尺，深二十四步，青白石相。」他把這個窟已經變成七寶窟。

引述諸經的故事，專有一部書叫〈廣弘明集〉，專說佛在世時候，度衆生的這些故事。廬山慧遠大師有個〈石影讚〉，讚歎這個石影，他說的處所跟過去都是相合的，他說：「西域那乾伽訶羅國，南山古仙石室中，度流沙逕道。」去過新疆的人，就知道從新疆往印度的路上全是流沙，沙不是固定的，是流動的，像河水那樣的，這叫流沙。慧遠大師說他遇到一個到處遊方參學的西域沙門，這沙門知道有這個佛影石頭，這個石頭有佛影子的山，就是這個山。

這段故事是什麼意思呢？就是說這兩位主夜神的慈悲，慈悲就是拔一切衆生痛苦。毒龍、羅刹也是衆生啊！牠的苦難是什麼呢？造業，瞋恨所行的業。龍的瞋恨心非常重的，瞋恨之火不得消滅。一見到佛像，佛在那示跡，牠就看到佛常住在牠那裡，這不是見相。

慧遠大師所遇到的是罽賓禪師（按：耶舍三藏法師），他講佛在世的情況。清涼國師把它引證來說明救護衆生無邊的慈悲啊！羅刹、毒龍都是惡衆生，牠墮到這個道，因爲有福沒有善根，所以才墮到畜生道。但是福報還是很大，還有神通，可是這個神通不能幫助牠消災免難，反而幫助牠更造業，並且越造越惡，這是用救拔方式的不同來形容慈悲。

假使你再到西域去，到石影室，還能看到不呢？沒有了。佛說一千五百年，距離現在佛已經二千五百多年了。

說到這裡，每位道友都應當反思，想我們自己的德，德就是你修道所得，修道究竟得了好多？你自己就知道有德沒德。我們不說佛國，連西域住的聖跡都沒有了。說我們在五臺山，五臺山的聖跡還少了嗎？如果看看五臺山的山志，到處都是聖跡。佛母洞，我想我們來到五臺山的，沒有沒朝過佛母洞的吧？有的去過三次、四次，你感覺殊勝嗎？文殊菩薩是化現的智慧母，聖跡很多啊！但是聖跡已經不聖了，為什麼？這是福報。你的福報沒有了，智慧也沒有了，你能遇到、能夠朝禮，有這個因緣已經不淺了，還有沒遇到過的。

我在北京遇到一些朝五臺山很多次的，可是不知道佛母洞，也沒人跟他說，他到山上是遊山玩水，他有感覺哪個殊勝了嗎？他能知道嗎？他能得到加持嗎？這是絕對不相同的。我們現在有三、四百位道友都住在五臺山裡，五臺山的聖境，你還去朝禮又能知道好多？〈清涼志〉看過嗎？五臺山的感應，看過嗎？好幾百件之中，你感覺有一個跟你相應的嗎？有人朝五臺山，第一天就看見滿山都是智慧燈。當然以你的修行，不是看見智慧燈就把業障都消失了，這不可能的了。智慧燈是文殊師利菩薩的，不是你的，你還得修，不論見到什麼聖跡，只能說你有見的因緣，有得到加持的一份福德，說這個可以銷業障，那是不可能的。

怎麼樣才可能呢？自心的轉化。我們天天看見這些護法神，都是地上的菩薩。

我們從文字、從思想上，天天都跟華嚴海會這些菩薩互動，除了放假時間，每天都有一個半鐘頭來跟他們打交道，我們自己又得到好多呢？這是說心裡的轉化，從內心世界，不是從外相。如果自己的德不夠，又能得到好多加持呢？「德」，簡單的講是說你修行得道，你的心上有受用了，行道有得於心，就是你的心能夠得到好多，何況我們現在只是個信，我們連眞心的邊還沒有沾到呢！只是妄，都是妄。

怎麼樣除妄顯眞？得你清淨的光明顯現，這是靠自修。他力只能給我們作個鼓勵，佛只能給我們說明一切的方法、一切的善巧。我們求佛、念佛，求阿彌陀佛加持、求文殊菩薩加持、求觀音菩薩加持、求地藏菩薩加持，實際上你得先自己加持自己。你的心、所作所爲，跟佛菩薩一分相應，你就得到一分，十分相應，你就得到十分。若是不相應，什麼也得不到，佛菩薩是佛菩薩。我們不是一生、兩生，是多生累劫這樣修、這樣信，你今生才能披到袈裟，乃至在家二衆，你今生才知道佛、法、僧三寶的名字，就連這個不失掉都很不容易了，何況聞到《華嚴經》？

看看這些菩薩，然後再對照對照自己。這些菩薩都加個「大慈大悲」，如果我們的心眞正有大慈大悲，煩惱就不現前了，有這樣的大慈大悲，把煩惱也降伏住了，沒有斷也降伏住了。沒有社會那個感染、熏習，我們講〈大乘起信論〉，不是有二種熏習嗎？現在我們這是淨熏染，我們現在所住的處所，都是用淨法熏習過去無量劫來的習氣，要遇著這種熏習已經很不容易了，這叫淨熏染。

「示現淨福主夜神，得普使一切眾生所樂滿足解脫門。」他的快樂能夠滿足，怎麼樣才能快樂滿足呢？眞正想得到快樂，得到寂靜，這是最快樂的了。寂靜含著什麼意思呢？入了甚深的禪定，這是寂靜。「淨福」，清淨的福，這個主夜神他得到清淨的福，能夠使一切眾生清淨，清淨就解脫了。

你若要利益眾生、讓眾生快樂，你先得自己快樂。如果你一天愁眉苦臉的，眾生見了你，怎麼快樂的起來？眾生見著佛，見著菩薩，菩薩的莊嚴相，「楞伽常在定」，永遠是那樣子，你受到感染，你也是快樂了。如果你有很多煩惱，到廟上見著佛像，跪到佛前、燒上幾支香，然後觀想佛。起碼在這個時間，你清淨下來了，你那外邊的熱惱、逼迫性沒有了。拜完一出廟門，回到家裡頭，「如故」，煩惱又來了。這個道理我想我們每個道友都體會得到吧？當你在佛堂，或者坐或者念，相應了，你有一種法喜，心裡感覺非常愉快，那種愉快說不出來的，表現不出來，沒辦法表達，不是世俗的。

我們學法不是爲了化度別人，是爲了救度自己。你得先救度自己，你才能化度別人。我們發的願，「眾生無邊誓願度」，下一句就是「煩惱無盡誓願斷」，你斷了煩惱才能去度眾生。煩惱怎麼斷呢？「法門無量誓願學」，先學佛法。看著偈子是從上頭下來，你反過來，學習佛法、斷了煩惱，然後才能度眾生。度眾生是目的，學法斷煩惱是本份，你先把自己搞好，再去度人家。如果現在天氣冷，自己都沒一件保暖的衣服，凍得在那兒發抖，你說：「我要布施你，讓你溫暖。」他若信你了才怪，他說：「你自己發抖，不求我幫助你就好了，你還來度我？」你自己餓得肚子呱呱叫，還說給人家饅頭，給人家餅子，讓人家飽暖，有這個事嗎？你得自己先充實自己，才能施給別人，起碼你得修行有點福報吧？有點德吧？這個「德」就是你得到了，拿著布施給人家、供養給別人，這樣效果才大一點。

我們三寶弟子，哪個不曉得培福？但是這培福的門路、應走的道路，你還沒找對、搞不清楚，所以你的福就培不起來，得把道走對。什麼道呢？你一天的學習、行爲，就是在菩提道中，這樣自己才能漸漸清淨。說煩惱輕智慧就長，智慧越長，煩惱越輕，等你智慧究竟了，煩惱也斷盡了，兩個是循環的。這個時候衆生見著你生歡喜心，你給他說話他相信，你叫他去修行他願意做，他肯修行，你叫他念佛，千萬不要口裡念。要心念，念念從心起，念佛不離心！這才眞正能得到，好像得到佛的加持，其實不是的，是自己加持自己，你自己的心佛顯現，外頭的佛才能加助你，那是緣啊！是助成的，你得有本因！這個道理一定明白。念念求加持，念念就是自己的心哪！你成長了，跟佛結合成一體。

懂得這個道理，《大方廣佛華嚴經》你就可以理解了，如果你不懂得這個道理，你學吧！學的是文字，聽的是解說，必須得入你自己的心。你心裡頭常時在這裡緣念，不管你一天裡一切的行住坐臥，或者跟人家談閒話，「春閑殼子」，但是你心裡頭想的不同了。我們過去講「舂殼子」，大米或者麥子打下來，你得把殼子舂掉了才能吃啊！那殼子不舂掉，你能就那麼吃嗎？有人說「舂殼子」不是好事，我說：「舂殼子必須得做。」在你舂殼子的時候顯眞啊！你跟好多道友「舂殼子」，平常不知道他心裡想什麼，跟他閒聊的時候，就暴露出來了，你就知道他在想什麼。

這是語言，但是久而久之，你看人的相貌，這不是神通，這叫經驗。觀察久了，經驗豐富了，一個人一看面貌，他就告訴你，他的心在想什麼。等你到成就的時候，這就是神通，就是妙用，沒有成就的時候就是經驗。我們過去有俗話，「老而不死是爲賊」，老人活得太久就變成賊。爲什麼說他賊呢？他心裡頭知道事物太多，是這個涵義。這是指做壞事，反過來做好事也如是，這叫什麼？這是從實際生活當中鍛煉出來的，在生活當中就提高你的智慧，何況我們求三寶加持力？自性三寶漸漸地顯現，自己智慧增長。

爾時普德淨光主夜神承佛威力。偏觀一切主夜神眾。而說頌言。

頌就是讚歎，每一個主夜神怎麼得到成就，怎麼樣化度衆生，每個偈頌都有這麼兩種涵義。這些偈頌籠統說都是相同的，我們所念這些都不離開四無量心，每個偈頌都具足四無量心，就是慈、悲、喜、捨四種無量，這叫四無量心。

汝等應觀佛所行　廣大寂靜虛空相
欲海無涯悉治淨　離垢端嚴照十方

得了寂靜禪定，得了大智慧勇健，那就不可思議了。我常跟大家說相信自己是毗盧遮那，你相信自己是毗盧遮那，那麼我們觀佛所行，你觀想一下毗盧遮那都做什麼？就是佛所行。毗盧遮那不是化身，是法身，法身是什麼樣子呢？廣大寂靜虛空相。普德淨光主夜神，承佛威力說的這個偈頌是讚歎法身的。因爲廣大寂靜虛空，才能隨一切衆生的緣。

衆生是什麼樣子的呢？欲海無涯。欲望的貪求心、希求心，像海一樣的，想找個涯畔、找個岸而不可得！除非三寶弟子、四衆弟子，他控制欲望，使它不再發生，使它不再無邊無岸，對治之後，使它消失，漸漸的「隨緣消舊業」，舊時存在的業隨緣漸漸把它消失了；但下一句可就注意了，「更莫造新殃」，別再做壞事了。「離垢端嚴照十方」，端嚴就是殊勝，法相殊勝。這個法相離一切垢染，普照十方，寂靜的三昧、勇健的智慧，兩者結合起來。以下的偈頌都如是，不但自己淨，而能隨緣利益一切衆生，隨緣，不要把緣忘了，性體隨緣。

一切世間咸樂見　無量劫海時一遇

大悲念物靡不周　此解脫門觀世覩

「觀」是眼睛，這喜眼觀世主夜神的眼根清淨，得了大悲念物，這個讚頌也等於讚觀世音菩薩，一切眾生願意見這個菩薩，都喜歡這個菩薩。但是你見不到啊！因爲這要經過無量劫海才能遇到，就如見佛一般，我們也是經過無量劫才能見到佛，而且還得心向三寶。如果你不信三寶，無量劫、無量劫，再說無數個無量劫，你也見不到。對我們四眾弟子來說，這個因具足，緣自然就成熟，有因必有緣，有緣必成就你這個因。

導師救護諸世間　眾生悉見在其前
能令諸趣皆清淨　如是護世能觀察

護世主夜神「護世精氣」，他得到普現世間調伏眾生解脫門，眾生不知道保養他的精，也不知道保養他的氣，更不懂得保養他的神。在我們佛教講佛、法、僧三寶，在道教就講精、氣、神三寶。說這個人沒精、沒氣、沒神，像死亡一樣的，等於是死人。調伏眾生的精氣神，調伏眾生，讓他心念三寶，涵義就是這樣。這都是講主夜神的，爲什麼我們白天不怕鬼？夜間屋裡沒有燈，一點光明都沒有，大家住在同一個舍房裡，那沒關係。但是如果是一個人住在山林呢？只要哪裡有點響動，或者外頭颳風、聲音大、震動了，你都害怕呀！說那就別住了，行吧？不行！有好多的業，離不開。爲什麼恐怖呢？心有罣礙。人如果是精力不足、氣血不夠，神就沒有了，神沒了恐怖感也多了。或者腦殼痛，或者肚子痛：「哎呀！不得了了！我要死了！」爲什麼呢？精、氣、神沒有了。這都是自己的心，都是心念。

菩薩護理一切衆生、救度衆生，釋迦牟尼佛行菩薩道的時候，佛救度衆生的時候，只要一念，感覺佛就在前面，無量衆生念，無量衆生感覺佛都現身在其前。能令諸趣皆清淨，「諸趣」包括六道衆生。有副對聯：「夢裡明明有六趣」，六趣像做夢一樣地顯現，覺悟了呢？「覺後空空無大千」，在夢裡明明有六趣，等你明白了、證道了，「覺後空空無大千」，你覺後有什麼大千世界呢？依、正報都沒有了，那都是妄想所執。

佛昔修治歡喜海　廣大無邊不可測
是故見者咸欣樂　此是寂音之所了

寂靜海音主夜神的廣大歡喜心，感染到衆生都歡喜，因爲他修行就是歡喜，什麼樣才歡喜呢？離苦得樂。這個歡喜是無邊際的，正是對著那煩惱無邊際，痛苦無邊際，把煩惱治除了，歡喜也就無邊際了。任誰見著佛，誰都歡喜，這個主夜神也修這種法，見者見聞皆歡喜。徧喜是普徧平等，內心如是，外現一切威儀也如是。

如來境界不可量　寂而能演徧十方
普使眾生意清淨　尸利夜神聞踊悅

這是普現吉祥的主夜神，他能夠徧於十方，令眾生清淨，他的音聲非常地美妙，聞者、聽者非常生歡喜。如來有這種德，他也得了這種德。「寂」是「如」，「如」是不動的，「能演徧十方」就是「來」，他能到十方隨眾生所愛樂的給他說法，讓一切眾生都生起了歡喜心，生意樂清淨。

佛於無福眾生中　大福莊嚴甚威曜
示彼離塵寂滅法　普發華神悟斯道

普發樹華主夜神讓一切樹都開花，滿足眾生的心所希求，令他得離塵垢。佛於眾生前現自己的福德莊嚴，讓沒有福的眾生得福，跟眾生說這福德莊嚴怎麼來的，說你為什麼沒得福？是你太貪六塵了？把六塵境界離開，可得寂靜了，這是寂滅法，寂滅法就能發揮福德智慧。無福就要培福，這福德怎麼來的？從你修道當中來的，從你供養當中來的。我們四眾弟子一定記住，培福不是要很多錢，不是要很多供養，而是要你用心、用法來供養。

普賢菩薩十大願第三大願的「廣修供養」，若你供養物質，怎麼也普徧不了！

要用你的心供養才能徧。你在這靜坐，有些人問：「我靜坐呀！怎麼樣修啊？」修行的方法太多了，八萬四千法門，別的不修，光修一個供養法門，就夠了！你坐這什麼也不想，就想供養。你在寂靜當中坐著，供養什麼呢？山河大地，所有你到過城市的百貨商店、花市。你往這一坐，全把它們供養了，把它們都供養諸佛，供養三寶了。

有人說：「你這是假的。」假的？這才是眞的。你供養花，它會壞，我這心供養永遠不會壞的，永遠如是常時供養。又說：「我們沒有看到。」你沒看到，諸佛菩薩可看見了，因爲你沒有這個福報，所以你看不見這供養福，這叫法供養爲最。你念一部〈普賢行願品〉、念一部《觀音經》、念一部《地藏經》、念一部《藥師經》或者念一部《彌陀經》，你念完這部經，把念經的功德，供養十方一切衆生，無窮無盡衆生，能想到好多衆生就供養好多衆生，上供下化，這個功德無量，不可計算的。

爲什麼呢？他供養時心無量，你怎麼能測度他多少啊？他回報的福德大小，你也測度不了，是這樣觀想的。這是如來的境界，你能隨著如來這樣做，你也得到了。若你感覺沒福，那你就供養衆生吧！又說：「我供養衆生，衆生得不到！」你怎麼知道得不到？你若有一個得不到的心，那你的心不平等。爲什麼？你沒把一切衆生看成跟你一樣，你沒把衆生看成跟佛一樣的，他的體性是一樣的。我們爲什麼經常說：「心佛與衆生，是三無差別」？光說不行，這不是口頭說。口頭說是告訴你要怎麼樣想，那你就要這樣觀，觀就是你的想。想什麼？想一切諸佛跟衆生、跟我自己的心，平等平等。說自己沒福，你供養的時候福不是就有了嗎？平等平等。有上供諸佛，下施一切衆生，我把十方法界都供了，看似無相的福德，那才無量。有相的福德，只要有數字、有形相，這個福德不大的，它被形相、數量拘泥住了。用無量的心，供養無量諸佛，下施無量衆生，那你的福德也無量。

結束之後，自己又觀想：這個福德是沒有的，在空中建立什麼呢？我的心是空的，跟虛空一樣的，我這身體隨時消失，隨時就沒有了。這是說你那眞心，因爲業報是隨著業消、報也消。如果說報沒消，那這個業報結束，轉個形相、轉個跑道，再去消去吧！永遠在業障當中，永遠也消不了。許多道友們經常一說話就說業障很重，那好了，就在業障當中生活吧！永遠業障重。你怎麼不說諸佛加持我，我福德重？怎麼單說業障重？好，那就重吧！你的觀念就是業障，別的沒有啊！「業性本空唯心造」，你光念著佛，哪還有業呢？是你自己心造的。我連妄心都沒有，能造業的心都沒有，業還存在嗎？「心若滅時罪亦亡，心亡罪滅兩俱空」，這個福德無量了。如是修如是觀，要想諸佛的福德，不要一天老想自己業障，稍有一些衆生的違緣，或者自己的違緣一現前，馬上就想到業障：「哎呀！我的業障很重。」他沒想到：「啊！諸佛福德會加持我的，這個小小的障礙算個什麼？」遇到命難身體要丟失、命根要盡的時候，你應當喜歡，不應當煩惱。喜歡什麼？「啊！我這段業報可完了，完了就沒有了，再換一段吧！下一段不更好嗎？何必光守著這個？」

想想你現在的肉體，髒得不得了，隨便你一天洗好多次澡，他的本質就是髒的，你沒有辦法使肚子裡、腸胃裡沒有糞便，沒有辦法除掉這些氣味，你能辦得到嗎？你有肉體就有這些東西，這些東西哪樣是淨的啊？你貪戀什麼啊？你把這邊放下，那邊福德就來了。

你若這樣觀想，還怕什麼呢？恐怖感沒有了，恐怖是因爲你心有罣礙，總怕丟失。這些沒福的衆生若想得福，求佛吧！佛是福德智慧莊嚴的，方法呢？離開塵垢求寂靜，福無量。

十方普現大神通　一切眾生悉調伏
種種色相皆令見　此護育神之所觀

這個夜叉神平等的護持一切衆生，在十方普現大神通，把一切衆生都調伏，令種善根。他現種種的色相，就像護持一個小苗、護持一個小草一樣地護持一切衆生，而且他沒有分別、平等的護持，令衆生開悟、明心，成熟善根。

如來往昔念念中　悉淨方便慈悲海

救護世間無不徧　此福樂神之解脫

遊戲快樂主夜神，像夜間不愛睡覺的、到街市去蹓，或者打電腦的一夜在那電腦室裡打，他們可能很高興，他護衛他們，讓他精神好一點。但可不是這樣子，而是讓他轉變、調伏，調伏什麼呢？主要是調伏你的心。眾生都願意見好相，好相是什麼？世間的好相不是真正的好相，觀三寶的好相才是真正的好相。能令你明白，能令你開悟，能令你善根成熟，這才是好相。他以神通力調伏一切眾生，主要是轉變他的思想，改變他的觀念，成熟善根。眾生過去都是造業的，改變他的觀念就是把他的不善變成善。過去，他的觀念求世間的名聞利養，這是不善的，改變他的觀念，要他放棄世間的名聞利養，讓他求法樂、求法喜，把世間相轉變成出世相，這就是改變主要的觀念。

我想諸佛把救度種種類類的眾生當成遊戲，就像我們進娛樂園、娛樂場所，隨緣快樂一下就走，諸佛度眾生也是這麼樣子，但是，這個慈悲可跟愚癡的想法不一樣的。福樂神得到救護世間的解脫門，也是跟前頭一樣徧一切處的了。佛的念念中，都是在說法拔眾生苦，給眾生快樂，在救護世間的時候，沒有佛不到的地方，有緣就現，無緣不現。

眾生愚癡常亂濁　其心堅毒甚可畏

如來慈愍為出興　此滅寃神能悟喜

這個主夜神把怨變成歡喜，他的眼、耳、鼻、舌、身、意，所有六根常時歡喜，也轉變一切衆生的六根，以大悲心拔除衆生的一切苦難。衆生愚癡沒有智慧，心堅固的在五毒、五濁裡，這是非常可怕的。上兩句是形容衆生愚癡、亂濁，濁是五濁惡世。這五濁惡世有什麼貪戀的？這個時候本來就亂，天災人禍，壽命隨時失掉，時候也不好，一切現相也不好，壽命隨時都會丟掉的。這時命也濁，應該放棄了，如來就爲了這個才出現於世的。前頭是快樂神，這個是滅怨神，滅怨神他能入，他能歡喜的。說我們人跟人之間的怨恨心，積怨成爲毒。人只知道各種災害的感染，卻沒想到心的感染。現在又防非典又要防衆生心，社會的亂相都由壞心造的。衆生愚癡、沒有智慧，把壞當成好的，顛倒是非；瞋毒、貪毒、愚癡毒，不但不消，而且還要增長，不但增長還要把它氾濫，氾濫就傷害別人了。滅怨的主夜神，他悟得這種境界了，他說如來出興就是爲了滅度衆生的毒怨，他也如是。

佛昔修行為衆生　一切願欲皆令滿
由是具成功德相　此現福神之所入

這個主夜神示現清淨福，他說佛往昔修行的時候，就是爲了衆生，爲了讓一切衆生的清淨福得到滿足，清淨福滿足所得到的功德相，這個淨福主夜神福神他悟得了。這不是世間福，而是清淨福，使一切衆生都滿足、快樂，有福還不快樂嗎？有福就有享受了，福報福報，有福就報了。

我們道友會這樣想：「我出家好多年，現在該有點福報吧？」時候還沒到，你等著吧！報的時候沒有到，但是到的時候你可要注意，當你享福的時候，要注意了！注意什麼呢？福報若盡了，恐怕惡報就來了吧？因此你要把這個報消了。怎麼消啊？當你有福的時候，把它都布施、供養給別人，不要自己享受，你享受完就消了。你在福上再培福，在福上再積福，這樣，福報就周轉成無窮無盡，越增越大。否則，你的福漸漸消受盡，禍害就來了，福禍像兩個輪子似的，它恆常這麼輪轉的。

社會上不是有那麼一句話嗎？太陽不是總照你一家，它還會照照別人的，就是這樣意思。過去，我在北京的時候，北京才三十萬戶人家，現在一天流動的人口就有二、三百萬人，以前常住的只有二十萬戶，那叫大宅門。怎麼叫宅門呢？有勢力的人家，院子講究七重，一個院子又一重，一個院子又一重，一進那大宅門，左一個門、右一個門，從前山門走到後頭。

我到北京的時候才十六歲，到現在都變化的不曉得好多了。有些房子千易主恐怕主人都換了上千個了，倒塌又修蓋，一切無常的。以前，黃河隨時改道，從歷史上，黃河改道改的次數太多了，所以才叫三十年河東，四十年河西，再待個三十年，這河東又變成河西了，就來回這麼跳換著，爲什麼呢？無常啊！富貴的跑道隨時交換的。如果你福享的時候，或享受不到的時候，你把它浪費了，或者你不能在福上再積福，禍跟福都是自招的，禍福無門，自己開門，自己招來的。

福報有時好像天上掉下來的，不可思議。失掉的時候，又不曉得突然間到哪兒去，隱埋了，一夜之間馬上就變換。你看歷史就可以知道，一個威威烈烈的宰相，除了皇上就是他，不知怎麼的，惹那皇上不高興，一下子，罷官、土地沒收、所有眷屬都充當奴隸去了，馬上就變了。有的是突然間富貴，結果忘了他窮的時候，俗話說「富得要不得」，「要不得」的意思就是他不能在富貴當中再積福，一富貴了，他的性體就轉變了。善惡兩條跑道不是固定的，就是你的心念也隨時換跑道。一念善心起，福德就來了，一念惡心起，百萬障門開，障門都開了。

懂得這個道理，就知道業障是可以消的，福報是可以積的。一念之間，如果悟得了，億劫的重罪全部消失。各各經論都說，念這菩薩聖號，消你三十劫的重罪，或像地藏菩薩，說你聽他一念，就消三十億劫的罪，乃至念一個佛的聖號，說這個佛的聖號能消一百萬大劫的罪，又說那個佛的聖號消三十劫的罪。爲什麼各各不同啊？各各佛發願不同，也看你跟他的因緣不同。經上所說的話，都是實在的，但是中間還有個契合，你的心裡得跟他的心裡契合，不契合那福報很小，契合了福報就很大。

當你讀佛經，心裡頭生起「我要學佛！」這一念間跟佛心合，跟佛度衆生那件事合，這一念間成佛，下一念又不是了。成佛如是，造業也如是，說那個人對不起我，一定要把他整死，不但整死他，還要把他全家都害了，或者給他的房子潑汽油點火燒了。這一念惡心起，所有善門都關掉了。人生就是一念之差，這一念之差再恢復的時候，不曉得要萬萬年，所以，「寧動千江水，莫動道人心」！

有一個老修行，他就坐在江邊上修行，江邊上有時候撒網打魚或幹什麼的，吵雜的很，他入不了定，因此不在江邊修行了。他又到森林裡頭去，結果小鳥也來吵他，把他氣死了，就發願說：「我將來變成一個大鵬金翅鳥那一類的，都把你們吃掉！」這個願惡心一發，完了，墮了大鳥了！這是說你的一念惡心起。修道的人要特別注意，你念念發度衆生願，可千萬莫發一個願：「你們這些害我的，將來要報復你們，我變一個大動物，把你們都吃掉！」這個願可千萬發不得。別因爲是說話，認爲你那願是假的，不假的！它會付諸事實了。你發惡願一定有惡報，善願一定有善報，隨時發善的願，千萬莫發惡願。不要認爲這是假的，這是眞的。

刹塵心念，很不容易的。佛弟子的念頭千萬要注意，念頭就是你心起念的時候，「打得念頭死，許汝法身活」，不要認爲這個念沒有關係，不是事實，一切事實都因爲你的念轉變來的。善業、惡業就是一念間。所以，《心經》上告訴我們很清楚，說你爲什麼有恐怖感？你有罣礙啊！你要達到心裡無罣礙，無罣礙就進入阿耨多羅三藐三菩提了，就進入般若波羅蜜。無罣礙故才無有恐怖。

你害怕什麼？我們想一想，這畏懼心理從什麼產生的？爲什麼會有畏懼心理？怕！怕什麼？我們說怕因果。我不做錯事，不作壞因，哪來有壞果？不要怕。先取消心裡的罣礙，你想這個世界，還有什麼罣礙沒有？你坐這兒修行，就想我心裡還有罣礙嗎？自己找找。娑婆世界沒罣礙了，那我有辦法了，極樂世界絕對能去。娑婆世界沒罣礙了，我上極樂世界去。在省察的時候，回想你心裡的時候，這個世界不管大大小小，還有一念放不下的，就有罣礙了，有罣礙你去不了啦！極樂世界你去不了。罣礙什麼？你先把罣礙去掉，心看不破、放不下，放不下就叫罣礙。心不貪戀，意不顚倒，這個世界我都了了。

諸位道友，現在你的身雖然出家了，心還沒有出家。一會媽媽病，一會媽媽怎麼了，老法師您給我回向、回向，一會這個、那個，七事八事的，什麼都在你心裡頭，掛念太多了。來生不曉得變個什麼？你掛念什麼變什麼，欠什麼債還什麼債，不還是不行的，這叫因果報應。我說我沒罣礙了，就鍛煉這麼個功夫吧！一想，不要想啦！沒有用處。看破啦！看破了、放下了，看破放下你就自在了，這就叫觀自在。你觀吧！觀了看破了，放下了自在了，所以叫觀。這是觀的時候看破了，放下了，自在了。

我們現在講這些主晝神、主方神、主夜神，你也都具足了，自在了，但是很不容易。像我在這兒說很容易，我也不自在。知道嗎？這不是說的，這要你用功夫用到那裡。甚深的理，我們用日常生活來講，講得很淺的，但是非常之慢，若是加快了，說兩句話就過去了。但是我說這些都是附帶著說的，不是《華嚴經》的義，我是從心上講的，講心地法門，那也就是華嚴義，如果你作世間相講，那就是世間相，一切世間相都作爲甚深的心，那就深了。

主方神十法

復次徧住一切主方神。得普救護力解脫門。普現光明主方神。得成辦化一切眾生神通業解脫門。光行莊嚴主方神。得破一切暗障生喜樂大光明解脫門。周行不礙主方神。得普現一切處不唐勞解脫門。永斷迷惑主方神。得示現等一切眾生數名號發生功德解脫門。徧遊淨空主方神。得恆發妙音令聽者皆歡喜解脫門。雲幢大音主方神。得如龍普雨令眾生歡喜解脫門。髻目無亂主方神。得示現一切眾生業無差別自在力解脫門。普觀世業主方神。得觀察一切趣生中種種業解脫門。周徧遊覽主方神。得所作事皆究竟生一切眾生歡喜解脫門。

以下講十個主方神。方是方向、方域。主方神跟前面的主晝神、主夜神意思是相通的。這個只在《華嚴經》裡這麼說，一切處都是神。你先把這個「神」理解清楚，「神」就是心裡顯現。方無定方，南觀成北，東觀成西，方向是相對的，如果你現在就站在這，哪個是東？哪個是南？哪個是西？哪個是北？方本無方，隨心所現，這是眾生心所現的，這樣來理解「方」。

「徧住一切主方神得普救護力解脫門」，因爲方無定方，所以能普救護一切眾生，他得到這樣的解脫，意思就是說他能現一切身給眾生說法，令一切眾生能夠得開悟，能夠得到他的救護。「徧住一切」就是沒方了，沒方所以能徧住一切。「普現光明」也是無方的意思，光明還分什麼方向嗎？分不出來，方無定方。在我們眾生界裡頭，標榜東方、南方、北方，東對著西說的，南對著北說的。他徧住一切，所以沒有方了，徧住一切做什麼呢？救護眾生，普救護。一切眾生都在苦難當中，他自己修行得道有了這種力量，他也隨順佛行菩薩道，護持佛法。

「普現光明主方神，得成辦化一切眾生神通業解脫門。」什麼是神通呢？單講神通，神是我們自然的心，通就是慧力，智慧的業用。神通能有好大？你的心裡有多自在，就能成辦好多事業。我們現在的神通是什麼呢？吃飯、穿衣服、睡覺，這是我們的神通，也是你的心，也是你所作的業。

但是，我們現在不同了，學戒、學慧、修定，隨緣修習戒定慧，這也是我們的神通。隨你所習示現的一切相，隨你的能力，你的神通有好大，你成辦的事業就有好大，普現光明主方神的神通，他成辦的業用，所做的事，讓一切眾生除苦，離苦就得樂。

「光行莊嚴主方神，得破一切暗障生喜樂大光明解脫門。」「生喜樂」就是生出來歡喜心，生出來快樂，這得有智慧，沒有智慧辦不到。光明就是大智慧；解脫就是沒有障礙的意思，把一切業都解脫了。「法光破暗，暗斷智生，智與法喜俱生，斷以寂滅爲樂。」「法光」是依著佛所說的教法而產生的光明，光明就是智慧，光明破除黑暗，暗是不明白，不明白就不能生出智慧；若是暗斷了，智慧生起了，生歡喜心了，然後寂滅爲樂，寂滅的涵義就是定下來。光是智慧，非得以定才能生慧，以慧能破暗，破了暗得了寂靜，就快樂了。

「周行不礙主方神，得普現一切處不唐勞解脫門。」唐是唐喪，說你的勞動力、你的修行功德唐喪，唐喪就是沒得到什麼好處。不唐喪呢？就是修行得了利益，能普現一切眾生處，給他們說法，他們聞到法了，就能夠把惑業消除了。惑就是迷惑，迷惑就是不知道，不知道就沒有智慧，有智慧就知道，就能滅了迷惑，因法而得滅迷惑。不唐喪就是眾生聞法一定得到好處，得到利益。

「永斷迷惑主方神，得示現等一切眾生數名號發生功德解脫門。」「示現」是說這個永斷迷惑主方神，也就是寄位的這個菩薩，不管眾生有多少名號、多少種類，這個主方神都能示現隨順他們，讓他們生起功德，功德就是修行所得、聞法所得。「得」就是你所行的法，修行有得於心，這叫功德。這個主方神能得到跟衆生數一樣的一切名號，衆生有好多數，每一個衆生都有個名號，他就得這樣的解脫門。衆生的名號是不一定的，隨著方言，隨著習俗，隨著地區，反正總得有一個名號。名號是符號的意思，說這個名號所具足的一切事，這個名號具足這些事，那個名號具足那些事，張三具足張三的一切事，李四具足李四的一切事；但是他們都在迷惑當中，不知道名號是假立的，假的就沒有眞實，菩薩就隨順這些假名，讓他們得到功德。

「徧遊淨空主方神，得恆發妙音令聽者皆歡喜解脫門。雲幢大音主方神，得如龍普雨令衆生歡喜解脫門。髻目無亂主方神，得示現一切衆生業無差別自在力解脫門。」衆生的業，業就是作用，衆生作種種業，這個業不一定是惡的。衆生所示現的種種業是沒有性體的，業性本空，因爲空才無障礙。比如說你當工人，工人有工人的業，現在離開原單位後去經商可以不？這是比喻、假設。業隨時變化，因爲性空，沒有障礙，有障礙就不能變化了。雖然業性是空的，但是你造惡業就受惡報，造善業就受善報，業不失報，你種什麼因一定感什麼果。業不失報的意思。雖然體性是無障礙的，體性是自在的，但是業報上不自在，因爲你還沒達到自在的時候。今生受的報，就是你過去的業所感的果，這個果報有苦有樂，還有不苦不樂。現在給你說法了，你把惡業的果，在今生轉成善業的因，你過去的因造成現世受的果，現在，在果上你轉化它，怎麼轉化呢？你聞法得到佛的教化了，就可以把惡業轉成善業。

先講業性本空，因爲空才能起變化、才能轉，不空就轉不動了。惡業消失了，善業也不存在。惡是對著善說的，善是對著惡來立的，善惡的性體本來是空的。一切眾生的業，有無窮無盡的差別，眾生自己做不了主。髻目無亂主方神以這種法教化眾生，讓眾生能在業上頭自在，能夠得解脫。自在是解脫了才能自在，不解脫就不自在。我們眾生都願意得快樂，不願意受苦，那麼就別造惡業了，不造惡業就得到快樂了；等你惡業斷除的時候，善業也不存在了，這就是業性本空的意思。無論善也好、惡也好，它沒有性體的、是空的，要體會這個空義。這個主方神能夠教化一切眾生，使他的一切業消失，回歸自己的體性。在利益眾生方面，他得到自在、得到解脫了。

「普觀世業主方神，得觀察一切趣生中種種業解脫門。」這是約業性相說的，造業的相有種種的差別。我們現在看當前的世界，有的在刀兵劫當中受苦，有的在水火當中受苦，也有的在地震、風災這些災難當中死亡，各個眾生的機感不同，眾生的業就有種種的相，相就是他的業相，如果斷了業，業相就不存在。「普觀世業」，就是普觀世間上一切眾生所造的種種業，而造的業不同，就有生善趣的、生惡趣的，享受富貴榮華或貧苦饑餓的，種種業的不同。

這個菩薩寄位的主方神，能夠隨機給一切衆生說種種業的差別法門，勸令衆生別再造業，讓他們自己得自在解脫。隨機是隨衆生的根性，應以何法得度者就給他說什麼法門。普觀世間事業的這個主方神，觀察衆生在各個趣中，現在我只說了現實的人道一種，衆生作業的這個體，業體是沒有的，但是衆生並不懂；這個主方神他觀世間的一切作業是空的，業性本空，因此勸說別再造業。業的差別是千差萬別不同的。

「周徧遊覽主方神，得所作事皆究竟，生一切衆生歡喜解脫門。」究竟就是解脫了，衆生作業有初無果，爲什麼呢？剛才講有因有果。「有初」，我們在初作業的時候，總想達到目的，但是中間有種種的障礙，使我們達不到目的。

現在我們這個社會，大家感覺得作生意比種地發財來得快一些，生活要好一些，打工要比在家裡做農業收入多一點兒。因此，就到各地打工，到國外去打工，到國際上去打工，但是能達到目的賺錢回來的，百分之十都沒有。一出去了，受了很多的苦難，特別是偷渡的，可以說是「去人成百歸無十」，去了一百個人，回來還沒有十個，能發財致富的很少很少。那爲什麼還要去做呢？這就叫業。他把希望寄託到那兒了。作業，作的業不同，他去的方向也不同。

我在美國的時候，大概有二百七十個人偷渡遭美國扣住，把他們扣押起來了，一住住了十年。這十年中雖然沒有死，也有吃的，但是把你當成犯人一樣的。這隻船的船主人太太，見出了事了，就替她先生求。她拜懺幹什麼的，先是連見她先生都不准見，後來轉到另一州，然後才許可她見了。大概十二年後，沒事了，她先生也出來了，她認爲這是佛菩薩加持的力量，使這個業轉變。

這是所作業不同的相，把業斷絕了，別造業了，管它善業、惡業，一律不造。主方神能知道這些業，讓你別去造業，不造業了，報就沒有了。說業報、業報，有業才有報，沒有業還有報嗎？這是寄位的菩薩說法，讓衆生不再造業。

「周徧遊覽主方神，得所作事皆究竟，生一切衆生歡喜解脫門。」他得到這樣的解脫門。我們做事總想得到結果，但是這個結果得不到的，隨他欲念而生，但不能隨他的欲念而得果。周徧遊覽主方神，他攝受一切衆生，隨衆生的欲望示現給他說法，慈悲令他歡喜。因爲你現在所做的事業，不能達到究竟，翻過來呢？以佛的教導，十波羅蜜（十波羅蜜都是到彼岸的），還有四無量心、慈悲喜捨，令一切衆生歡喜。〈疏鈔〉上解釋說「小人以人從欲」，人是隨著欲念轉的；「君子以欲從人」，君子讓欲望屈從於人，兩個是相反的。有句話「無心作惡，雖惡而不罰；有心爲善，雖善而不賞。」有心作惡，這惡就重了，無心作惡，這惡很小的，這是根據中國古話說的。但是佛教不這樣說，有心爲善的，善有善果，無心爲惡的，惡也有惡果。無論有心沒心，你只要有業，有業一定要有果，業是因，有因一定有果。

如果你沒有我執、沒有我見，你所做的事業盡是利益別人的，這個果就大了，這是善果；雖然你無心作惡，我不是有意的去殺人，或者不是有意的放火，有過沒過呢？過仍然是有的。

看山西小煤窯的煤礦，那煤不是在山外頭，得打很深的洞才能挖到煤，工人們自己也在洞子裡頭挖，他們想塌方嗎？他們想冒頂嗎？像北京西山門頭溝，挖進地底七十華里的地方才有煤。從那打煤，再用滑車把它運出來。像這麼長的空間怎麼辦呢？拿柱子頂上，如果上頭塌下來，行話叫「冒頂」，頂子蓋罩下來了，你墊在那底下，還出得來嗎？即使中間塌下來，你也一樣出不來，必須得外邊的人再把它挖通了才出得來。進礦井的工人，挖煤炭也好，採石油也好，或者採石棉礦、採雲母礦，都是挖進去很深很深的，把山打洞一邊往裡挖一邊往外出，年代久了，那裡就挖進去很深很深的。

像這種作業，危險性非常大，工資待遇非常少，爲什麼還要去做呢？這叫業。今年近幾個月，報紙上刊登山西塌了好多個小煤洞，影響很大的。塌方或者電力出問題，或冒出水來，挖著挖著忽然間把水挖冒了，上頭都是水，人還怎麼跑？爲什麼還有人去做這些事呢？利之所在，有利可圖，總比失業強吧？你要吃飯、要生活，這就是逼迫性，這就是業。

怎麼轉這個業？怎麼消這個業呢？比如三寶弟子，我們沒有這些苦難，因爲我們沒做這些事。但是你在這裡修道，吃飯、穿衣服、生活來源不是要依靠人家的嗎？你得給他們迴向，把你修行的力量迴向給他們。無論你是四衆弟子的優婆塞、優婆夷、比丘、比丘尼，你懂得這個道理，給他們迴向，把你所得的功德迴向給他們，讓他們消災免難。這就是慈悲，拔除他們的痛苦，給他們快樂。這個主方神所做的事情就是這件事情，讓一切衆生生歡喜。

這十個主方神，前頭先標一個名字、題目，我們前面講了方無定方，十方是無方之方，懂得這個涵義吧？《華嚴經》講：東不是東，北不是北，這叫方無定方。因爲佛教講圓滿，哪是頭？哪是尾？哪是東？哪是西？這裡頭每個主方神都是菩薩寄位的，他們也能夠如是「方無定方」，業也不定業。道友們經常說：「我的業障很重、很深。」但是你從業性本空上講，「業」沒有，是你造的，所造的這個業沒有性體，本是空的，業性本空，是你心裡造的，惡也好、善也好，都是你心造的，哪個心呢？妄心！就是我們現在這個妄想心。現在你學佛了，依你的觀想力、修行力來斷妄心，妄心斷了，妄心所作的業也沒有了，所以才能成佛，要不然衆生怎麼能成佛呢？業若是固定的，就成不了了，把「方」都做這樣解釋。

以下講主方神讚歎佛的偈頌。

爾時徧住一切主方神承佛威力。普觀一切主方神衆。而說頌言。

如來自在出世間　教化一切諸羣生
普示法門令悟入　悉使當成無上智

前頭講偏住一切主方神，得了普救護一切衆生的解脫門，他有這個力量，得這個解脫了，解脫就是自在的意思。這是約菩薩一方面說。

約衆生一方面說，他雖然普能救護一切衆生，而衆生跟他沒有緣，還是救護不到的。佛門廣大，難度無緣之人。衆生無緣就是他過去沒有這個因，菩薩給他做增上緣來救他，也是辦不到；得衆生有這個因，他皈依三寶，跟三寶有因緣才能救度。他跟你無緣，救不了，你看他受苦受難，你也發心想救他，但是跟你無緣哪！現在苦難的人太多了，地球上現在六十多億人口，幸福的能有好多？即使是有幸福的人，他在幸福當中也不認爲幸福，人在福中不知福。他必須有受苦的時候，苦樂相對稱的時候，他才知道，但他也得有力量轉化。好比你自己心裡的煩惱，煩惱的苦，你得有因緣轉化。若懂得這種道理，在福中要知福。

因爲我們是三寶弟子，假藉三寶的力量能夠使一切衆生離苦得樂。爲什麼說「承佛威力，普觀一切主方神衆」呢？偏住一切主方神說偈頌的時候，所有菩薩當他利益衆生，或者他說一切法的時候，先求佛加持，讚歎佛。「如來自在出世間」，如來是自在的，不是業生的，業生的就不自在。如來沒有業，清淨業了。因此自在出世間，隨著眾生的緣，有因緣得度者，佛就出世間教化眾生，給眾生說法，或者以身示範，或者放光度他，說種種的法門，目的是讓眾生成無上智。

如來出世間是隨眾生的業，隨眾生的緣，「教化一切諸羣生」，如來出世的目的就是給眾生說法，令生覺悟離苦得樂。佛示現一切法門，令眾生聞法、悟道、生解、修行，然後才能成就無上智，這是徧住一切主方神，他得到普救護解脫門。

神通無量等眾生　隨其所樂示諸相
見者皆蒙出離苦　此現光神解脫力

這是普現光明主方神讚歎佛的偈頌，成辦、教化一切眾生，使眾生的業能夠轉化。

佛於暗障眾生海　為現法炬大光明
其光普照無不見　此行莊嚴之解脫

這是光行莊嚴主方神，得破一切眾生暗障喜樂大光明解脫門。這些在〈疏鈔〉上不解釋了，因為跟前面說的意思都相同。

具足世間種種音　普轉法輪無不解
眾生聽者煩惱滅　此徧住神之所悟

這是周行不礙主方神，他在一切處利益一切眾生，所說的法都不是白白說的，不是「唐喪」的。

一切世間所有名　佛名等彼而出生
悉使眾生離癡惑　此斷迷神所行處

世間眾生有種種的名，一個眾生有一個名字，佛的名號等彼眾生而出生。世間一切眾生，從佛的名號裡頭你就能明了了。現在教化我們的釋迦牟尼佛，華言就是「能仁寂默」。「能仁」，就是給一切眾生慈悲，大慈大悲就是仁；「寂默」是定，定能生慧，依著慧解，令一切眾生都能開悟、都能明了。

若有眾生至佛前　得聞如來美妙音
莫不心生大歡喜　徧遊虛空悟斯法

徧遊淨空主方神，「空」可不是虛空的空，「空」是無障礙的意思。這個主方神，他教化眾生沒有障礙，能發出說法的法音是美妙的，讓一切眾生都能懂，都能悟解，聞法了都能生歡喜，「莫不心生大歡喜」。

佛於一一剎那中　普雨無邊大法雨
悉使眾生煩惱滅　此雲幢神所了知

乾旱的時候，熱惱的時候，如果下場雨，眾生就生歡喜了。眾生在苦難之中，沒有能幫助他滅除苦難的；如果聞了法，如來出世了，能使他的苦難滅除，這是比喻如來說法像久旱的大雨一樣，人人都生歡喜，這是形容詞。雲幢大音主方神他得到了這個解脫門。

一切世間諸業海　佛昔開示等無異
普使眾生除業惑　此髻目神之所了

髻目無亂主方神，他示現一切眾生業的無差別自在力。眾生本具有無差別的自在力，所以不顯現者，是被所造的業遮蓋住了。這個主方神他示現一切眾生的業，這有兩種涵義：一者以身作則示現；一者給你說法示現，讓你明了，你明了了就有智慧，煩惱就輕了，什麼事情都知道怎麼做了，是這個涵義。

一切智地無有邊　一切眾生種種心
如來照見悉明了　此廣大門觀世入

普觀世業主方神，這不是觀世音菩薩，但是他也得到了跟觀世音菩薩相似的法門。「普觀」，普觀一切衆生，普觀一切衆生的業，觀察一切衆生在地獄、在餓鬼、在畜生道，乃至到人道、天道。他在一切趣中輪轉不停，輪轉不歇的，時而在人道，人道培福了生到天道，天道福享完了，那就不一定回到人道。或者畜生道、餓鬼道，就在六道輪迴流轉，沒有休息的時候，一切衆生常時這樣流轉，沒有休息。菩薩就這樣給衆生說法，來救度衆生，使衆生能得到解脫，得到解脫就能得到自在了。

普觀一切衆生的種種業，觀察一切衆生的種種趣，趣是衆生的六道。我們不講別的道，別的道我們還不清楚，人道該清楚吧？你自己是個人吧？人生一世，就人的這一世，你能知道嗎？你知道的是眼前的，不知道的太多了。一切衆生有種種心，這是妄心，不是眞心。種種心就有種種的妄想，有種種的貪求，這個大家都能明了。明了是明了，但是你化度別人的時候，沒有辦法，不能說我所愛好的，別人也愛好，不一定！而且絕對不是這樣子的。你愛好的，別人不見得愛好，你不愛好的，說不定別人很貪求。衆生的種種心，如來以他的智慧、定力都能夠知道。普觀世業主方神，他觀察世間相，世間所作業，世間衆生的種種趣向，而應機說法教化你，使你能得度。

佛於往昔修諸行　無量諸度悉圓滿
大慈哀愍利眾生　此徧遊神之解脫

周徧遊覽主方神，「遊覽」就是居無定所，他教化眾生的環境非常普徧，不是在一個地方，方無定方。他所做的事，就是教化眾生，令一切眾生都能得度脫，都能夠圓滿，什麼時候圓滿呢？成佛就圓滿了。眾生在六道輪迴的苦難當中，引起了菩薩的大慈哀愍。眾生得不到解脫、自在，菩薩就給他說法，讓他解脫自在，不再貪求，眾生一解脫就生歡喜，一苦惱就束縛。這在很多大菩薩當中，意思都相同的，要解說都可以解說，解說一個，其餘一百二十多眾，都是類似相同。

〈世主妙嚴品〉，談天、說地、講鬼、講神，他們的願力跟度生的事業，都是相同的。有時候提醒一下，多說幾句，但是義理都是相同的，目的是讓一切眾生離苦得樂，得到究竟，不究竟只得到半截樂，是不行的，得到究竟樂，究竟樂是什麼呢？讓一切眾生都成佛，涵義是這樣。

這麼多的佛、這麼多的菩薩來度眾生，爲什麼我們到現在還沒有得度呢？若說我們完全沒得度，也不對。例如我們四眾弟子，比丘、比丘尼、優婆塞、優婆夷，皈依三寶、入了佛門，算是得度？算是沒得度？說得度了，但我們還不能達到解脫，還不能自在。生，我們是不知道，這是我們作不了主的事。可是我們能作主的事又有好多呢？病苦，你也作不了主。每個人都害過病，病的時候你能作得了主？當你發高燒的時候，燒到四十度了，什麼都不知道，你還作得了什麼主呢？誰都不願意老，誰願意老嗎？但是誰也控制不了，人人都得老。

因爲你們還沒老，不知道爲什麼我把老說成是苦，生老病死，老跟病跟生一樣的苦。老有什麼苦呢？你的六根都不靈活了，眼睛看不見的多，看得見的少，過去是看得見的多，看不見的少，一老，翻過來了，眼睛花了。我看我們有好多的道友戴上眼鏡，不是近視就是老花眼，近視非常的多，眼睛還有其他種病的，得找幫助。你說戴著眼鏡好呢？不戴眼鏡好？小孩的時候，看見人家戴個眼鏡，他高興了，玩的時候他也要戴眼鏡，等到你有病了，戴著眼鏡，你感覺這就是負擔了，如果忘記戴眼鏡，什麼也看不見。耳朵呢？也是聽得見的少，聽不見的多。老了還能夠自理生活的，還不錯，不能自理生活的，那就苦了，但是這也是業有所不同。

我現在九十歲了，走路不像年輕的時候，眼睛好像還好，還沒戴眼鏡，但是現在有一隻耳朵開始有點失靈，另一隻耳朵還靈。兩個一樣的，爲什麼一個不靈，一個就靈？不靈了也不是完全不靈。老的苦，你得老了才體會得到。每個人都害過病，有的病能治療好；但是慢性的病，天天吃藥、天天打針，這也是負擔，苦不苦？這些你都體會到了。然後你回來想：「我皈依三寶了，怎麼還有這麼多的不如意？」我們有很多道友都是這樣的，不知道佛法有多好，他認爲皈依三寶了，生老病死苦都沒有了，哪有這麼快的事？不可能。這是你過去的業，你現在是業報身，業報身就得還報，知道還報嗎？還報就要受，你要歡喜受，高高興興地受，管他什麼報來了：「自己作的業，還給人家就好了。」

你能這樣想，在你受的時候，就不會增加另外的痛苦，沒有什麼利息，不加深負擔。當你受報的時候，不願意受、抱怨，不願意受也得受，但是你一抱怨，增加一倍，還得付利息呢！就像你借錢的時候，借完錢了，不給人家利息嗎？爲什麼你今生常害病？你過去殺業很重，你還了命債，命債還了不行，還有餘報，餘報完了還有花報。你受的那是果報，花報、餘報就是附加的利息。你受的時候不高興受，還的時候賴帳，那怎麼辦？還加利息。

我們說消災免難，災怎麼樣消？難怎麼樣免？求佛菩薩加持，不錯，是佛菩薩加持。但是你得感，你不感能應嗎？感應、感應，那得看你感的程度。你的業很重，感的時候付出的很少，磕幾十個頭，或者拜上一個星期的懺，就想把無量劫的罪一下子都滅脫，這是辦不到的，減一點是可以了。因爲你感的力量小，應的力量也就不大了；佛菩薩只能夠給你解說，使你明心，見著你自己的體性，你的業障才能究竟消失。懂得這個道理了，就不要抱怨。

我們很多道友學了佛，認爲三寶就應該把他的一切災難都給免除。剛信佛沒有三年五年，就想公司發大財，哪有那麼便宜的事？不可能的。發了財又如何呢？發了財是造善業，還是造惡業？你自己都不知道，但是佛菩薩有神通，像這些主方神他都知道啊！因此，修行聞法不是一件簡單的事，要付出耐心，要忍，忍什麼呢？你的業已經造成了，現在我們是在定業當中，要轉這個定業，你得付出很大的力量來轉變你的生活，讓你的生活很愉快、安定。

每次跟大家講課的時候，我都講：「人在福中不知福。」現在這個地球上，人類所受的災難，你在屋子裡坐著，也沒惹誰也沒招誰，一個導彈來了，這一炸大家還不死嗎？我們沒有這個業，沒有這種災禍。現在你若生到巴勒斯坦，或者生在伊拉克，無緣無故的又一個導彈飛來了，無緣無故飛機又炸來了，天天都是這樣子生活，你說這個業怎麼辦？不但不消，還要增加，煩惱越重，他要報復，那報復起來就沒完沒了。不但今生沒完，來生也沒完，生生世世就這樣下去，互相鬥爭。

我們現在安安靜靜的在這裡學佛，這不是加持嗎？現在好多地方沒水喝，大家想想，沒水喝的日子怎麼過？這事我們不用擔心吧？五臺山是文殊菩薩的道場，只要你辦道，五臺山在哪個地方挖都有水。你到山裡頭，總有水給你吃；沒糧食，有人送，每年有好多人往五臺山送糧食。普壽寺幾百人吃的，我們沒有買過糧食，是人家供養的，這就是你自己的善業力量。不管人家怎麼亂，我們在這照樣的每天上課學法。學完了得要做，那些菩薩這麼做了，我們也要學著這麼做。他來度我們，我們接受他的教化，又去度別人。

你每天從早晨三點半鐘起床之後，就開始念經，連吃飯都在念咒。我們吃飯過齋的時候，得先念念，然後再吃，吃完飯還得給人家迴向。我們天天在佛法僧三寶當中熏習，這就是〈大乘起信論〉講的二種熏習。你的一舉一動都有人監視，你心裡想什麼，這些大菩薩都有他心通，你心裡想什麼，那些菩薩都在照著你。你欺騙誰？除了騙自己誰也騙不了，自己心裡也很明白：「嗯！這事不合乎三寶要求。」

現在我們講戒律，戒律就是鏡子，對照一下吧！佛經都是鏡子。像這些主方神，還有前頭講的那些神，我們的肉眼看不見。俗話說「舉頭三尺有神明」，豈止三尺，在你心裡頭都有。諸佛菩薩坐微塵裡轉大法輪，每一個微塵裡都有。善財童子入普賢菩薩一個毛孔中，見了無量的佛世界。普賢菩薩如是，我們也如是。大菩薩入我們一個毛孔中，自己不知道，他把這一毛孔轉變成了一法界，叫法界總體，一一微塵都如是。

懂得這個道理了，華嚴義你就知道了。可別造業，你一造業，盡虛空徧法界你造的這個業都現。消失也如是，盡虛空徧法界，你的業都消失了。你如果有觀想力的話，磕個頭，盡虛空徧法界，每個佛、菩薩前都有你在磕頭，這樣去觀想力，業障消失得就很快。

下面講主空神，也是十法。

主空神十法

復次淨光普照主空神。得普知諸趣一切眾生心解脫門。普遊深廣主空神。得普入法界解脫門。生吉祥風主空神。得了達無邊境界身相解脫門。離障安住主空神。得能除一切眾生業惑障解脫門。廣步妙髻主空神。得普觀察思惟廣大行海解脫門。無礙光燄主空神。得大悲光普救護一切眾生厄難解脫門。無礙勝力主空神。得普入一切無所著福德力解脫門。離垢光明主空神。得能令一切眾生心離諸蓋清淨解脫門。深遠妙音主空神。得普見十方智光明解脫門。光徧十方主空神。得不動本處而普現世間解脫門。

不止是有形有相的才有神在管，空也有神在管，這個就要靠大家的觀想力了。

「淨光普照主空神，得普知諸趣一切衆生心解脫門。」「淨光」是清淨的光明，凡是說光明都是指智慧。智慧從哪來的？從心裡頭來的，這個心是眞心。眞心悟得、明白了，明白了解了，解就是明白，明白了要行，行就是功用、修行，然後達到回歸實相理體，就是《華嚴經》所講的一眞法界。回歸自己的本性，本來的一眞法界，那就得一切光明普照。像我們的眼睛，看得很近，有一點障礙就障住了；

天人的眼睛，他能看事而不能見理；羅漢的眼睛，他能見理，但是只得到一半。我們這肉眼，沒有日、沒有月、沒有燈光，什麼也見不到。

淨光普照主空神，他的眼睛廣照一切，萬象歷然，他心裡清清楚楚的，所以能知道一切衆生心在想什麼。衆生心就包括人、天、修羅、地獄、餓鬼、畜生，一切衆生都包括了。不說別道的衆生，我們連人的心想什麼也不知道，甚至連自己的心胡思亂想的時候，你也制止不了。菩薩呢？淨光普照主空神這位菩薩，他能普知道一切衆生心，不論哪一道的衆生他都能知道，他是從理上知道。我們讀《金剛經》，佛說的衆生心是什麼樣子呢？知道衆生心，過去心不可得，現在心不住，未來心還沒來，這叫他心自在通，能夠自在知一切衆生的妄想心。淨光普照主空神，他能知道一切諸趣衆生的心，這是說他修得的。

「普遊深廣主空神，得普入法界解脫門。」這是約法說的，他是以法爲身，法身所起的智慧深廣，這是約理說的，然後徧照一切事。法界之內，法就是心，界是生起一切法的心，這就是法界，界是能生，法是所生，心生一切萬法。

「生吉祥風主空神，得了達無邊境界身相解脫門。」佛身如空是無邊境，無生無染爲吉祥風。這是解釋吉祥風，什麼叫吉祥風？無染垢故。我們不是講吉祥如意嗎？說這風一吹到你，就如意了。

「離障安住主空神，得能除一切衆生業惑障解脫門。」一切衆生聞法得除障，我們經常說「三障蠲除」。哪三障呢？惑、業、苦。心裡起惑，身造殺、盜、淫；口妄言、綺語、兩舌、惡口；意業貪、瞋、癡，這十種惡業給你產生三種障礙。心裡起惑，這叫惑業。一起惑了，惑業給你做障礙，叫惑障。心裡起念，只有惑，但不能馬上止住，因此心就支配你的身體去做，而身做的無非是殺、盜、淫業，起惑造業，所造的業給你做障礙，叫業障。造了業就要受報，由業所生的報即是報障。

你若不離開惑、業、報這三種障礙，沒辦法了生死，沒辦法悟得你的本心。三障若是沒有了，就能住二空境界，能達到無我，人我之見空了，然後還得到法空的理，只是人我空不行，得法我也空，一切法也不存在了，這叫二空。因爲你空不了，空不了就有障礙，有障礙了你所有的業障、惑障、報障就解脫不了。如果能夠離開三障，得到二空理，一切都自在。

「廣步妙髻主空神，得普觀察思惟廣大行海解脫門。」廣大行有兩種，一是向諸佛求法，一是下化一切衆生，上求下化。爲了度一切衆生故，我們求佛加持，向佛求法，再以此法給衆生說，這就是「上求下化」廣大行。

「無礙光燄主空神，得大悲光普救護一切衆生厄難解脫門。」衆生在生死輪轉當中，厄難是無窮無盡的，以大悲智慧之光明來照觸衆生，蠲除衆生的厄難。

「無礙勝力主空神，得普入一切無所著福德力解脫門。」「福」、「智」相導，就叫勝力。福慧兩足尊，福是救度衆生、利益衆生，布施給一切衆生布施什麼呢？財、法。財解除眾生生活的困難，法解除眾生心裡的障礙，這樣就能夠救護一切眾生的厄難。眾生在生死苦海之中，以大悲心、智慧心來接濟他，來救他的苦難。

「離垢光明主空神，得能令一切眾生心離諸蓋清淨解脫門。」離諸蓋纏，五蓋十纏，財、色、名、食、睡把你蓋住了，蓋住你的清淨，令你不得解脫。

「深遠妙音主空神，得普見十方智光明解脫門。」「妙音」，音聲美妙、善說一切佛的功德，說一切諸法的道理，這叫妙音善說。聲音美妙，善說理和事，給有緣者解釋得很清楚，讓他知道怎麼樣去悟得理，以理成就他所做的一切事。事與理相合，那他所做的事都能夠如理，如理就能得到解脫。

「光偏十方主空神，得不動本處而普現世間解脫門。」這是「如來」的意思，如者不動，本體不動而能普現十方化度眾生，就是不壞自己所處的本處，而能稱周十方世界，去利益眾生。例如你的肉體在五臺山沒有動，但是你能夠示現到各個省分去弘法利生，有這種神通，這叫化身，用神識去化度眾生。

過去的大德清涼國師，他發願想作〈疏鈔〉，因此求諸佛菩薩加持。結果他就做了個夢，夢見他的身化成一條大龍，偏於十方興雲布雨。醒來之後，他就非常的歡喜，知道他所作的〈疏鈔〉能夠普利十方。現在大家學《華嚴經》，所依據的註解，就是清涼國師的〈華嚴疏鈔〉。以後，清朝康熙年間的道霈禪師根據〈疏鈔〉

以及方山長者李通玄的〈合論〉，作了一部〈華嚴疏論纂要〉，把〈疏鈔〉跟〈合論〉編纂結合成一本，讓一切的學者依據這個來學。

我們大致先把主空神說了一下，以下就是十個主空神，根據他所證得的佛的某一個法門，他就說偈讚歎佛，一共十個偈頌，每一個偈頌一個主空神。

爾時淨光普照主空神承佛威力。普觀一切主空神眾。而說頌言。

這是十個主空神。空有什麼可主？因爲「空」有不空的一面，空是對著不空說的。空是空什麼？不空是什麼？華嚴義的空是指最究竟說的，指清淨的本體，也就是《大方廣佛華嚴經》的大，空無諸相，一切法都不立。但是，另外一方面，不空就是方和廣，相跟用不空。相跟用是依著體而起的，體空故相用也空，體隨緣故。因爲一切衆生空不了，佛要利益衆生，讓衆生能夠理解到，理解到什麼呢？理解到你的心。衆生心是不空的，衆生的體是空的。諸佛菩薩化度衆生，讓衆生都能夠業障消除。業障消除，障礙沒有了，就是解脫了，解脫就是空義。這十位主空神爲了利益一切衆生故，能夠空而不空，要先懂得這個涵義。淨光普照主空神，觀這一切主空神衆，讚歎佛的功德，因爲他們都是依著佛的教化而得證空義，隨著佛利益衆生，示現空義。

如來廣大目　清淨如虛空　普見諸眾生　一切悉明了

「如來廣大目」，讚歎如來的眼，目是眼睛，如來的六根跟眾生的六根不同，廣大是無邊際的意思。如來的眼目是清淨的，清淨到什麼程度？像虛空一樣的。在有形有相當中，任何染污、不淨法，染污不到虛空。現在下雨，空中瀰漫，但沒有染污虛空，因爲空中能融攝。佛的廣大目，見一切眾生。眾生是染污、煩惱、不清淨的。可是如來的眼目是清淨的，他看一切眾生所有的因果、所有的不淨，他都要轉化成爲清淨。

眾生所有的業、所有的行，如來都是明了的，淨光普主空照神他也得到一切眾生的心。眾生的心是空不了的，煩惱障礙，但是可建立在空中，能夠得知到一切眾生的心。人趣的眾生，他的心，他所思念的、他所想的不同；地獄趣的眾生，他所想的又不同了。畜生道的種種一切眾生，不論體積的大小，或者有色、無色的；我們所見到的眾生都是有色相的，無色的眾生我們見不到，心力達不到，眼力也達不到。

這是說一切諸趣眾生，在空中生存的一切眾生，他都能明了。佛度眾生是平等、沒有區別的，區別是在眾生。眾生本身有區別，有的見佛，有的不見佛；有的聞法，有的不能聞法；有的在受苦，有的在享樂；有的眾生很安靜，有的眾生非常痛苦、熱惱。例如，現在我們在這很安靜來學法、學經，就在同一個時間，有的眾生正受炸彈的互相攻打，互相仇殺。種種眾生種種業，業所感的種種的果，一切諸佛都能明了。

「淨光普照」，普照的涵義是他普能明了，沒有不知的。大家不要把這個空說他什麼都沒有、什麼都空掉了，空還有不空的涵義呢！空是對著不空說的，沒有不空又建立什麼空呢？知道這樣子就明白了。現在我們都是不空的，因爲我們都有身體，這肉體是你最大的障礙，一切煩惱、一切不得解脫，都在這個肉體上，一天到晚都爲他奔忙，熱了不好受，冷了也不好受。不吃飯肚子餓了不好受，吃飽了脹得不好受，你想想，就因爲不空。

空了不就沒事了嗎？可是，空不了。所以，不要認爲什麼都沒有了，什麼都沒了，主空神他管理什麼？他是對著不空一面說的，他能知道一切眾生的心，不管他落在哪一道、哪一趣。知道他心裡想什麼，你才能教化他，才能幫助他，但是得建立一個字「緣」，有緣沒緣。我們佛弟子遇著一些災難，然後化解了，那是你過去的善業，尤其你跟諸佛菩薩的因緣，護法神的因緣。他化解了，你並不知道，佛菩薩利益眾生也不讓你去報恩，也不會讓你酬答，怎麼化解的？你並不知道，誰幫助你了？是過去有緣的幫助你，但是你並不能理解。等你皈依三寶，念佛法僧了，你才懂得，不然你以前連這個都懂得不到，都明白不了。第一個主空神多講一講，以下就不大講了，自己跟著經文的意思，看一看就行了。

佛身大光明　徧照於十方　處處現前住　普遊觀此道

這是普遊深廣主空神，他得入法界解脫，跟如來的大光明，如來的廣大目，涵義都是一樣的。

佛身如虛空　無生無所取　無得無自性　吉祥風所見

這是生吉祥風的主空神，這個主空神不空吧？他能生起吉祥風，如果沾著他的風，災難熱惱都化除。他得了達什麼呢？無邊境界身相，以無邊境界身相作爲他的身，因爲在空中能建立一切。在這個生吉祥風主空神裡頭講這個空，現在講虛空，這是根據清涼國師的〈疏鈔〉，根據道霈禪師的〈纂要〉來解釋的。

空有四義，含著五法，「四義五法」，這四義含著五種的道理。

第一是離能取生，離能取就是絕對待，絕對待了就是妄想不生了。哪有妄想了呢？離絕妄想，杜絕妄想，這是空的第一個涵義。

第二是離所取相，執著、貪著有形相、有名字的，若離開形相、名字，那你又取個什麼呢？

第三是境無自性，能取的妄想心沒有了，所取的境界相沒有了，一切境界就靜止了，如如不動。

第四是心無所得，是爲正智。正智者就是眞正的智慧，如理的智慧，稱法界而起的眞智。無所得故，因爲沒有能取相、所取相，一切境界都無自性，所以就無所得了。在我們迷的時候，一切的名相、一切的事物，都是我們妄想生起的，悟得名相無自性、本來自如，這就翻迷成悟，把你的執著解脫，執著變成智慧了。這是境外的智？還是內心生起的智？都不是。「無」者是指體說的，這是大的本體，離開體一切諸法都沒有，體是什麼？體就是如，如來的如，能取和所取、境和智一如。寂靜是禪定，照見就是智慧，境寂智空，外邊境寂靜下來了，能觀的智也空。本體的智，照本體的體，這種作用就是相和用，大方廣的相和用，就是一體。

坐禪的時候，達到這種心無所生，無有能緣所緣，也沒有能取、所取，妄心歇下來寂靜了，心亡境寂，究竟成就了。寂呢？我們說這諸大菩薩，就說這個幾個主空神，並不是什麼作用都沒有了，因爲寂者才能常用，常用者才能用於利益一切衆生。雖然利益衆生而不動本體，就是用而常寂，這種道理達到什麼呢？達到究竟空義，究竟空義是空而不空，雖然運作很多度生事業，而度生事業是沒有衆生相的，無罣無礙，這樣所見的佛是自心佛。

我們前面講，相信自己就是毗盧遮那佛。我們不是講妙吉祥嗎？這是最吉祥的！這就是四義。四義含著五法，哪五法呢？依《楞伽經》的次第爲：名、相、妄想、正智、如如。在〈瑜伽師地論〉的次第則爲：相、名、分別、眞如、正智。這道理很深了，現在我們是略說一下而已了，後面會講到次第、行布，我們現在講的是圓融，沒講行布，要等到開始講經文，才會明白這種意思。

我們現在講了兩個月還是在序分，談天、說鬼、說神，鬼神也是自然的，天也是自然義。往圓融會，佛的毗盧遮那佛體如是，所以護法、隨從大眾也都如是，這些大士都如是。

如來無量劫　廣說諸聖道　普滅眾生障　圓光悟此門

離障安住主空神，他得到除一切眾生業惑障解脫，能夠入聖道。

我觀佛往昔　所集菩提行　悉為安世間　妙髻行斯境

這是廣步妙髻主空神讚歎佛的，他說：「我普觀察、思惟佛往昔依著所修的行門，所修的功力，所得到的解脫海。」爲什麼？安住世間，度一切眾生。佛從發願去行菩薩道時候開始起，目的只有一個，救離眾生苦。像我們所知道的阿彌陀佛，他看到眾生苦，因此發願使眾生安住，依願力所成，建立一個極樂世界，一切菩薩都如是的。

一切眾生界　流轉生死海　佛放滅苦光　無礙神能見

這是無礙光燄主空神，大悲普救護，一切衆生在生死海中流轉，佛就放滅苦的光，滅苦的光，悲能拔苦，就是大悲光，無礙光燄主空神他也能悟得這個道理。在生死海中，沒邊沒際。什麼是頭？在生死海裡流轉，什麼時候能解決？能到岸？形容它無邊無際。只要你回頭了，回頭是岸。

另外，又形容他甚深故。你想渡海，但是沒有船、沒有工具，你怎麼渡？難度。海水是鹹的，你再渴也不能喝海水，越喝越渴，解決不了渴的問題。入海取寶，世間所有的寶藏，大海裡都有，拿海來形容佛度衆生界，有這幾種涵義。所以，衆生流轉，菩薩入這流轉的流來度衆生。

空嗎？主空神所主的內容都是不空的。

清淨功德藏　能為世福田　隨以智開覺　力神於此悟

無礙勝力主空神，他普入一切無所著福德力。無所著是一切苦難無所著，沒苦難；福德力無所著，沒福德力，空的。但是爲了衆生，衆生爲度苦難而求福德，求福德有了力量了，苦難也就度過了，如此，福德沒有了也不立了。因爲，立此是對著彼說的，利益我是對著他說的，我、你、他，我若沒有了，其他都不成立了，總說就是這個涵義。

眾生癡所覆　流轉於險道　佛為放光明　離垢神能證

離垢光明主空神得到令一切衆生離了貪、瞋、癡，離了蓋覆。離了就解脫了，空了就解脫了；空，就沒有障礙了。換句話說，你看破了，放下吧！放下就自在了。有的衆生負重，揹著一百斤、兩百斤，這叫負重。揹著東西，很苦啊！揹起來走也走不動，放下吧！放不下，不可能放下。例如你在碼頭上，船碼頭或者卸貨裝車，當我們看見勞動者，我們說：「你放下吧！你放下不就自在了嗎？」「放下沒錢賺，沒錢怎麼吃飯？」所以，自在不了。

還有，第二個問題，很多道友說心裡憂苦煩惱。我們說：「放下吧！放下不就不憂苦了。」問題是他放不下。爲什麼放不下？有很多原因，他會說種種放不下的理由。人將臨命終的時候，或者哪位道友臨命終的時候，你去給他助念，若放下了，他會走的非常歡樂、愉快，這樣走了，他還會墮落三惡道嗎？不會的，放不下就是死不下去。

有人寫了副對聯：「到死方知身是苦」，到了要死的時候，才知道身是苦的，

「何人肯向死前修」，知道身是苦的，何不在活著時就放下呢？說我們三寶弟子，出了家了，出家照樣放不下。誰放下了，誰就自在。爲什麼你不自在？放不下，放不下就不自在。懂得這種道理，就能悟入了。

我們看人跟畜生，分別知見、人我知見很深的，說人不是畜生，畜生絕不是人。但是，有時畜生比人還強的，你看故事中，講義狗、義馬的，連貓都能救主人，連鹿子牠都有慈愛的心。但是，人也不能普徧地說，有些人做的事就不是人事，不是人事就是畜生的事了，他還會做連畜生都不做的，那就人不如畜了。人畜都是六道輪轉的一個象徵而已，你若是看破、放下了，一切都沒有了。有人說：生死苦海無邊無岸，回頭來吧！你怎麼來的？你怎麼掉到生死苦海裡的？你在哪掉下去的？再回到你原來的地方，不就解脫了？

這種空義是《金剛經》上講的，須菩提問佛：一切衆生若想修菩薩道得成就佛，應該怎麼樣住我這個心？云何應住？還有，我們一天當中，老是降伏不了自己的心，云何降伏其心？一切衆生若想要能夠成佛，希求成佛，就是把你的心安住好就好了，安住好了就成佛了。「住心」、「降伏」，降伏才能住，住了才能降伏！你不住降伏不了，降伏了才能住，降伏不了，你也住不了。我們每天就是降伏不了，隨你的心所造的業，這個業包括善業，善業也如是，善業也要受報的，但是你求之不得，爲什麼呢？善業受善報。

現在我們想得神通，有沒有想得神通的？我看大家都想得神通，神通就是用，善業所感的，那也是報。我們講狐、黃、柳、豆，人間的四大仙，也要看牠是那一種類，並不是狐狸都能成仙的，人有地仙，並不是人都是地仙。衆生有種種類，佛說種種法。空是對著有說的，空是讓你空掉那個煩惱，空掉那個障礙。你所做的佛功德，報身如來「盧舍那佛」是不空的，功德藏不空。空是讓你把一切煩惱、把一切習氣都空掉。無礙勝力主空神，他得普入了一切無所著福德力。

「清淨功德藏，能爲世福田；隨以智開覺，力神於此悟。」「清淨」是對著「垢染」說的，世間的福德相，我們叫福田，田是土地。福是怎麼來的？種福就得福了。

「能爲世福田」，我們披的衣都是縫一格一格的，這是田相，這衣就是福田衣。有人見你，恭敬你、供養你，他種了福田。但是你這塊土地，是不是能給人生福？那你自己要考慮了，因爲你是佛弟子、是三寶，人家供養你，在你這個田地裡種點種子，乃至磕頭、禮拜做身供養，或供養你一點兒財物。但是，我們有個錯覺，第一個錯覺，第二個佛制的戒。有些人不受供養，這個對不對呢？你若不披這個衣，你是對的。你披了這個衣，如果其他衆生向你求福，他想在你身邊求福，你不讓他求、你拒絕，這個是不對的。

所以，清淨功德藏才能爲世間的福田，你這塊土地是清淨的，含藏著很多的功德，人家一種下去，生出來清淨功德。但是你得有智慧，使人家能夠覺悟，開示覺悟。他供養你是事物，你回供養他的是法。你說：「我不會說法！」「你會念阿彌陀佛不？會念觀世音菩薩、地藏菩薩聖號不？會念文殊師利菩薩聖號不？」不論人家供養你什麼物質，眞誠地默念，雖然你沒有力量，但是你可以假藉佛的力量、菩薩的力量，還饋給他。

在經典裡面，或在教義裡頭說：阿羅漢不度衆生，沒有發大慈悲心。這說的是他的一面，他沒有發大悲心，但是哪個阿羅漢在乞食時候，不給人家說個四言八句呀？四言八句就是佛法。當他受食完了，一定要問人家：「汝有何所願？」說你想什麼？求什麼？「汝有何所求？」你求什麼？然後你還得給人家說，要滿人家願，滿足人家所求。每個受供完了，都要問一問施主：「何所願？何所求？」

像我們過齋堂，雖然不是到外頭挨家去乞求，但是過齋堂完了也得念，受食的供養，這就叫爲世福田。因爲你自己有清淨的功德藏，含藏的清淨功德，你這裡頭所裝的，不是世間財物，而是清淨的功德，能給一切世間作福田。「隨以智開覺」，就看你的智慧大小，給衆生說法或念一句佛號，念聖號也是說法。

「衆生癡所覆，流轉於險道；佛爲放光明，離垢神能證。」離垢光明主空神，他得令一切衆生心得到清淨，把一切蓋纏、煩惱都離開，離開蓋纏、煩惱就解脫了。不解脫的就是蓋纏、煩惱，解脫不了就消除不了熱惱。現在我們這裡的天氣，突然間又很冷了，頭兩天還很熱的。但是，有熱惱的人他不感覺冷，因爲他那煩惱火非常地高。人要發脾氣的時候，臉也紅了、筋也脹了，有的人要跳三丈高，又跳又蹦的，看那打架、鬥毆的，那說明什麼呢？說明煩惱、愚癡，愚癡就是沒得智慧，人家一言、一句話，或者某一件事，不合乎他的心意了，煩惱就來了。煩惱是什麼呢？就是愚癡。愚癡的時候不明白、覆住了，被愚癡煩惱所覆住。

佛言：在生死的險道流轉，不得解脫。「佛為放光明，離垢神能證。」這個有很大的關係！什麼關係呢？佛給他放光明，他能接受得到不？佛這光明是常時放的，我們接受到了嗎？阿彌陀佛放光明，阿彌陀佛叫無量光、無量壽，我們接觸到光嗎？什麼原因呢？癡所覆，被那愚癡、障礙給你覆住了。「覆」是蓋覆、遮覆的意思，所以在險道流轉，不能出離。離垢光明主空神，他能令一切衆生心離一切諸蓋，清淨解脫。

智慧無邊際　悉現諸國土　光明照世間　妙音斯見佛

「妙音」是音聲很美妙，什麼音爲美妙呢？說的都是出離法，讓你出離世間，出離苦難。出離世間、出離苦難，得幸福了、得快樂了。這個主空神，他演的法妙音，能夠跟十方一切佛相合，智慧的光明能夠使你得解脫。

佛為度眾生　修行徧十方　如是大願心　普現能觀察

光徧十方主空神，他得到徧十方能行，不是走徧十方，是說他修行的功力徧十方，但是他是不動本處而徧十方，這是跟如來才相合的。菩薩度眾生，隨順眾生類，而他本身的菩薩行沒有斷過。文殊師利菩薩在五臺山並沒有動，他可以到十方去化度眾生，不動本際行化十方，所以，他度眾生時候能徧十方，他有這個大願力。

「普現能觀察」，普現不是普往，現是現光，不是去到那個地方。現在我們沒有這個本事，要到哪個地方弘法利人，你得到那地方去，你不能化現。這些大菩薩跟佛一樣，佛是不動本際而化現十方，而且他現的化身，使眾生見到就心生歡喜，聞法得度。這是十個主方神。

主風神十法

風也有人管，以下是主風神，也是十法。下雨、颳風，風不是常時間有的，也有管理他的。普通的風沒有什麼關係，像在美國，叫龍捲風，還有比龍捲風還厲害的，那種風很暴惡的，爲什麼他不常時現呢？常時現就不得了，風一過，時間很短促的。

以下就是主風神，還有前頭這些神類，都是大菩薩寄託到這一類，普現眾生，並不是一切主風神都能夠做到的。例如菩薩現眾生相、現人類，並不是人人都能去度眾生，並不是人人都不造業，懂得這個道理就行了。

復次無礙光明主風神。得普入佛法及一切世間解脫門。普現勇業主風神。得無量國土佛出現咸廣大供養解脫門。飄擊雲幢主風神。得以香風普滅一切眾生病解脫門。淨光莊嚴主風神。得普生一切眾生善根令摧滅重障山解脫門。力能竭水主風神。得能破無邊惡魔眾解脫門。大聲徧吼主風神。得永滅一切眾生怖解脫門。樹杪垂髻主風神。得入一切諸法實相辯才海解脫門。普行無礙主風神。得調伏一切眾生方便藏解脫門。種種宮殿主風神。得入寂靜禪定門。滅極重愚癡暗解脫門。大光普照主風神。得隨順一切眾生行無礙力解脫門。

十個主風神，在《華嚴經》，什麼都有人管，風也有人管，不是想颳就颳，這是成就的大菩薩，還有那沒成就的主風神，颳好長時間，颳到什麼地方，給你一定規定。像那下雨，在某個地方，要下好多點，多一點不行，少一點也不行。

颳風不是也要分成幾級嗎？那只是颱風說的。有的風非常地好，眾生得到那個風，夏天的時候微風吹動，有點風，很涼快！一切草木花草，那個風能幫助它成長，這是好的方面。像颳風沙的風，這是不好的，像龍捲風，這是破壞的。成就的有人管，破壞的也有人管，不是人管，而是神，這叫神，神力不思議。這也是業，主空的有主空的業，主風的有主風的業，主晝的有主晝的業，主夜的有主夜的業，各行有各行的業，神也如是。業是作用義，業是他造的因，由業因結的業果。

這十個主風神，我們一個一個地說他們修行的功力。無礙光明主風神，他得到「普入佛法及一切世間解脫門」。普入是方便善巧，無礙也是方便善巧。無礙光明主風神，他入一個什麼方便善巧慧呢？這叫方便風，與智慧光明合著，風中有光，他智慧能入甚深的法藏而沒有障礙，深入世間而無有影像。風有什麼影像？你給風照個相，風沒有相，你照到風吹樹動、風吹草偃。風來了，那草都倒下了，這是風吹的！風本身你照不到。那特大的風，吹得天昏地暗，什麼都看不見了，風大的時候，太陽光不現了；夜間刮大風，月亮光也不現了。風特大了，能遮蔽一切，這是形容風的力量。

但是這種主風神，他到人間化度眾生，沒有現相的，他入深法沒有障礙，他的智慧跟月光合、跟日光合，主風神深入世間，沒有什麼主風神的相。有些相我們能看得到的：海神、水神、主晝神、主夜神都有相，主風神是無相的，主空神也是無相的，身和空合，空還有什麼相呢？所以無礙光明主風神，他入了佛法，普徧地入世間而無有世間相，入世間而不執著世間相。

「普現勇業主風神，得無量國土佛出現咸廣大供養解脫門。」無量國土，佛都常時在出現。我們說看見釋迦牟尼佛，用肉眼是看不見了，爲什麼呢？雖然是在末法之中，法寶還在，從法寶的教授中，我們體會到佛的出現；因爲我們緣淺福薄，所以沒見到，雖然沒見到佛，但是化身佛利益衆生的相，我們是隨時跟他打交道。跟佛打交道，相信嗎？如果相信的話，不論你打開哪部經本，佛就現了，用文字把他說話的音聲記載下來，那也是佛的化身，看你怎麼樣理解。

每位道友讀佛經的時候，不論哪部經都可以，反正都是佛說的，當你打開經本，佛就現前了。你這樣理解了，佛就對你說了，你這樣理解了，你的恭敬心就非常的誠敬，而且都是自心顯現的。

我們最初講心法，「心生故種種法生」，你這個心生的是釋迦牟尼佛所說的法，你的心生了，釋迦牟尼；你的心生了，毗盧遮那，三位一體，法、報、化三身都現在前，這就是你的心顯現，佛在世的時候也是你自己心裡顯現，都是唯心所現。你這樣的來契入，契入就是使你自性的佛寶顯現，對著經就是你自己的法寶顯現。經是法，佛跟法和合了，僧是和合義，這是自性的僧寶顯現，三寶都在你自己自心，自心具足，「是心作佛，是心是佛」，就是這個涵義。

「普現勇業主風神，得無量國土佛出現的廣大供養解脫門。」菩薩發了菩提心，菩提心就是大心，只要發了菩提心，這叫大心菩薩。四衆弟子每天念經的時候，都在發菩提心，「什麼樣是菩提心？」一定要知道菩提心的涵義。菩提心有三種涵義：一個是對這個世間心生厭離。厭離的意思是：心不貪戀，意不顚倒，不被世間相所迷惑。自己如是理解了，然後生起大悲心，「大悲心」不是小的悲，不是有慈愛的悲，不是不平等的悲。我們這心不平等的，讓你對著一個螞蟻，特別對著老鼠、對著蟑螂，你能把牠看成是佛嗎？你能把牠看成是很好的道友嗎？我們這個心沒辦法平等。

爲什麼呢？大悲心不夠，大悲心滿足的人看見這個，他就非常難受：哎呀！你墮落這個人人討厭呀！你墮落老鼠不是人人討厭嗎？蟑螂、蒼蠅、蚊子，誰見著就想把牠打死，因爲牠給人帶來的是煩惱不是快樂。有一些畜生，一見了牠歡喜，牠給人帶來快樂，人家不但不煩惱，還要保護牠，不想整死牠，這就是不平等，這不是大悲。我們講的大悲心是對一切衆生平等平等的，但是這一種大悲得有智慧，沒有智慧的大悲是愛見大悲。喜歡的，你的大悲心很足；討厭的，大悲心沒有了，你還咒他，咒他早點死、早點消失吧！我打你們犯殺戒，叫別人把你打死吧！這不犯殺戒。這說的是下點藥讓牠死，老鼠藥、臭蟲藥。

過去有一位信佛很誠懇的老太太，天天「南無阿彌陀佛、南無阿彌陀佛」，念得很誠懇，她那灶臺上有了蟑螂，她就叫她小孫子：「哎呀！你拿一杯開水把牠們都倒了吧！阿彌陀佛、阿彌陀佛。」

這樣念佛跟阿彌陀佛能相合嗎？大悲心要般若智慧，發菩提心得厭離，大悲、般若、厭離，三心都具足了發菩提心，要具足這三種心得有覺悟，菩提心就翻覺，覺悟的心。發了菩提心就是覺悟的心，要走覺悟的道，就是你的行動。發心是回事，行動又是一回事。你這個心指導你的行動，然後你才證到菩提果，發心、行道、證果，三位一體的。但是，「初發心時便成正覺」，初發心跟你究竟成了佛果的那個佛心，「如是二心初心難」。發心不容易，發了心，有因必定結果；但是中間還得檢驗你的行，這個行不是外邊的，是你內心的，心裡所想的跟你最初所發的心是不是契合？不契合你就把他調整一下，讓他契合。

「普現勇業主風神，得無量國土佛出現咸廣大供養解脫門。」這個菩薩求菩提心的大心，持著眞正供佛的供具，這個供具又多又廣，多者就是廣，又大又莊嚴。以菩提心來作的供具，亦即法供養，能於一念供養無邊的佛，就像風似的，風在一念間過去了。風有速度慢的，有速度快的，那都是被主風神掌握了。有時，那風幾秒鐘一過，但是地表上所有的東西全不存在了；有的風一過，把大海水都吹到空中去了，所有大海水都吹到空中去了。那個風力有好多呢？爲什麼海水永不乾呢？它是循環的，永遠乾不了。風力把它吹到空中，變成潮濕的潮氣，那潮氣還落到地下，流到海裡，海裡還又吹起來，如此循環不停的，它怎麼乾得了？除非業乾了，業風把它吹到不讓它下來了，風不停的吹，那它就下不來了，這是自然的景象。這些主風神，是菩薩寄到這些地方。

「飄擊雲幢主風神，得以香風普滅一切眾生病解脫門。」不論哪類眾生，恐怕每個眾生都歡迎吧！香風，風還帶點香氣。這個風不疾不徐，不快不慢，是慈悲風，熱惱的時候，他現清涼；冬季寒冷的時候，他現溫暖。慈風，還能滅一切眾生的苦病，當然誰都歡迎了。

「淨光莊嚴主風神，得普生一切眾生善根，令摧滅重障山解脫門。」這種風也是我們求之不得，什麼風呢？福德智慧。成佛就是兩種，福智雙運，福足慧足來莊嚴他的淨土，莊嚴他的國土。他能令一切眾生所有的善根都成熟，所有的障礙煩惱都摧滅了。那重障像山那麼重的，風給它吹走，不讓它存在就解脫了。福德智慧之風把如山那些障礙都給你吹走了，沒有障礙了，沒有障礙你就解脫了，解脫了還不成就嗎？這個主風神誰都歡迎。

「力能竭水主風神，得能破無邊惡魔眾解脫門。」降伏惡魔眾，這主風神有降魔的力量。這裡說「竭水」，把水吹乾。什麼水？貪愛、欲愛水，五欲十纏的水，給你吹乾，以他的神力使你這個魔障都消失了。

十種魔軍，十力降魔。在〈疏鈔〉裡介紹，「欲」是最初的軍，你對它戰爭，像軍隊一樣的；饑渴也是軍，饑渴軍；睡眠軍，睡眠的蓋；利養軍，利養名聞。總的說起來，五欲、憂愁、饑渴、渴愛、睡眠、怖畏、懷疑、含毒、利養、自高，這是十種軍，也就是十種魔，這是〈大智度論〉上說的。你沾著虛妄的名聞利養，輕慢他人，對別人看不起，沒有智慧，沒有智慧就被這十種魔軍打敗了。現在這個主風神，他能破這無邊的魔衆，十種降魔，把這十種魔軍都消滅掉。

「大聲徧吼主風神，得永滅一切衆生怖解脫門。」衆生恐怖的事太多了，怕失掉名聞利養、不願意得病、怕病魔、怕壽命不長，顧慮太多了，經常的恐怖，恐怖就是心裡不安。我們都害怕，都有怖畏，恐怖什麼呢？

第一個怕活不成了，有失命的危險，怕不怕？這是一種恐怖。第二個惡名畏，人家敗壞你的名譽，破壞你，怕背惡名。第三個死畏，命快盡了，是你不能抵抗的，你沒有力量抵抗。第四個惡道畏，沒死惡道現前，你當然恐怖害怕了。

第五個大衆威德畏，大衆威德，衆人的德。你能處衆不畏，這也不容易。特別是法師們，以後，你看見人這麼多，想說的說不出來。特別是剛學著弘法的，看著人多了就害怕，心想：「是不是有十方大德，很有名望的大德，坐這來聽我講經來了？」你一看到他，「哎呀！他來聽我講經。」你心裡有恐怖，就講不好了，或像我們最初講經的時候，老師若坐在這來聽也是害怕。這時你要觀想，修什麼觀想呢？第一個觀想佛菩薩，或者觀想你哪一個本尊，或者觀想文殊師利菩薩，弘揚地藏法門的，就觀想地藏菩薩。你一坐這就想：「不是我在說，我是介紹。」

當你幫助別人的時候，也是想：「我沒有這個能力，我是介紹。」別人找你給迴向，你也作這樣想，沒有能力幫你消災，沒有能力讓你病苦不苦，沒能力讓你再多活幾年，但是我能給你介紹。就像開個介紹所，介紹什麼呢？你修哪一法，就介紹那一法。你修地藏法門，就代他求地藏菩薩，修觀音法門，代他求觀世音菩薩。他好了，得到利益了，他來感謝你。「不要感謝我，我只是一個介紹而已，感謝救度你的那個菩薩。」常能如是，效果非常大。別認爲自己了不起，你什麼都沒有，你有什麼？自己千萬不要以爲這是我的功德！不是你，你沒有這個本事，自己的業還消不了，你能幫助別人消嗎？很簡單的問題。你自己吃上頓沒下頓，還不知道怎麼辦呢？別人求你要發財，你給他一迴向，他靈了，發了財了，來感謝你。你有這個本事嗎？得謝謝護法神，不是你，這樣子你就無畏了。

學佛皈依三寶的人，天天修道的人，人的生命最寶貴了，除了怕死之外，你還怕什麼呢？死又有什麼可怕的呢？現在你活的很受罪。怎麼樣叫受罪？不自由，生、老、病、死，沒得病也得老。我就天天想：老了，走不動了！說話氣力也沒有那麼足，耳朵漸漸聽不見，眼睛漸漸發花，紅顏色的字看不清楚，要黑顏色的字才看得清楚，小字的也還勉強可以。生老病死不要怕，這是自然的規律，都如是，怕也沒得用，不會因爲你怕就可以解決問題。

爲什麼要怕？是因爲你心裡有恐怖。爲什麼要恐怖？你的罣礙太多了，「心無罣礙、無有恐怖」，大家會背《心經》吧？經上說的話是讓你用的，不是光會背就行了。心裡有罣礙才害怕，我什麼罣礙都沒有了，放下、看破，你怕什麼？若死了，老都老了，死了換個年輕的，不是更好一點嗎？換換跑道有什麼關係呀？人家前頭堵車了，你還往前跑，那不是鑽牛角尖嗎？到那停下來，你走不動了，換個道、繞個彎，多走幾步，你開汽車怕什麼？繞個彎多走個十分鐘。你不要怕死、墮惡道、大衆威德，你若怕的時候，念念《心經》，一念《心經》就知道「心無罣礙，無罣礙故，無有恐怖，遠離顛倒夢想」。

怎麼叫無有罣礙？般若波羅蜜是到彼岸，我依這個般若波羅蜜，沒有罣礙了，有智慧了。經上好多的話，到你用的時候，你觀想、把它搬到你的生活當中來，效果就大了。一回不靈，二回，二回不靈，三回，用上十回、八回的就靈了，隨時用隨時都靈，但是要有一字，要「信」哪！不信效果就不大。

你想：「我心裡什麼也不怕。」爲什麼？我沒有罣礙了。怕死跟想死，你若想死，死就離你很遠了；你不想死，死就逼迫你來了。但是，最後早晚還是得死，你怕它幹什麼？病，我們有個身體，有這身體想沒得病，辦不到的。你把身體看假了、空了，身體都沒有，誰愛生病誰生病，跟我什麼相干哪？心外之物，身體是你心外之物，不是你心內的，我們知道這個是我心外之物，這個不是我的。哪個是你的？眼睛是你的？不是。耳朵是你的？不是。沒有一樣是你的，能達到這樣子是無我了，無我就自在了。

「樹杪垂髻主風神，得入一切諸法實相辯才海解脫門。」得智入實相，證得回歸心性。

「普行無礙主風神，得調伏一切眾生方便藏解脫門。」調生得有方便善巧，沒有方便善巧你調不了生。先調你自己，要自己有方便善巧，有方便善巧就有智慧，從根本智產生方便智。所以《華嚴經》講十力、十智，從智慧裡頭又開慧、方、願、力，加上這四個就是十度了，這就是方便善巧。

「種種宮殿主風神，得入寂靜禪定門，滅極重愚癡暗解脫門。」連極重的愚癡都把它消滅。從最重的愚癡，經過你的磨煉，聞法、學法、開悟、行道，那就滅了，定慧雙運能把沒有智慧的黑暗都滅除，有了智慧，一切的愚癡黑暗都能滅除。

「大光普照主風神，得隨順一切眾生行無礙力解脫門。」我們都是靠著日、月、燈三光來照，但是這些得有風的力量。也就是說我們若想修行，要指揮你的行動必須得有智慧，沒智慧你的行動經常犯錯誤，方便力就有這樣好處，隨順眾生方便善巧無礙力，使眾生得解脫。

爾時無礙光明主風神承佛威力。普觀一切主風神眾。而說頌言。

一切諸佛法甚深　無礙方便普能入

所有世間常出現　無相無形無影像

無礙光明主風神，他普入世間解脫，這個偈子就是這樣的涵義。

汝觀如來於往昔　一念供養無邊佛
如是勇猛菩提行　此普現神能悟了

普現勇業主風神能得到無量佛國土出現，供養無量佛，他證得這麼一個解脫門。這個解脫門，大家都能很容易證得，容易到什麼程度呢？念一句阿彌陀佛就可以。但是要眞心念哪！生到極樂世界，早晨還沒吃飯，你先供養十萬億佛土，供養諸佛後，再回到西方世界吃早飯。方便吧？善巧吧？若能這樣，無礙方便都能入。

如來救世不思議　所有方便無空過
悉使眾生離諸苦　此雲幢神之解脫

飄擊雲幢主風神，得以香風普滅衆生病，這是我們希望的，衆生病太多了。這不是身病，而是心病，貪、瞋、癡、慢、疑、身、邊、戒、見、邪，還有六十二種的邪知邪見，都能使它滅掉，香風普滅衆生病。

眾生無福受眾苦　重蓋密障常迷覆
一切皆令得解脫　此淨光神所了知

淨光莊嚴主風神，得到了普生一切衆生的善根，讓一切衆生都生善根，滅那一切障礙的、不善業的、障善的，障礙你成佛的善根，把那個障礙全部滅除。

如來廣大神通力　克殄一切魔軍眾
所有調伏諸方便　勇健威力能觀察

力能竭水的主方神，他能破無邊無盡的惡魔，把惡魔破了不就解脫了嗎？

佛於毛孔演妙音　其音普徧於世間
一切苦畏皆令息　此徧吼神之所了

大聲徧吼，震你的聾聵，滅一切衆生一切怖畏感，讓衆生都不怖畏。

佛於一切眾剎海　不思議劫常演說
此如來地妙辯才　樹杪髻神能悟解

「樹杪」就是樹枝的梢頭，垂髻主風神，他入了一切諸法的實相，入了諸法的實相就是證到實相本體，以本體而生的妙慧，所以他就辯才無礙了。

佛於一切方便門　智入其中悉無礙
境界無邊無與等　此普行神之解脫

普行無礙，在一切法上能行動無礙，就是得大智慧了。調伏一切眾生業障的時候，他的方便法門無礙而成方便藏，藏者就含藏著一切方便，眾生應以何法得度者，即給眾生說什麼法，眾生聞法就得解脫。

如來境界無有邊　處處方便皆令見
而身寂靜無諸相　種種宮神解脫門

這是種種宮殿主風神，他入一個寂靜禪定法門。寂靜就是禪定，禪定就是寂靜，這是從文字上說的。禪定就是入了三昧，三昧能生一切智慧，不動本體而產生無邊的妙用，令一切眾生都能夠得解脫。若想解脫得先把愚癡、癡暗滅了，才能令眾生得解脫，所以處處的行方便。這個方便不是我們所行的方便，我們的方便不是眞方便，若是太方便了，方便出下流。

怎麼講呢？例如普壽寺有很多規矩限制你的行動，但是思想沒辦法限制，只能限制你的行動，讓行動契合思想，這也是方便，看著好像是束縛，這個種種方便是讓你得解脫的。經常說：規矩太嚴了，方便一點吧！方便出下流。佛法到了末法的時候，太方便了就不是方便了，這是太懈怠了，也不是懈怠，而是業障太深了。業障太深了，業不由己，業讓你自己做不了主了。

所以，處處是方便，哪個方便呢？規矩就是方便。這個方便是什麼意思？讓你別造業了，求出生一切諸善法，然後得到解脫。「如來境界無有邊，處處方便皆令見，而身寂靜無諸相」，雖然相住方便，他這是寂靜的，沒有一切相，方便是慧解不是相。種種宮殿主風神，他得到這種解脫。

如來劫海修諸行　一切諸力皆成滿
能隨世法應眾生　此普照神之所見

大光普照，大光者就是智慧，他的智慧普照一切眾生，隨順一切眾生。普照眾生隨順一切眾生，他能自在無礙的。大光普照主風神，他得這麼個解脫。這十種主風神，我們簡略的解釋一下。

主火神十法

現在講主火神。

復次普光燄藏主火神。得悉除一切世間暗解脫門。普集光幢主火神。得能息一切眾生諸惑漂流熱惱苦解脫門。大光徧照主火神。得無動福力大悲藏解脫門。眾妙宮殿主火神。得觀如來神通力示現無邊際解脫門。無盡光髻主火神。得光明照曜無邊虛空界解脫門。種種燄眼主火神。得種種福莊嚴寂靜光解脫門。十方宮殿如須彌山主火神。得能滅一切世間諸趣熾然苦解脫門。威光自在主火神。得自在開悟一切世間解脫門。光照十方主火神。得永破一切愚癡執著見解脫門。雷音電光主火神。得成就一切願力大震吼解脫門。

十個長行之中，只有九個，缺了第四個。好幾個翻譯本都缺第四，在〈纂要〉裡，就把第四個偈頌補上了，這等我們講到偈頌的時候再說明。

第一是普光燄藏主火神。一個一個主火神，他得到佛的解脫法門，每一個得的不同。我們現在講了一百多種，這是雜神類。前頭是諸天類，諸天類是同類，以下這些神叫異類。現在主火神是第六種，在我們的生活當中，火是離不開的，換句話說離不開光明。沒有光明，我們就處在黑暗當中了。火是光明義，光明能消除一切世間的黑暗。我們的生活起居離不開火，但是火多了行不行呢？那又要不得了，成了火災了。我們人的身體需要暖氣，沒有暖氣，生活不了。暖氣太多了行不行？火太大了不行了。

我們的身體具足地水火風四大種，《楞嚴經》又加了空根（見）識。講四大種就是我們的身體所構成的成分是地水火風，還有空根（見）識。我們不只是外邊需要空，身體內也需要空。這個大家可能沒有注意了。你的身體內部，五臟六腑若是沒有空間，你還能活著嗎？像腸跟胃不是緊挨著的，中間有空間。腸跟胃不可能粘到一起，如果沒有空間粘到一起了，你生存不了。

現在是講火，地水火風四大種，缺一不可。還有季節的關係，春夏秋冬四個季節，春秋還沒關係，夏冬就有關係了。春是附於夏的，秋是附於冬的。有的時候，突然間變化。哪一樣偏重了都不行，必須得調劑適合。我們認為火，好像沒有什麼主宰，想發就發，想點燃就點燃。經上講，它有主宰的，像火山爆發；若是沒有主宰，它一天都在爆發，那就不行了。你學主火神，應當知道他們都是大菩薩寄位的，示現度這一類眾生。

普光燄藏，燄是光燄、火燄。光裡頭有燄，燄裡頭含著熱能。我們所見的太陽光，它的本身好幾千度，到我們地球上，它就沒有這麼大的力量了，若是有這麼大力量，把地球都燒化了。燄就是火的光燄，你燒堆火，你看見燄，離老遠就看見了，沒看見火，等火大了，燄不顯現了。燄是光明義，從光明義上來講，它對人類，對一些動物、對一些植物，都是有利益的。大了不行，特大了，會燒焦了，一切火要是特大了，地上一切植物，還能生長嗎？就不能生長了，所以要適中。

「普集光幢主火神，得能息一切眾生諸惑漂流熱惱苦解脫門。」我們眾生的心，迷於現前境界相，現前境界相我們不知道，迷了。迷了不知道就是顛倒，我們經常說，瞧我們顛倒眾生，就是不認識現前的境，不認識什麼呢？是理上不認識，理跟事顛倒了，這叫惑。

我們經常說迷惑，本來這件事是很不好的，我們認爲它是很好的，就世間相上說是很好的，就理上來說是不好的。我們經常說的煩惱，學佛法之後，才知道煩惱就是苦惱。比如說我們生活當中，認爲不求就得不到，求才能得。在理上講呢？求本身就是顛倒，求是貪求。因爲迷妄了，這個妄心迷了，對現前境界認識不清楚，就是事理不清楚。

本來一切諸法是緣起的，我們在緣起上不認識。緣起是應著性空的，性空我們也不認識，這就叫惑。「緣起性空」、「性空緣起」，我們都不能理解。惑就含著有種熱能，當我們發脾氣、冒火的時候，凡是煩惱，心裡煩燥，那就是火特盛了。你的身體火多了，這長瘡了、那長癤子了，這是火大偏多。煩惱呢？是屬於流動性的，就像水的漂浮一樣，所以說諸惑漂流熱惱苦。普集光幢主火神，他把眾生的漂流熱惱解脫了。依著佛的教導，用各種善巧方便，使人家回心轉意。回心想一想，你的迷惑漸漸就能夠解除了。對於現前的境界相，要認識它，這是緣起的，不是眞實的。這是第二個主火神。

「大光徧照主火神，得無動福力大悲藏解脫門。」福是對著沒福說的，貧福，薄福，沒有福。這個福德是講什麼呢？無動的福力。無動福力是對什麼說的？對著惑說的。前頭不是講惑嗎？惑是動性，惑的性是動，有惑。福，有的時候有，有的時候沒有。像我們經常說，人的一生，三窮三富過到老，福不是常有的，享盡了就沒有了，福也能轉變成禍。

過去經常這樣講，「禍福無門」，禍跟福沒有門，是你自己招感的。福也是你自己招感的，禍也是你自己招感的。遇到了不善的境界，你不動於心。我們經常說，平安即是福，如果你的生活是很平安的，就是很靜態，這就是福，禍是動態。如果你的慈悲心很強，利生濟物，幫助眾生，不惱害眾生，這就是福，惱害眾生就是禍。什麼福德最大呢？慈悲。福德的性體跟大悲心結合起來，這個福德最大。佛是福慧兩足尊，佛的福德爲什麼這麼大呢？無量劫來利益眾生，讓一切眾生都能得樂，拔一切眾生的痛苦，這是稱性之福，稱性體的福。性體徧一切處，大悲利益眾生也徧一切處，都是利他的。每逢自利，不動心，這就是以無動的福力，幫助一切眾生。

一講到無動，一定講到性體，性體是不動的，就是我們每個人具足的佛性。那個本具足的性體是不動的，惑是動的。要轉惑成爲福，把動的轉成不動，與大悲相結合，利益衆生，這個動是不動的動。凡是幫助別人的，利他的，都是叫我們得。爲什麼說這個福力是大悲藏呢？藏是含藏義，大悲是積福最好的方法，是積福的根本。於惑無動，無動的意思，就是在一切相上、一切外境上，不起分別，遠離分別的意念。遠離分別的意念就是遠離妄想，妄想停歇了，本身就是佛。這是第三個主火神。

第四個主火神，長行漏掉了，說是從印度傳到我們東土來漏掉了。道霈禪師根據別的經論所說的十個主火神，把第四個主火神加進去了。這第四個主火神，叫勝上藥光普照主火神。他能夠除滅一切衆生的煩惱塵垢，也就是滅惑證眞的意思，他得到大悲廣蔭衆生解脫門。

「無盡光髻主火神，得光明照曜無邊虛空界解脫門。」「光明照曜」就是說火光跟日光合了，合成什麼呢？合成空義。火性是空的，光是性體的光，性體的光是空的，因爲空故才沒有邊際。我們說光，光比喻智慧，智慧是相，相歸於性，歸於實相。實相無相，我們就說一眞法界。火性，火性無性，也歸於實相。迷的衆生跟諸佛菩薩，在實相上是同一體性。我們經常講這個性體，體無二故，體只是一。實相無相，隨緣而成一切相。這個相是無邊際的，隨緣而現。衆生迷的時候，不見本性，不見本相。

我們最初開始學《華嚴經》，必須得相信自己的心。信心，有信心沒信心，就是看你信得及、信不及自己的性，相信自己的心跟毗盧遮那佛成就的心是一個，不是兩個；你是在迷，迷得很深，佛是究竟成就了，悟得了。悟得也好迷了也好，還是一個心，這是最根本最根本的。而後你看一切諸法，日光是空的，如果有障礙，日光達不到，不空了。

我們跟佛是相齊的，我們有很多的迷惑障礙，不空了，不空了就有障礙了，有障礙就合不到一塊。光明跟空義是相合的，空是沒有邊際的，我們的智慧從實相所產生的智慧，智慧是沒有體的，智慧就形容光明，它是沒有障礙的。這種道理，在經上講，用言語沒法表達，就加個「妙」字，「妙」就是你想不到的，道理很難思。為什麼呢？因為你有惑，惑把你這個實體障住了。但是你本具的正因佛性，不論它遇到什麼邪知邪見，遇到什麼貪瞋癡慢疑的惑染，永遠如是。他只是被障礙而已，並不是失掉。若是失掉了，我們眾生永遠成不了佛。障礙就是惑，惑就是迷，有惑就不了解了。在我們現實生活當中，我們說喪失心性，那個心性不是眞性，是作人的人性。這個迷是迷中之迷，迷了之中又迷了是什麼呢？像瘋子，不是正常人了，精神病患者，其實精神病患者他的心並沒有失掉。如果治療好了，他又恢復了。像我們學佛法是治療你的迷惑，讓你不迷，醒悟，不惑就不亂。「光明照曜」，涵義就這麼多。

在〈華嚴疏鈔〉上講，光跟空是怎樣結合的。光形容智慧，空形容本體，智慧的實體跟空相結合。沒迷的時候，光明朗照山河大地，房樑屋宇，太陽所能照得到的地方，譬如不迷。太陽照不到的地方，有障礙了，那就叫迷，迷了就有障礙了。不迷呢？沒有障礙。

我們把我們的本體、本有的智慧光明，迷失掉了，怎麼迷的呢？在〈大乘起信論〉裡講，「一念不覺生三細」，因為不覺生了三細相，業相、轉相、現相。三細相最初生的時候，離本覺不太遠，還是在一心之內。等到一起分別，要想覺，不覺要想覺，這時不是覺，這是分別。這分別就粗了，生了六相，一遇著外邊的緣，外邊的客觀現實，就生了六相，這叫「境界為緣長六粗」。外邊的境界，使你越分別越粗，智相、相續相，執取相、計名字相、起業相，一造業，業把你束縛住了，叫業繫苦相。

這九相，若想再恢復，非常的困難。必須經過無量劫的時間，還得聞法，從不覺到始覺。因本覺而不覺，不覺了，漸漸聞法，又想恢復自己本來具足的，叫始覺。始覺，開始想求覺悟，這要建立在什麼上頭呢？建立在你的信心上。始覺完了，到相似覺。有了信心了，發菩提心，依著佛的教導，行菩薩道。學佛的人，開始從始覺，始覺到相似覺，相似認得自己的真心了，曉得自己離開這個妄，還有個眞。妄可離，而眞可得。相似地明白自己的心了，從相似覺到分證覺不是一下子得到的。分證覺就是登地的菩薩了，一分一分的達到究竟覺，這樣才能達到光明照耀，與空相合，智光跟空相合。這個空是本具足的實相，是正因佛性，正因佛性是本具的。你相似知道、瞭解什麼叫佛性。完了用你生起的了因佛性，來照你的眞如、本具的性體，這種智慧就是般若德。依般若智慧，就可以證得解脫德了，解脫德能成就你的法身。般若德、解脫德、法身德，三德，懂得這種道理了，依著它修，逐漸逐漸地成佛。

空與日光和合，有十種涵義。日光跟空，是一個？是兩個？不是一個，也不是兩個。日光不是空，空也不是日光，這就相離了。沒有日光顯不出空，沒有空也不能顯出日光沒有障礙。日光與空，不是相即，相即是一個不可以，也不是相離，離也不可以。日光住在空中嗎？空是住在日光中嗎？非住，如果沒有日光，你不知道前頭是空還是不空，有了日光明白了，前頭有障礙物，你走不過去，這是假藉光明知道的。沒有日光，你不知道，你往前走，走不通。這個你要意會，自己經常要去思惟，生死跟涅槃是一回事？是兩回事？涅槃不是生死，涅槃是不生死。這個涵義是用世間相顯法的道理，目的是讓你明白法，不是瞭解世間相。

日光能給你破除黑暗，給你作一個破暗的增上緣。燈也如是，月光也如是，這只是舉日。你在破暗的時候，在空中才行。如果你到山洞裡去不空，山洞把日光隔住了，那就破不了暗了，所以空是重要的。日光的破暗，只是顯出空理，顯空。其實，空也沒有增加什麼，不因爲日光照著了，空就增加了，日光照不到的，空就消損了，也沒什麼消損，照與不照，對空是無所謂的。

就像一眞法界的理體，你迷了，一點不減少，你悟了，也一點不增加。現在我們是迷，等究竟成佛了，一眞法界的理性也沒有因爲成佛增加一點。也不因爲我們迷了，他就損減，他無增無減，永遠如是。虛空有日光，暗就不起，沒有日光暗就起來了。雖然是空的，你不敢走，沒有日光，你怕掉到崖底下去，或撞到建築物上，你不知道。這就是說我們自己的本心，不因爲空，你就能破除黑暗，辦不到的。空不能使你破除黑暗的，要想除暗，你一定得假藉日光，假藉光明，你才能除暗。除暗了，你才知道是空。

這是用世法來顯示我們本具的理法，在理體上本來是沒有什麼貪瞋癡煩惱的，也沒有貪瞋癡可斷，也沒有什麼戒定慧可修；本身的理體是空的，沒有一物可存的，存在就是不空了。除暗得假日光，涵義就是說，我們現在是在迷中，雖然本具有佛性，你不能夠顯現，必須假藉佛的教導，假藉三寶的緣促成你，才能把煩惱習氣斷了，你的自性理體才能顯現。

火就有這麼多涵義，我們都把他歸到法上去。這些火神都是將近於成佛的大菩薩了，他們是示現的，以光明義來利益衆生。

還有種解釋，黑暗的黑暗性與光明的光明性，是兩個是一個？你說兩個，那光明來了，黑暗的暗性還照樣存在著，你除不了暗。如果是一個，光明是光明，黑暗是黑暗。怎麼理解呢？空要是沒有日光的照，暗不會除掉的。沒有空，太陽的功能也是顯不出來的。暗性沒有來也沒有去，說太陽光一照，暗就走了，太陽光不照了，暗又來了，那就有去來之相了，有去來之相，暗不成立。日光的體相也是不生不滅的，這兩個都是從性體上建立的。因爲有日照顯空，天地之間，你都清清了了的。這是形容我們衆生，如果智慧的日沒有顯現，就不能用你智慧的光明照那心性的空理。說了這麼多，目的就是一個，以你智慧的日照你心性的空，智慧即是心性，心性產生智慧。

這就把十個主火神的大意，解釋了一下。這些主火神，他們都稱佛的神力，悟得種種的福德莊嚴寂靜光明。照是用，體是寂靜不動的。寂靜，再加上智慧的光明，成就一切利生的莊嚴諸相，佛有多種相。

「光照十方主火神，得永破一切愚癡執著見解脫門。」如果是分別法相的話，你對究竟的佛智慧，證得佛的實相，是得不到的。因爲你分別法相是執著知見，執著見解，不執著了，一切都不執著、不分別，達到無分別智才有可能。現在怎麼能從分別達到無分別呢？分別即是不分別，這是我們佛教特有的。

這樣好像是說話不負責任，分別不可以，那就不分別，不分別也不行。究竟該怎麼辦呢？若達到分別的時候，理解到就是不分別，不分別假藉分別來達到不分別。現在我們是分別，一件一件說清楚，說清楚了，你要放下，放下就是不執著。要把這個執著起來就是執著知見，執著知見你沒法進入，沒法進入你的心，你就永遠解脫不了。「光明照曜」，我們要這樣來理解，是你的心產生智慧光，把一切貪、瞋、癡，生活當中一些微細的執著，你都放下了、看破了，沒有執著的知見了，沒有執著知見就解脫了。

所以你若是分別法相的話，執著這些名相，永遠也離開不了愚癡。你說一萬遍愚癡，完了還是愚癡，你解脫不了。你把愚癡放下，那愚癡才了了。我們往往說火並不是火，假使你口裡說火的時候，就是火，那就把你的口燒化了。說的都是假名、名相，你說什麼並不是什麼，但有言說都無實義，是讓你默然契之，給你啓示。不這麼說你又怎麼知道呢？你知道了之後要放下。「知道」並不是智慧，翻過來說，「不知道」是智慧嗎？不知道更愚癡了，這是佛教的秘密。這種秘密是公開的，沒解釋清楚是秘密，解釋清楚了，你放下就不秘密了。

我們學密宗，西藏教義，那是沒給你講清楚，講清楚了，就不秘密了。咒語，你可以把它翻成現實的一切形相，不過他用很少的幾個字，概括無邊義理，密就是這樣的密，懂得這個道理就行了。我們經常說阿彌陀佛，阿彌陀佛光明無量、智慧無量，阿彌陀佛的光，無量光、無邊光、無熾光都可以。你懂得這種道理了，他沒給你說明白都是秘密，說明白了，沒有秘密。咒是用極少的語言、極少的文字廣含很多的義理。你讀每一部經，每一部經後頭有個咒，你持經的時候，多少語言、多少文字，持咒時候幾個字就行了，幾個字就代表了，你得知道這是收縮。擴展開來一部長經，叫開放。收縮的義理，你沒辦法進入，那就開放，給你詳細解說，解說完了，你還得收縮。收縮完了達到什麼都沒有，但有言說都無實義。

你懂這個道理了，先要學很多的法，完了你做起來的時候，得一門深入。你不能都去做，像我們學佛的八萬四千法門，像《華嚴經》，現在我們講了將近兩百個，連神帶鬼，都是大菩薩化現的，每一個一個法門，這些法門都是佛具足的，他們只是具足佛的一部分，你若根據這個去分別，去學，你沒辦法進入的。你收縮起來，反聞聞自性，都是自性體上所顯現的，這樣你就總其大成了。總其大成，你就一門深入，一門入進去了，門門都通了。

我們法堂前頭有三個門，還有後門，一共是四個門，你從哪個門進來都可以。但是你現在無門可入，始終進不到門裡，進了門了在裡頭轉一圈，你如果出去就自由了，願意在哪門出去就在哪門出去。佛法也如是了，你就念一句阿彌陀佛，這句阿彌陀佛念成功的時候，像我們所說的二十八重天，每一重天裡寄位的那些大菩薩，風神、火神，空神，八部鬼神，你都能入了，那就都能解脫，這就叫解脫。你修行的功力跟你所發的願力結合，在現世當中，用你的修行成就你的願力，成就了這些問題你都解決了。

修行要一門深入。我們說念阿彌陀佛這一行，你就取這一行修行。修行什麼呢？修行念佛。行是動作義，念佛是行門，我用我的修行來進入這個行門，這行門成就了，念佛必定成佛。你成就佛了，一切法你都具足了，因爲性本具故，你的性體本來都有的。

爾時普光燄藏主火神承佛威力。普觀一切主火神眾。而說頌言。

汝觀如來精進力　廣大億劫不思議
為利眾生現世間　所有暗障皆令滅

普光燄藏主火神得到什麼法門呢？悉除一切眾生世間的暗。讚歎佛往昔的精進力量，經過廣大無量億劫的不思議修行。完了把他所修行的，以他的願力來利益眾生，示現在世間成佛，使一切眾生的暗障都能消滅。

眾生愚癡起諸見　煩惱如流及火然
導師方便悉滅除　普集光幢於此悟

普集光幢主火神，「幢」就是摧滅煩惱的意思，衆生在熱惱當中，煩惱當中漂流，普集光幢主火神能夠息滅衆生的熱惱、一切的障礙，使他們都得到清涼，有障礙就解脫不了，障礙消除就解脫了。

福德如空無有盡　求其邊際不可得
此佛大悲無動力　光照悟入心生喜

大光徧照主火神，他得到無動福力大悲藏解脫門。無動福力是自性本具的。我們這福力，是流動性，是動的，一會有了，一會沒有了。無動福力就是不動了，不動是什麼呢？不動了也不是說這福德智慧有什麼表色，有什麼形相，沒有。我們看有福德的人，跟那沒福德的人，有什麼不一樣的表現嗎？表現他生活好一點，衣食住行好一點，遊玩的玩具多一點。像在美國，自己買個小遊船，夏天熱了，他把船架在汽車上，開到海邊，在海上去遊去了。完了房頂上有直升飛機，這能代表福德嗎？這個不是福德。有福德的人是他行道有得於心，心有所得，心解脫了，這就是有福德的人。

我觀如來之所行　經於劫海無邊際
如是示現神通力　衆妙宮神所了知

這個主火神在長行中是沒有的，這裡把它補上。「衆妙宮殿主火神得大慈悲廣蔭衆生解脫門。」如果我們過露天的生活，那會很苦惱，如果是修上很多間房子，在房子裡頭住，那就舒服了。衆妙宮殿主火神，他就管這個。

我記得唐朝的大詩人杜甫，他一生窮苦的不得了，居住的房子很困難，他就發了個願，「安得廣廈千萬間，大庇天下寒士俱歡顏」，把那些沒有住處的寒士，都接到寬敞舒適的房間裡，讓他們住得歡喜快樂。但他那個願是空願，一生還是很清苦。像這個主火神所發的願不是空願，衆妙宮殿，就是他的願力所成的。我們能知道極樂世界有好多宮殿嗎？也是願力所成的。像我們所說的這些神，還有些鬼，有些是沒有形體的，當然他們的宮殿也不是有形的。我們別說天，就說乾闥婆城，也就是海市蜃樓，海裡頭現的，那個也是沒有實體的。

我在美國有個道友，他說現在的潛水艇到了海底，並沒有龍王宮。我說：「你到二十八重天上，去找天上的宮殿也沒有，你用什麼來看的？」我們說海底下的龍宮，眞的可以看見海底下龍宮的樣子嗎？像人家在土地上建個樓房一樣的，不是這樣的來理解。佛經上所講的道理，我們拿世間事來證實，可以證實的。現在煩惱起了，冒火了，這只是煩惱而已，心裡不舒服而已，火在哪了？心裡冒火了，眞有火就燒乾了。說沒冒火，沒冒火嘴裡也乾了，嗓子也發乾了，有時這長個瘡，那長個瘡，不是冒火嗎？好多問題，我們衆生煩惱重，對佛的教導，總拿世間的想法去猜測，妄心計度，那是兩回事。這得用清淨心，清淨觀察，這樣你才能知道。一切眾生暗障沒滅的時候，什麼都不知道，你所知道的都是在暗障當中，若是把暗障除掉了，解脫了，那你就知道了。

福德所成就的宮殿，沒有一切的煩惱，那是眞正的沒有熱惱，眞正的清涼。宮殿是願力所成的，像阿彌陀佛極樂世界，你生到那去，每一個人都有一個宮殿。還不說生極樂世界，六道輪迴你生天，每一個人都有一個宮殿，不要你去蓋房子，也不要你繼承父母的遺產，那是你的福德自然顯現的。福德失掉了，宮殿也沒有了，連你戴的花冠都萎萃，你知道要死了，天福盡了。福盡，壽命就盡了，福壽是相通的。

像現在，我們難道一點福都沒有嗎？八個人住一個屋，十個人住一個屋，不是這樣理解的，這樣理解就錯了。怎麼樣理解呢？清淨無熱惱。十個人住一個屋，你感覺很清淨，等晚上到睡覺的時候，有的願意坐一坐，有的倒下就睡了，心地清涼，什麼熱惱都沒有。如果公司大董事長，或者現在各國的總統，他們的樓房很多，他睡得著嗎？我們沒有這個顧慮，因爲我們也不想當總統，對不對？這都是熱惱，這不是清涼。說這是福報嗎？沒福怎麼能當總統？說有福吧，一天得不到清閒。你說是有福？是沒福？這個想整他，那個要害他，他又想殺人。這個要打仗，那個要打仗，這是福嗎？這跟佛經上說的轉輪聖王不同。看你怎麼認識，這就是觀點，認識的正確和認識的錯誤。你在這個地位上要心存慈悲，不要想整這個國家，整那個人，都是害人的心，來生怎麼還？福報是不錯，你有權要會用。

從去年（二〇〇三年）五月，現在又是五月了，發動伊拉克戰爭一年了，得到什麼？雙方死了多少人？毀滅多少財產？令多少人無家可歸？乃至六親眷屬失散了很多很多。爲什麼？現在他們自己也在問，別人也在質問，爲什麼這樣做？這就叫衆生的業。業有什麼力量呢？每一個人都有業，業不由己，自己作不了主。每個人都說，自己作得了自己的主，你作得了什麼主？你是隨業遷流。業把你遷到哪去，你就往哪走。若是能止住業的衆生，就已經差不多了，雖然沒有大徹大悟，你已經明白人生是怎麼回事。

像諸位道友，不說在家優婆塞、優婆夷，就說我們比丘、比丘尼，我們這些人是傻子嗎？是愚癡嗎？是她們嫁不到人嗎？是因爲我們娶不到老婆才出家嗎？完全不是這麼回事。那是怎麼回事呢？業。我們這個業可是清淨業，起碼比你們在家的煩惱少多了。還不說修成道，我們說沒成道之前，一天起碼衣食住行不要擔心。你們想過沒有，我是常這樣作觀想的，士農工商，我們幹哪一樣？爲什麼有人給我們送糧食，我們有吃的？有人給我們衣服，我們有穿的，想過沒有，這是爲什麼？

但是另一方面，我們怎麼還報人家？士農工商，好比我是賣雜貨的，賣了雜貨出去，拿了錢我去買糧食，大家互相交換。但是你知道我們拿什麼交換嗎？我們是不是像那個白吃，拔根汗毛就算了，不是的。我們一天禮拜、念經，使我們的心地清涼，還得給人家，要報四重恩，報衆生恩，這是佛教導我們的。

我們給他們的是什麼呢？吉祥、幸福、消災、免難，這是不可見相的。我們要懂得不可見相就不可壞，我們見到的好像是眞實的，可是它都會壞。誰把火壞了？誰把風壞了？誰把水壞了？說是說，你壞不到的，你沒有這個力量。那些主火神、主水神、主風神、主空神，他們有沒有這個力量？沒有。什麼力量呢？共業，大家的業。那個業的力量，見也見不著，摸也摸不著，你想讓它沒有，辦不到，你想讓它有，也辦不到。

有一個辦法，你不造，沒有，你如果造了，如影隨形。你造了業就是因，這個因一定要感果。就像你生下來是個人，你所享受的，所有的生活衣具都是人所有的一份。有福德，那你超過別人，佔十個人的，佔一百個人的，佔一千個人的。你沒有福德，連你自己的一份也保不住。主火主風主空，誰也主不了，誰作主？是你自己作主。一切法，在一切法的運用當中，你自己作主。爲什麼我們現在作不了主，你的心還沒有得到。你現在用的是妄，妄不是眞實的。妄既然不是眞實的，這個主，你作不了，因爲你是虛妄的。爲什麼佛能作主，爲什麼那些大菩薩成就了他能作得了主？正因爲他不作主，才能作主。他無我了，無我是主宰義，這要大家去觀了，看無我到什麼程度。

我們念的這些神，不論哪一個神，道理都是一樣的，只是在文字上變化一下而已。這十個神，主空的；這十個神，主火的；這十個神，主水的。分是這樣分，他生於哪一道，那是他們發的願不同，是以願生的。有兩種生，一個願生，一個業生。願也是業，但那個業可不同。我們是隨業流轉，剛才我說作不了主，你造什麼業就隨什麼業流轉去，你還能作得了主？作不了主怎麼辦呢？別造！想作主，別造業，不造業，誰也拿你沒辦法。有時候看到業現前了，是沒辦法。他突然變了，有時這種變化眞是不可思議，有好多這樣的故事，是現實的故事，講起來很長的。

我曾經照顧過這麼一個人，已經要槍斃了，時間定下來。我跟他差不多，不過他是判處死刑的，只有十天期限。十天之內還可以向高等法院去上訴，但是已經到了這個時候，上訴的效果不大。他在這個時候得有人看著他，我就看著他。我就教他念觀世音菩薩，「你快死了，觀世音菩薩會救你的。」他說：「能救得到嗎？」我說：「現生若救不到，救你來生也能救得到，可是你要拼命的念。」他說：「怎麼拼命？」我說：「你要死了，就拿你這個命換。」

他信了，在這個時候最眞誠了，得到什麼效果呢？哈，不可思議。他的罪是什麼呢？他的父親在香港是大資本家，他這個罪名是加上去的，是不實的罪名，反正種種罪名，再加上他又反對，又鬧，最後判他死刑。他也有罪證，不是完全沒罪證的。念觀世音菩薩，念著念著的，他的父親從香港回來了。國家一看他父親表現很好，他兒子這個虛名也就沒有了。只剩三天就解決了。怎麼解決的？不是槍斃了，放了。放了，他很感謝我，他後來去香港，又回來，他想回報我一下，給我一塊錶，這塊錶可給我找麻煩了。一切看著是福，實際上是禍，看見是禍，它又變成福了。我們講福者禍所依，禍者福所依，二者是交換的。

《華嚴經》講唯心地的，講圓融的，圓融是從行布來的，圓融不礙行布，行布才能成就圓融。你懂得這個意思就知道了，業障，沒有業障去逼迫你，你怎麼會去修道？沒有業障逼迫你，你怎麼會去出家？有兩種業，一種是你過去宿業的善根力量，促使你今生看什麼都不如意，只有看見寺廟，看見出家人，看見三寶，你才高興了，這是宿業，這不是現生的。

但是，你是不是出家了，就一心一意的向道，修行、了生死、求解脫？這又是另一個業了。你發心出家的時候是個業，那是過去的善業、善根成熟。但是你在日常生活當中行道，照著佛的教導去做的時候，嘿，你的業障又發現了，你所作的錯誤的業，障著你。愛懈怠的道友，你認爲這是業障，障著你不精進，乃至你心裡不解脫，種種的胡思亂想，意念常顚倒，世間法出世間法看不清楚。

我們講《華嚴經》，事法界跟理法界你弄不清楚，不能依理成事，又不能用事來顯理，你怎能達到理事無礙的法界呢？理事無礙法界若達不到，你想要證得一眞法界，辦不到。你必須對一切世間的事，用我們的話講，相信自己是毗盧遮那佛的那個理性，依那個理來成就一切事，讓這一切事都給理來服務。比如說，你吃飯，管它是好吃不好吃，反正用它來滋養生命，用它來支持我行道，這樣你就放下了，看破了，支持我行道這是理。你在生活當中這些都是事，讓事服從於理。你用你的理來做一切事，你念《觀音經》也好，念〈普賢行願品〉好，無論念哪部經，你隨你的意，過去的宿業吧，你喜歡哪部經，把你現實的生活跟那部經結合起來，那你就成就了，還得精進，是這樣的。

大家都念佛吧！怎麼念佛？好好念一句阿彌陀佛就能生極樂世界了，有這麼便宜的事？你得學，用事念嗎？用理念嗎？用理事無礙的法界念嗎？你念的阿彌陀佛就是我自己，我自己就是阿彌陀佛，自他不二，娑婆世界就是極樂世界，極樂世界就是娑婆世界，身土不二，身不二、土不二，這也是念佛，看你怎麼念。但是以煩惱心來念佛，跟哪個不順眼，用念阿彌陀佛來咒人家，絕對不靈，這也是念佛。

這十個主火神，你都如是會，也就是往理上會，不要往事上會，往事上會你想不通。這是什麼呢？這神不是神，是等覺大菩薩寄位的，他去度那一類衆生。《華嚴經》的境界就是這個境界，什麼境界呢？都是毗盧遮那，也都不是毗盧遮那。怎麼講呢？你如果是心心念念的跟毗盧遮那相合了，「狂心頓歇，歇即菩提。」心跟毗盧遮那合，你的心處處都是毗盧境界。心不跟毗盧遮那合，跟那些大菩薩合，你就是那些大菩薩境界。你現在跟一切造業的衆生合，你就是造業衆生。

億劫修成不可思　求其邊際莫能知
演法實相令歡喜　無盡光神所觀見

無盡光髻主火神，這個偈頌讚歎佛的光明照耀無邊界，虛空界解脫門。

十方所有廣大眾　一切現前瞻仰佛
寂靜光明照世間　此妙燄神所能了

種種的燄眼主火神，他得種種福莊嚴寂靜光解脫。

牟尼出現諸世間　坐於一切宮殿中
普雨無邊廣大法　此十方神之境界
諸佛智慧最甚深　於法自在現世間
能悉闡明真實理　威光悟此心欣慶
諸見愚癡為暗蓋　眾生迷惑常流轉
佛為開闡妙法門　此照方神能悟入
願門廣大不思議　力度修治已清淨

如昔願心皆出現　此震音神之所了

最後這個偈頌，雷音電光主火神，他成就了一切願力大震吼解脫門。力度即是力用，力度有三種，第一種是思想的抉擇力，思擇簡擇一切，何者是善法？善的程度如何？能有這個力量。

第二種修習力，就是在修行的當中產生一種力量，叫力用。

第三種變化力，變化力是指神通說的，化度衆生。衆生有很惡的，像我們講十方的諸惡鬼神，若是沒有降伏力他不會佩服你的，你也度不了他。佛成就了願力，願力就是度一切衆生。一切衆生的緣不同，種的因也不同，他跟佛所感的緣也不同，你必須得抉擇。抉擇應以何法得度者，即現何法。特別是降伏龍衆，降伏夜叉衆，你的神力如果沒有超過他，他不會聽你的，你度不了他。必須得有思擇力，思惟抉擇。修行力用處就多了，不管是念佛法門也好，乃至讀誦大乘也好，禪定也好，隨便修行哪一法，你得產生用，用就是力，有力用你才能降伏魔障。這個若往外修就是利生，往內修是你自己。

例如生起一些煩惱，就用你的觀想力，用你的修習力，把那個煩惱降伏下去。但是，你有這個力量嗎？沒有。有些很簡單的事，因爲障礙力出現了，什麼叫障礙力呢？你修行很好的時候，六親眷屬把你牽引著，使你退道。不是罷道還俗，而是在你的修行當中使你中斷。怎麼樣叫中斷呢？例如你在這裡聽《華嚴經》，你的家庭、六親眷屬出了業障了，你要中斷，這叫中斷障礙，中斷魔。那就看你的修行有沒有力量，有力量你能克服，不中斷。不中斷就是你修行的力量相續。

無論修行哪一個法門，最大的障礙就是中斷魔。爲什麼中斷叫魔呢？不能相續，修行力量就中斷了。再來又得從頭做起了，不是那個力度了，修行也如是。過了這個機會，再想重複，恐怕很難了。

念佛念的將有煖氣了，剛產生力用了，被世間的名聞利養給扯住了，中斷了。回來再重頭來，就差得多了，這叫中斷障礙。所以修習的力量是很微妙的，殊勝行就怕中斷。中斷要使它再相續，那個續的時候，跟前頭的力度，你那信心不一樣了。

第三種力度是變化力，衆生心隨時在變化。我們經常說無常，不是法無常，是你心裡的變化。佛菩薩度衆生的時候，他能隨著衆生的變化，而產生力度。這個力度，就看你怎麼樣來克服障礙，克服魔障。克服一次，勝進一次。克服一次，增加你的道力，如果這種障礙克服多了，障礙不能爲障，才能直至成佛。一直沒障礙，修行都要很長的時間才能發展智慧明。我們現在自己隨著障礙轉，不能克服障礙，我們有很多的事情，沒有必要中斷你的修行。因爲一點點小事務，把你的殊勝行給耽誤了，中斷了。說我把這個事辦完了，再回頭重修。那個力度、那個發心，完全不一樣。

例如說你修一個本尊法，或者修文殊也好，修觀音也好，修地藏也好，當你的修行已經發生溫度了，在佛教術語說，叫煖力。有了力量，你這樣一耽誤，煖力全部消失。再重頭作，不是以前的那個了，這叫中斷魔。這個障礙非常的重要，因爲我們沒有思擇力，沒有修習力，那個變化力你更降伏不了，這是約衆生分說。

約佛菩薩利益衆生，當你一中斷，緣沒有了。從頭再學再修，菩薩不會等著你，這個緣沒有了，那還得等到什麼劫？什麼時代？哪一生再遇著。所以，古人講：「失之毫釐，差以千里。」失之毫釐，只差了一點點，但是就等於差了一千里路那麼遠的距離。一失足成千古恨，再回頭時已是百年身。再回頭，經過一千年、經過一萬年，都不一定。

這個在我們修行的人是很重要的，爲什麼呢？因爲你的愚癡、你的障礙、你的蓋覆、你的知見，常時在迷惑當中流轉，突然遇見光明，你又不能掌握這個光明的力度，不能掌握光明的力度，抉擇不了，一點世間的小緣就障礙住了。當然了，出家二衆這種因緣還少。在家的，在名利場合當中，在世法當中，沒有力量來克服。出家人有沒有呢？隨時發現，六親眷屬害病了，給你打個電報，經也不聽、道也不修，回家照顧去了。再回來，另一個境界了，這個事情常常發現。

「道心惟微」，道心是很少的，業障力很強，經常打斷，不然我們早都成就了，就因爲這些障緣，東障西障，東錯西錯的。今生昏已矣，來生再結緣。來生又不知道遇到遇不到了？來生不曉得生到哪一個國去了？再來生，時間不對，條件不對，這種特別要注意。你看這些神，我們講了每一個神，每一個神，一個都十種，一個十種，《華嚴經》是舉十，十表無盡的意思。神，非常之多。神本身就是變化義、不定義。

現在我們講的是主火神，下文我們講主水神，也是十法。

主水神十法

復次普興雲幢主水神。得平等利益一切眾生慈解脫門。海潮雲音主水神。得無邊法莊嚴解脫門。妙色輪髻主水神。得觀所應化方便普攝解脫門。善巧漩澓主水神。得普演諸佛甚深境界解脫門。離垢香積主水神。得普現清淨大光明解脫門。福橋光音主水神。得清淨法界無相無性解脫門。知足自在主水神。得無盡大悲海解脫門。淨喜善音主水神。得於菩薩眾會道場中為大歡喜藏解脫門。普現威光主水神。得以無礙廣大福德力普出現解脫門。吼聲偏海主水神。得觀察一切眾生發起如虛空調伏方便解脫門。

這十個主水神衆，因爲這些神不是神的本身，那是什麼呢？是華嚴海會的大菩薩，他寄位到這一類。寄位到這一類，主持這一類，度化這一類。水，我們在生活當中是離不開的。水，有時降雨、有時冰雪化。一般是靠著降雨來增加河、江，這是人能服用的，海水，人就不能服用。主海神跟主水神兩個是有差別的。主水神能普利益衆生，衆生離不開水的，所以說主水神平等利益衆生，這個是無緣大慈。無緣大慈就平等，水沒有分別的，誰飲用它，誰使用它都可以。形容菩薩利益衆生，是平等的了。平等的慈，就是平等的給衆生快樂，沒有分別的。

妙色輪髻主水神，他是所應化的一切方便普攝解脫，跟海潮雲音主水神略有差別。這是他自己莊嚴，也莊嚴一切衆生，他有無邊應化的涵義。本來這是約佛說的，表佛說的，菩薩是向佛學。佛對一切衆生，得應度者，什麼算得應度者呢？就是有緣。我們經常說的感、應，有感佛菩薩必應，無感菩薩也應。無感怎麼也應呢？今生他無感，前生多生他感過，今生他已經把他以前的善根，失掉了，他連求感的思想都沒有。佛因爲他過去種的善因，過去的緣，佛來啓發他，令他重新生起感、生起緣，完了還是得自己求。一個是平等的，這個是佛菩薩自己去做。自己做就是觀，觀哪一類衆生善根成熟了，他雖然中間過去的緣失掉了，可以重新建立，這就叫無緣大慈。無緣的大慈，平等的大悲，必須得有緣。

經常說佛門廣大、無緣者難度，就是這個涵義。那麼佛菩薩用他自己的修行來莊嚴自己，也莊嚴一切衆生。海水潮的時候，他是不失時的了，每一個海岸下午幾點，上午幾點，漲潮、退潮都是一定時間的，行船者、渡海者是掌握這個時間的。

妙色輪髻主水神的名字，他所應化的方便普攝。應化的就是他應該現身救度的，就是應化身。諸佛、諸菩薩他示現種種的形，不一定都是佛身，也不一定都是菩薩身。有時現的現相不一定是善，有時度惡衆生，他現的現相是惡相。

比如在我們漢地，佛菩薩現的多數是善相。在少數民族地區，佛菩薩現的多數是憤怒相。憤怒相就是惡相、降伏相。所應化，善巧方便。應以什麼身得度者，他就示現什麼身，這個意思。他也現種種形，示現種種的形態，那麼給哪一類衆生說法，他就示現哪一類衆生的形態。他的目的是什麼呢？示現同類攝，那一類衆生能夠受感召，能夠得度。當然是以人類最方便，六道之中，人類是聞法最多，爲什麼呢？人類是苦和樂各佔一半，在苦的當中，他要求解脫，脫離苦海。在這個時候，你給他說法、說道，他容易進入。

天人，他比人的福報大，他的生活享受比人類好，但是他不容易得度。我們經常有句俗話，「富貴修道難！」富貴人他要信道都不容易，何況修道呢？就是這個涵義。但是這個妙色輪髻主水神，他應化衆生的時候，隨衆生的感、方便善巧來使一切衆生得利益。

大家對觀世音菩薩非常熟，觀世音菩薩現種種身來利益衆生。

善巧漩澓的主水神，他得到了普演諸佛甚深境界解脫門。普演諸佛的甚深境界，能夠說深法。但是這一個主水神，他所能夠利益眾生的，爲什麼叫漩澓？漩澓，水都有回澓、就是漩水，漩水回澓。行船或者游泳，你若是遇到漩澓水非常危險。如果在公路上行車的時候，汽車突然失去控制，它掉過頭來轉，這就危險。別的車不把你撞了嗎？你這一漩不把別的車耽誤了嗎？你行船、游泳的時候，讓這漩水一漩，那個船也就沉了，游泳也就沉沒了。

這個主水神，他在漩澓當中去利益眾生，救度眾生。另外，以法來說，眾生在苦難當中，就漩澓當中，以六道來說，墮到地獄道去了，或者墮到餓鬼道去了，或者墮到畜生道去了。爲什麼說三途？除了苦難深重之外，沒辦法聞到佛法。地藏菩薩在地獄度眾生，在《地藏經》上，閻羅王就向佛請問說：「地藏菩薩那麼樣的威神，那麼樣的功力，爲什麼他救不了眾生？」

這個怎麼講呢？經上說的，才把他剛度出去，沒好久他又回來了。意思就是說地藏菩薩，你有這麼大的威神，要度就把他度徹底吧！度不徹底，好像剛出來到人類，沒幾天他又回來了。意思說還是地藏菩薩沒盡力？還是地藏菩薩威力不夠嗎？含著這個問題。如果這樣說，那就對地藏菩薩不恭敬了，所以閻羅王就問佛，這究竟是怎麼回事？

佛給他答覆的是，此土眾生，大多數都是娑婆世界眾生，剛強難調難伏，他剛把善念生起了，又被一個障礙障礙住了，又下去了，他不能堅定他的信念。就像我剛才跟大家講的，他自己不能夠受堅定他的信念，不能夠堅定他的修行，不能堅定他的意志；遇緣就轉，遇著惡緣就轉了。

我們舉個例子，你在這裡讀書，出家了，出家了就放下吧！「出家不顧家，顧家兩不發。」在家不但得不到利益，把你拉回去造業，他得到罪過。出家這一步很不容易，就是放下、看破，你不看破、不放下怎麼能夠頓入空門呢？既然頓入空門是空了，你到了空門裡不空，又回到有門；障緣一出來，你的六親眷屬為什麼事情給你來封信，或者打個電話，在這兒請假回去了，你能解決任何問題？

你如果在這個地方知道了，在這裡假大衆的力量，假你自己的力量，假幾位道友，幫助祈禱祈禱！求求佛菩薩加持，雙方都有利。你也得利了，不會退道。比如說你回家幾天，能解決什麼問題？跟在家人住一塊堆，如果你沒有挽救的力量，你的父母也好，六親眷屬也好，他照樣死，你能拉的住嗎？那時候大家哭哭啼啼，悲悲哀哀，好！你也跟著墮落了。不是這麼回事嗎？這都是沒有好處的。

漩澓就是這個涵義。好像上了岸又回來了。漩澓不停的往下沉，一漩澓就是往下沉、往下墮落。這種境界就是客觀現實，當你道心好的時候，障礙一定來。不管名和利，或者親情關係，你若懈懈怠怠的，障緣反倒沒有，因為你本身也就懈怠了。越是你道心好的時候，障緣就來了。道心惟微，就是很少很少，障緣就甚深甚深，這是我們的力量不夠。

「離垢香積主水神，得普現清淨大光明解脫門。」這個得有智慧，光明就是智慧。一般的智慧是有兩種：一種是像諸佛菩薩的大智慧，一個約身體說的，一個約心裡說的。身上光明，身業清淨。思想的光明是覺悟開示。清淨無垢，清淨無垢染所發出來的感，光明的象徵。

「福橋光音主水神，得清淨法界無相無性解脫門。」我們經常講法界，法界的涵義，界是心，法界那個界是約心體說的，界生萬法就是心生萬法。有時我們講法界，一法有個界限，這種界限是沒有界限的，是妄想給他製造的。說你的心清淨了，心清淨了，無界限的這個清淨的心，生出來一切諸法，一切諸法都清淨了，這叫清淨法界。

他是什麼樣子呢？無相，沒有什麼樣子。無性，這個無性的性是個性的性。我們有四五百人，一個人一個性，這個性是慣性，慣性是你業的慣性。業是什麼呢？有善業、有惡業，你作惡有惡的慣性，作善有善的慣性。各個地方的方言，言語、說話，身體所有的動作，心裡所有想。心裡想是根據客觀現相，有好多境生起好多心。如果我們那個智慧心，他的心不隨境轉。現在我們這個心是心隨境轉，所以他就不清淨了。遇著好的境界，就隨好的境界生起善心所；遇著壞的境界，就隨他轉，生起惡心所。不論善和惡，離不開世間的名聞利養，稱譏苦樂愛憎毀譽，就這些境界相！得到清淨光明，這些相沒有了。清淨就是無垢染的意思。無相就是不執著一切相，無性是把所有的個性變成一性。什麼是一性呢？清淨的法界性，就是剛講《華嚴經》時跟大家所說的：相信自己是毗盧遮那，我們本具的清淨性體，是說那個性。

「知足自在主水神，得無盡大悲海解脫門。」無盡大悲海，大悲的力量像海那麼深，如海那麼廣。海是形容詞，形容什麼？形容你的悲，悲加大，這不是一般的悲，那是指觀音菩薩的大悲。大海的水沒有滿的時候，江、湖、河，乃至發水了，乃至漫過來了，漫了堤了，海沒有！海永遠如是。這個大悲像海那個樣子似的，沒有盡的，永遠滿而不溢。

滿而不溢是什麼意思呢？一切眾生集福德、集智慧修行的時候，沒到成佛，永遠不止的，不認爲自己滿足了。就是成了佛，佛還是要度眾生。這個故事我們講很多了，釋迦牟尼佛並沒有入涅槃！並沒有死！我們看見釋迦牟尼佛在印度入滅了，實際上他變化一個跑道，不以佛身，他變化別的身去度眾生。

像中國唐朝的時候，道宣律師在終南山淨業寺，他的修行功力深了，天人給他送供。有一次，天人給他送供，他問：「釋迦牟尼佛涅槃之後，他又到哪去度眾生？」那個天神姓張，其實就是小說中的哪吒三太子。道宣律師問他姓什麼？他說姓張，是四天王天的，跟人間很接近的。

道宣律師問他，釋迦牟尼佛圓寂之後，又到哪度眾生？天神一愣，好像他問這個話很怪，他說：「你說哪個釋迦牟尼佛？」他說：「釋迦牟尼佛，就是在印度降生的這個釋迦牟尼佛。」他說：「沒入滅！我們在天上還看見他在人間，在靈鷲山講《法華經》！」

但是，我們知道釋迦牟尼佛早就入滅了，到唐朝已經圓寂一千多年了，天人說釋迦牟尼佛還在說《法華經》，這是第一個。

第二個，在晉朝時候，大家知道天臺宗的智者大師吧？他誦《法華經》入了法華三昧，親自參加靈山一會儼然未散。靈山，就是佛說《法華經》的地方，釋迦牟尼佛還在說《法華經》。

我想，這兩位大師不會打妄語的，天臺智者大師不會瞎說的，道宣律師是學戒的，現在我們學的南山三大部，都是道宣律師著的，他能打妄語嗎？那你又怎麼解釋？還有《地藏經》，釋迦牟尼佛跟地藏菩薩說：「我並不是光用佛身來度眾生，我什麼身都現！」從這幾種道理說，釋迦牟尼佛沒有入滅，只是我們沒有這個緣。智者大師他有緣，緣沒盡，所以，就親見釋迦牟尼佛，親聞釋迦牟尼佛說《法華經》。道宣律師是天人跟他說的，天人也不會打妄語。

所以佛千百億化身，從這個道理，你就理解到了，大悲無盡！你成佛了，也要度眾生。我們知道觀世音菩薩過去成佛，是正法明如來，倒駕慈航，他又現菩薩身，不但在極樂世界助阿彌陀佛揚化，阿彌陀佛如果示涅槃的時候，觀自在菩薩就繼承他的位。他又到東方世界來示現菩薩身，無處不現身。

現在廈門有南普陀寺，在臺灣的台中也有個南普陀寺，都是觀音菩薩化身，無處不現身。這個主水神也如是。因爲衆生無盡，菩薩利益衆生的事業永遠沒有止盡的，就像水永遠不停地流。有緣了天上下雨，水緣充足就流，沒緣了，水緣不充足了，就不流了，涵義如是。衆生是無盡的，大悲也無盡，無盡大悲。

「淨喜善音主水神，得於菩薩衆會道場中爲大歡喜藏解脫門。」我們處處見佛，處處生歡喜，喜無盡故。昨天跟大家講，當你打開經本的時候，那個本尊是誰，他就現前了。不過你所見到的是法身，不是報身，也不是化身。法身是徧一切處，你現在念〈觀世音菩薩普門品〉的時候，你打開經本，大悲觀世音菩薩就現在前，當你念的時候，那就是觀世音菩薩。那就是他的法身，全部的〈普門品〉就是觀音菩薩的法身。你念〈普賢行願品〉的時候，只要打開經卷一念，普賢菩薩就現法身了。

對經如對佛，這是你的觀想力，你的心力。你一定要想兩回事，那就是兩回事，本來不是兩回事，就是一回事。我們一天拜佛、求佛、禮懺，想見佛吧？天天見佛，天天不認識佛，另外還要找，這叫迷。迷了，就是這個現相；悟了，處處見佛。將來我們講到〈淨行品〉，講到〈菩薩問明品〉，講到〈離世間品〉，就知道怎麼樣離世間，在世間不離世間覺。〈淨行品〉處處都是佛，你只要照著文殊師利菩薩教導的，善用其心，隨時一天，連你上廁所，屙屎撒尿都是佛，相信嗎？那就是你信不信的問題。〈淨行品〉就告訴你，一天從早到晚所做的事，吃飯、吐痰、睡覺，一舉一動，你把〈淨行品〉念了，就清淨行，在法上叫行，在作上叫行，行就是運動，從早上一睜開眼睛一直到了晚上睡覺，一天所做所行的，文殊師利菩薩都有教導，你如是做了，天天跟文殊菩薩在一起，時時在一起，念念在一起，懂得這個涵義了，就叫處處見佛，見佛就生歡喜了。

我們這歡喜從哪來的呢？從佛來的。見佛生歡喜，那就處處見佛，所以叫大歡喜藏。藏是含藏著，含藏都是歡喜。這個喜是從佛生的。佛就是藏，藏就是含藏著一切清淨的歡喜。我們渴了，喝了清甜的水，又清涼又香甜。渴者以爲飲！你不渴不感覺水的貴重，當你渴了，幾天沒喝到水，你一遇見水，那個水非常地清涼。

「普現威光主水神，得以無礙廣大福德力普出現解脫門。」「廣大福德力」，從什麼地方出現的呢？從你的心生，心生故種種法生。心是內在，不是外在。一個人一個心，但是這個心，十個人一個心，一百個人一個心，乃至於這個世界六十多億人口，一個心。這個心就是我們最初跟大家講的那個本體，是那個法性身，心佛與衆生是三無差別。是這個性，不是我們個性的那個性，不是現在表現的那個性，這個性隨時改變，那個性是永遠不會改變的。你就是墮貓、墮狗、墮畜生、墮人道、墮天道，他都不變，到了成佛，還是你原來本具的，沒有另外新增加。你現在墮落衆生，永遠也不失掉。凡是外在的，可分別的，都叫相。你分別不到、不可理解，那就叫性，那是我們本具的。

這個性也不是有，也不是無，不是相對法，是法性爲身。像我們經常說「心佛與衆生，是三無差別」的那個性。現在我們這個相是虛妄的假相，現在我們這個個性，是習染所成的，不是眞實的，可以改變的。如果不可以改變，我們怎麼出家？我們出家這個性，可不是在家那個性了，你的性情都變了。可變性，這個性不是眞性，是相對的，虛妄的。這個廣大無礙的福德，這個所具足的，那是眞的。爲什麼講這性相？講到福德，無礙的福，普現的威德力，神通力，不是你現在色相所具足的。但是，是你本性所具足的。

一講到性上了，就認爲是空的，空好像是沒有的，那叫斷滅。大家讀過《金剛經》，知道這個空不是斷滅空，空是什麼呢？把煩惱空了就好了，把你那些障礙物空掉。空還有不空，這個廣大的福德，是指著性體具足的，恢復了你性體本具足的那個福德。現在我們所具足的，是可失掉的，是虛妄的，有盡的，那個福德是無盡的。

「吼聲徧海主水神，得觀察一切衆生發起如虛空調伏方便解脫門。」觀察一切衆生，這一切衆生毛病很多，調伏他必須得有方便的法門，得有方便的智慧，沒有智慧，你度眾生是調伏不了的。說法度每一個眾生，必須得有方便善巧。調生的法門就是幫助眾生，讓他恢復原來的本具足的福德。

調伏他，看你用什麼方法。一般的說慈、悲、喜、捨，另外還一個四攝法，示現跟他同做一件事，叫同事攝。他有恐怖，幫助他無畏，幫助他不要害怕，使他永遠不害怕，這叫無畏。他有困難，幫助他解決困難，這叫布施。布施有幾種，或者給他的錢，使他生活安定。他有恐怖感，給他無畏，那是布施。還有做有利益他的事，叫利行。這樣他才信服你，接受你的幫助。你想讓他成佛，你就這樣子說：「你成佛吧！我幫助你成佛。」他就成了佛了？他信都不信你，他說：「你還沒成佛，能幫助我成佛？」你讓他修行，他說：「你還沒修行，能讓我修行？」方便善巧非常之難，幫助別人，你自己修行比較容易，讓你幫助別人修行，度一切眾生，這不是空話！很難。

如果你發心行菩薩道，想幫助一切眾生，你試試看吧！將來我們這些道友，多收幾個徒弟，你看看徒弟聽不聽你的話？你還不如幫助外人。但是，菩薩行菩薩道你必須得做，你自己就先要修行。你想幫助別人，給別人，想給人一碗水，起碼你得有一缸水，你才能拿出一碗水來。讓人家離苦得樂，他要看看你，看看你離苦得樂沒有？他看見你都沒離苦得樂，你讓我離苦得樂，你自己都沒離苦得樂，你讓我離苦得樂呢？說的空話了，騙我呢！他不信你！他能信你嗎？

所以，調生行廣，調化一切衆生，得觀察一切衆生，方便善巧無窮無盡。讓一個人信服一個人很難！讓一切衆生信佛，這不是一句話。現在我們在座的四五百人，不管是優婆塞、優婆夷、比丘、比丘尼，四衆弟子都是信佛的才來聽經，不信佛的不說了，都是信佛的人。每個人都有個性，特別是在家二衆。菩薩利益衆生不是一句空話，他有實際的表現。誰要提起大悲觀世音菩薩，不管他信不信，不信佛的，他也恭敬。

一提菩薩，心裡頭就生起恭敬心，那是他的德，因爲菩薩在這個世界非常有緣。他眞有事實給你，你求他，眞能得到！不空！就我所知道的，我弘揚地藏法門，凡是念地藏菩薩的，他確實得到。你說他能不信嗎？醫生說他這個病好不了，醫生沒法治，科學發達的給斷定是癌症。癌細胞擴散了，誰都知道不能治的，他念地藏菩薩好了，不但他信，這整個家庭，乃至親友都信了。

你說這是假的，地藏菩薩也沒有現身，就念個地藏聖號，假的變成眞的了，看著空虛的，變成現實的。我們這現實的，變成假的了。你說錢，有錢住好醫院，住再好的醫院，能把你的病給挽回來？恐怕不可能。菩薩有這個力量，但是，你得感，你的感跟他的應。還得看這個介紹人，就像我們這些和尙，不論哪位道友，人家再來求你，你介紹他念觀世音菩薩吧，他看看你！你是出家師父，他知道你是眞信的，他認爲你得著觀世音菩薩好處了，他也就信了。他信了也得到，他又向別人介紹，這樣信的人才能多。得不到現實的利益，他不信。他認爲說空話，現在講究求實際，他得到了才信，不得到他不信。所以調伏衆生、利益衆生，大菩薩永遠不停歇的，永遠這樣利生。

大致這麼介紹一下這十個主水神，他們都是行菩薩道，都用這些方法來化度衆生的。

爾時普興雲幢主水神承佛威力。普觀一切主水神衆。而說頌言。

「頌」就是讚歎的意思。讚歎什麼呢？讚歎佛。華嚴法會的一切菩薩，或者示現主水神，主火神乃至於主空神，示現種種類類，形形色色。爲什麼都加一個神字？我們看著水就是水，河也好，江也好，還有個神在主宰。唯有《華嚴經》，好像這個世界都是有管的，連水都是有主物，不是沒主的，有主水神管著他。有沒有該得不該得？把它污染了，那你造業了，你該沒水吃。現在我們這個地球上六十多億人口，有很多人沒水吃，是不是輪到我們？我看五臺山是不會的。

去年（二〇〇三年）我在雁蕩山能仁寺就沒水吃了，只靠著山上的水，下雨了才有水。我們現在講的都是主水神。爲首的主水神普興雲幢，他仗著毗盧遮那佛的佛力，說十個讚頌的偈子，一個是四句話。

清淨慈門剎塵數　共生如來一妙相
一一諸相莫不然　是故見者無厭足

他是平等利益眾生大慈，就是慈。我們經常說慈悲，在這裡是分開的，慈是慈，悲是悲。有時候連貫，有時候一個菩薩具足慈了，自然就含著悲。慈能拔眾生苦，把一切眾生苦給他拔掉，慈能拔苦，悲就給他快樂。有時候又說，悲能拔苦，慈能與樂。這兩個字涵義都是相通的，慈給眾生快樂，悲是眾生正在悲苦當中，把他悲苦除掉，給他的快樂。有時候慈是慈，悲是悲。這單說慈，清淨慈門剎塵數，共同產生如來一妙相。

一妙相，如來是一相，一相是妙相。妙相是不可思議的相。一相具足無量相，無量相還是一相。一相是妙相，相相都是妙。妙就不可思議！見者無厭足，這就是平等的意思。普興雲幢，他得到了平等利益眾生，平等給他們大慈。平等的意思就是不簡擇，不分別。（我們對著一個螞蟻，特別對著老鼠，對著蒼蠅，對著蚊子，完了對待你的父母，對待你自己最尊敬的老師，讓你跟對待蒼蠅蚊子，平等平等。）不論你是哪一類眾生，這個不分別，在我們就很難很難作到。連這個心都作不到，你要修行這個達到平等，恐怕得一萬大劫。

這不是我說的，是佛說的，修行信心，建立這麼個信心得一萬劫。是大劫，不是小劫。依我們年限算是好多時間呢？人的壽命十歲，過一百年增一歲，一百年

增一歲，一百年增一歲，增到八萬四千歲，這叫增劫。從八萬四千歲過一百年減一歲，過一百年減一歲，再減到人的壽命十歲，一增一減算個小劫。這是好多年，算吧！把這個再加一千倍，叫中劫。中劫再經過一千倍，叫大劫。一萬個大劫，從一、二、三、四，數到一萬。修一個信心，要經過這麼長時間。

這個信，是怎麼樣信呢？我們講〈大乘起信論〉講的很詳細。這一萬大劫你才能信得及，這叫信心不退了，眞正的信。你有這個信心，才知道你跟那個老鼠，跟那個蚊子，你最討厭的衆生平等平等。現在我們信不及，拿我們跟老鼠平等，平不了。老鼠的性體跟我們的性體，在體上，在理法界上，平等平等的。不平的呢？是在事法界，在事相上。

爲什麼生到老鼠？你造的業令人討厭。老鼠也有走運氣的時候，看牠生到哪個地方！如果生到西藏拉薩，老鼠是財神爺。如果大家朝過拉薩大昭寺，有一個殿，裡頭全是老鼠。老鼠不怕你傷害牠，也沒人到那裡傷害那個地方的老鼠。不過這個老鼠，牠不會到處亂竄的，這個殿裡老鼠絕不會到別的殿去偷供果。牠喝酒，他們是拿西藏青稞釀的酒，老鼠殿裡有幾罈子，盡是大酒，罈子很大。你看那老鼠喝酒非常可樂，牠爬到缸沿上，那尾巴掉過來，在那酒裡一蘸，一蘸，一蘸，一蘸……不是拿杯子來喝的。

但是，牠很奇怪，你要到那磕頭，老鼠若是在你身上跑來跑去，你別管牠，你一定要發財。牠是財神爺，西藏管這叫這財神殿。老鼠不理你，你到裡頭怎麼磕頭，怎麼供酒，供什麼的，牠連理你都不理，老鼠一個也不沾你，離你很遠，完了，你作生意也好，發不了財了。你在那念財神經，念到老鼠理你了。那個地方的老鼠，人就不討厭了。但是，不是灰的，全部是白顏色的，沒有灰老鼠。

這也是一類的眾生，調一切眾生，方便法門太多了！看哪一類眾生。老鼠跟老鼠是同類，但牠不同。像有些出家人，人家見著很尊敬你。有些出家人，人見著不尊敬你。還有你到個這個地區，這個地區很不尊重出家人，有的地區很尊重出家人，這是什麼呢？有的地區福報很好的，他對三寶有信仰，有恭敬心。有的地區很惡，他對三寶不尊敬，甚至還吐口水。

現在香港好一點了，一九四〇年那個時候，香港人不信佛，早晨如果遇著一個和尚，特別遇見比丘尼師父，他說他一天都倒楣，發不到財。現在情況變了，這是什麼呢？一切諸法因緣生。

有人見著佛，歡喜無厭足，有人見著佛非常的恨，非常忿怒。大家還記得阿富汗大佛是晉朝以前造的。阿富汗以前的掌權者，他拆掉那個山雕的大佛像，就像我們這裡的雲崗，他要破壞這尊大佛，我們好多佛教徒跟他買，讓他不要打，他還是打。現在大佛被破壞了，那破壞也是很費事，拿炮往上炸。佛像炸完不到一年，美國打阿富汗。以前是蘇聯打阿富汗，佔領之後又退出，現在美國也佔領。這是有因果的，以前阿富汗是信佛的。玄奘法師取經，就是從新疆經過阿富汗進入印度的。

現在我們大陸所說的晾經石，都是僞造的。我到青海玉樹看見那兒有個玄奘法師晾經石，我說胡來，玄奘法師怎麼走到這個地方來了，玄奘法師根本沒有經過西藏，也沒有經過青海，這是後來人穿鑿的。

一切諸法都是因緣生的，也是因緣滅的。所以，一切衆生到了業障發現，業障發現了業不由己。國家也如是，地區也如是，個人也如是。五臺山是文殊菩薩的道場，經過好多變遷，從唐朝到現在，在我們佛教說這個是很短時間了，剎那間起了好多變化，一切事物都是這樣發展的。平等利益，平等是很不容易的。

像我剛才舉例說，我們對待蚊子對待老鼠，能平等嗎？能把牠們當佛看待嗎？恐怕我們這裡頭一位都沒有，包括我在內。我們心裡不平等！我們沒到這個程度。這些寄位的菩薩，他是平等利益衆生的，佛菩薩不分別。但是，我們衆生分別，你想利益他，他不讓你利益，怎麼辦呢？像我剛才說的那個，你想利益，他把像都給你砸了，還讓你利益！那你又怎麼能利益到他呢？他不接受你。就像我剛才說的，他見了和尚就吐口痰，你還利益他？他就是討厭你。

這是什麼呢？無緣。你也知道，知道什麼呢？末法，知道善根淺薄，災害頻繁，國土危脆。現在我們這個地球，可以說每天都能看到地震，聽到地震。過去地震都是三級四級，現在都升到七級八級，最少也六級。我們說地震，山崩地裂，這些現相很多，是什麼原因？業重福輕。福報沒有，業障很重。

世尊往昔修行時　普詣一切如來所
種種修治無懈倦　如是方便雲音入
佛於一切十方中　寂然不動無來去
應化眾生悉令見　此是髻輪之所知
如來境界無邊量　一切眾生不能了
妙音演說徧十方　此善漩神所行處
世尊光明無有盡　充徧法界不思議
說法教化度眾生　此淨香神所觀見
如來清淨等虛空　無相無形徧十方
而令眾會靡不見　此福光神善觀察
佛昔修習大悲門　其心廣徧等眾生
是故如雲現於世　此解脫門知足了
十方所有諸國土　悉見如來坐於座
朗然開悟大菩提　如是喜音之所入

如來所行無罣礙　徧往十方一切刹
處處示現大神通　普現威光已能悟
修習無邊方便行　等衆生界悉充滿
神通妙用靡暫停　吼聲徧海斯能入

這是主水神，一般說主水神是管理水的，以水自在，這是形容的意思。我們現在所念的十方主水神不是神，是這些大菩薩入位的，是華嚴海會這些大菩薩，每個大菩薩他怎麼利益衆生的。就是他示現種種類類，不是光度人，也不是光度有情。水是無情、是空，空根本沒有。還有主空神，我們講過了。形容華嚴海會來這裡聞法的，或者護法的，示現寄位的這些菩薩。而且，告訴我們世間任何事物都是有組織的，這個組織是自然的，都有神來管他。這個神就是大菩薩寄位，來化度這些神。什麼來化度我們呢？這叫異類神衆。化度我們是菩薩，我們現在講到《華嚴經》第四卷經文，從第五卷開始就是大菩薩，專門度人類的。

先說這些異類，異類是無情界，異類化度的無情界。水、火、風、空都有管他們的。我們沒有水吃，有神在管哪！爲什麼發大水？爲什麼水被污染了？神爲什麼不管哪？這叫衆生業，神力所不及。不論管水的管風的，神的力量敵不住衆生的業力。現在是什麼力量最大？衆生的業力最大。衆生的業得怎麼辦呢？衆生自己的業自己來消。有緣的、有善緣的、有善根的，能夠假三寶的力量來消自己的業，業消了福就有了，這是惡業，惡業消了，善業的福德就生長了。所有這些神，都是華嚴海會護法的大菩薩。

神類還有海神，下面該講海神，現在我們是講神。神講完了，就該講同類的，同類的就是菩薩，現在還沒講到，第五卷經文才開始講菩薩。把法會的大眾說完了，才說到怎麼樣修行《華嚴經》。

主海神十法

復次出現寶光主海神。得以等心施一切眾生福德海眾寶莊嚴身解脫門。不可壞金剛幢主海神。得巧方便守護一切眾生善根解脫門。不雜塵垢主海神。得能竭一切眾生煩惱海解脫門。恆住波浪主海神。得令一切眾生離惡道解脫門。吉祥寶月主海神。得普滅大癡暗解脫門。妙華龍髻主海神。得滅一切諸趣苦與安樂解脫門。普持光味主海神。得淨治一切眾生諸見愚癡性解脫門。寶燄華光主海神。得出生一切寶種性菩提心解脫門。金剛妙髻主海神。得不動心功德海解脫門。海潮雷音主海神。得普入法界三昧門解脫門。

在諸神衆之中，現在是主海衆，還是異類的，異類的就是跟人不同類。主水神之後，就是主海神，主海神一共有十法。每一位主海神都證得佛的一部分。佛的無量解脫門之中，他得到一種。這些都是寄位的菩薩，是世間相。世間相，有的是有情世間，有的是無情世間。像河、海、水，海、河都是水，但是水跟水的性質不同。所示現的解脫門不同，應當這樣的來理解。比如我們人類，人類有種種的，每個人的愛好不同，這是正報了。現在是就依報說的。主海神是住在海裡的嗎？不是，他是示現度海裡這一類的衆生。我們聽經衆，特別是在家兩衆，來這裡聽個一天兩天，沒頭沒尾的，略略的解說一下，讓你知道一個頭尾。

《華嚴經》跟其他經論不同的點，就在於此，什麼都有神、什麼都有鬼。不要一說這個就想到世間上的鬼、神，不是那個意思。《華嚴經》講的鬼神是寄位而示現，寄位的意思，他不是這一類的，寄到這一類裡頭，這都是化身的菩薩，他並不是像人類似的，受胎生到人類來。現在這一些主海神，海裡的那些衆生，是不是都能聞到菩薩的法呢？不見得，得看有沒有緣分。像寄位人類的文殊、普賢、觀音、彌勒，乃至於其他那些大菩薩，並不是人人都能見著菩薩。五臺山是文殊師利菩薩的道場，來到五臺山，你見著文殊師利菩薩了嗎？文殊師利菩薩跟你說法了嗎？所以這些菩薩，寄到海神寄到河神，是度那一類衆生，並不是那一類衆生都能夠見到這些菩薩，得看你的緣分，跟我們人類一樣。等我們後面講到菩薩，那叫同類。

這一部經有序分、正宗分、流通分，現在還在序分當中，還沒到正宗分。意思就是說，《華嚴經》還沒有正式開講。你們感覺到，講兩個多月了快三個月了，怎麼還沒開講。講的是序分，不是《華嚴經》的本意。要講《華嚴經》，佛說的時候，有哪些人來聽，哪些人來護法，這都是聽經的海會大眾，這叫序分。

從〈如來現相品〉以下，叫正宗分。正宗分就是《華嚴經》教授我們的，告訴我們依著《華嚴經》，怎麼樣修行、怎麼樣觀想、怎麼樣理解。這是給初聽經的作個交待。不要聽這麼兩句話，回去就說，我聽了《華嚴經》，你還沒聽到呢！這僅僅是序分當中的一段。知道這個涵義就行了。

「出現寶光主海神，得以等心施一切眾生福德海眾寶莊嚴身解脫門。」他以平等心，讓一切眾生都能生福德智慧。海裡頭含藏的寶物特別多，這是以海為比喻。人類要莊嚴，買個鑽石，或者買個寶珠，打個金戒指，都算莊嚴。但如果是供佛的供品，因為供了佛，回報是什麼呢？是福德。出現寶光主海神施給眾生的，可不是世間的寶物，是出世間的福德智慧。

「不可壞金剛幢主海神，得巧方便守護一切眾生善根解脫門。不雜塵垢主海神，得能竭一切眾生煩惱海解脫門。」第一個是寶光主海神，第二個是不壞金剛幢主海神，第三個是不雜塵垢主海神。義理都是相通的，不過各各的差別點不同。

不壞金剛幢主海神，使一切眾生的善根不失掉，給他說法，在行善的善根基礎上，再讓他成長，不要退失。但是，是以善巧方便來守護一切眾生，給他說法，說你能作個人，很不容易。你沒有變牛變馬變畜生，沒墮地獄，沒變成餓鬼，作人的善根是很深厚的了。又能聞到佛說的教法，要保護這個善根。每個眾生的思想不一樣的，狀況不一樣的。所以要巧，巧是善巧，以種種的善巧方便，使他保護自己的根門，眼耳鼻舌身意六根。這樣使他再成長。

「不雜塵垢主海神，得能竭一切眾生煩惱海解脫門。」我們眾生的煩惱像海那麼深，像海那麼廣。日常生活當中，不如意的事太多了。那麼這個菩薩，他所發的願是這樣子的，給眾生演說甚深法，讓眾生體會，煩惱是無自性的，是空的。讓外邊的客塵，讓環境能夠隨你的心轉。而你的心念，你的眼耳鼻舌身意諸根，不隨外邊色聲香味觸法的塵垢染所轉。不雜塵垢主海神，他能給一切世間眾生作導師，引導他們，得離塵垢。說法像雲一樣，像雨一樣，能夠消除人世間無窮無盡的苦海，使他們脫離。

「恆住波浪主海神，得令一切眾生離惡道解脫門。」一切眾生常時畏懼墮惡道，惡道有三種，一個畜生道，一個餓鬼道，一個地獄道。每一道都有無窮無盡的差別。大家是在人道當中，人跟人可不同了，不是他的膚色不同，是煩惱業障差別非常大。在現實的世界當中，有的正在戰火當中，像我們這麼樣安靜的恐怕不多。有的在世間奔波名利，求財富談生意。想種種的辦法想得到，你想得到的不一定得到，你怕失掉的，可能保不住，這就看你有沒有福、有沒有智慧。

塵垢的事太多了，每個人在這個方面都能懂得，在你的生活當中，你所遇見的煩惱，這個煩惱是什麼？就是因，還要感果的。感果，你來生不一定變成人，或者會變成畜生，罪惡嚴重的還得下地獄。給他說這種法門，讓他對照佛的境界是什麼境界，以佛境界感化他，讓他把惑業滅掉，讓他的苦止息了。因爲這是世間事，大家不想去瞭解，瞭解也是煩惱。像我們在這裡不看報紙也不聽收音機，也不看電視，你什麼也不知道。不知道是不是惑苦就消失了？說我不知道，不知道我沒有這個煩惱，從這方面說是好的。從另一方面說發心度衆生，你不知道世間的苦，不知道苦又怎麼能給他說，怎麼讓他消苦呢？我們自守、自修是不錯。但是從利生方面說，那就不同了，讓一切衆生的惑消失，讓他的苦難止息。

我今天看見舊報紙，不是現在的，大概是二、三月份的事。同一個時間，不同的國土，一個是發生在加拿大的多倫多，一個是發生在臺灣的臺北，另一個發生在新西蘭，三件事看著是不同的地點，不同的條件，但是事情是一樣的。三個女孩兒，一個十歲的，一個十一、二歲的，同時被人殺害了。就在我們這個安靜學佛法的時間，有好多人死亡。遇著災難、在戰火當中逃不出去等等。我們的智慧很淺薄，知道的很少。我們只是說人類了，畜生類呢？所以衆生的災難，是很多的。苦是果，在苦果上驗證他過去的惑就是因，惑因，沒有因怎麼結果。在苦的時候，果已經成熟了，在受苦果的時候，他還造因，果又變成因，因又去感果，就這樣的重重無盡。

這些利益眾生的大菩薩，發大願心，我們也隨順他們學著發大願心。眾生在這惡道當中怎麼樣能離開？有的是現實的生老病死苦，你生活當中災難還是很多的。有時候你在這裡頭好像安安靜靜的，禍從天上來，飛來橫禍，不干你的事，找上你來了。有人誣告你了，或者你做哪一件事，牽涉到有你，完了，苦難就要降臨你的頭上。像這種事，我們叫冤枉太多了，每一個人都可能經過。那些菩薩，他們是發願利益眾生的，但是眾生得跟他有緣，這個緣怎麼結呢？

例如你到五臺山朝文殊師利菩薩，你念文殊師利菩薩聖號，或者念他的咒，「嗡阿梨巴雜那地」，文殊菩薩的心咒，這是你的感。你在平安的時候，就這樣常時受持念，到你苦難來的時候，他就起作用了，使你的災難消失。但是你在消失災難過程當中，並沒有感覺到是菩薩幫助你，是菩薩救護你，你並不知道。

我們眾生過去無量劫種的善因，今生在障礙之中，意外的把這個災難解除了，你也不知道過去是跟著哪個菩薩有緣，哪個菩薩來救度你來了，反正是佛菩薩來救度你了，你也不曉得。有些事情好像不可理解的，突然之間你的智慧發現了，明白了，你也不知道是怎麼解除的，這叫愚暗。我們經常說無明，說障礙、煩惱，使你的智慧不開。經過你的修行，聞法了，聞法修行，你自己有智慧了。這個煩惱怎麼來的，又怎麼消失的？

如果你出家之後，受持一部經，或者受持一部論，產生效果了，就是產生光明了，也就是說你自己心裡有智慧了，知道這件事的來龍去脈，怎麼發生的，怎麼成長的，又怎麼消失的，這就靠智慧。以智慧來滅愚癡，這是吉祥寶月主海神，得普滅大癡暗解脫門。

「妙華龍髻主海神，得滅一切諸趣苦與安樂解脫門。」滅一切眾生的苦，讓眾生得到安樂。你所作的事，就是行，行是遷流不息的。你一天從早晨到晚上，你生起了好多的心念，完了有的心念變成你所作的業，就是你這一天所做的事，這些都是遷流不息的。這裡頭就有苦，斷苦，說你發了菩提心了，菩提心就是道心，發了一個向道的心，有向道的心，就開始滅苦。苦若滅了，就得到寂滅，寂滅就是不苦了。不苦就得到安樂。滅諸趣苦，諸趣是趣向的意思，哪些趣最苦呢？反正六道眾生都有苦。天、人、阿脩羅、地獄、餓鬼、畜生，六道苦不同，有的苦很嚴重的。一天二十四小時都在苦中，那你墮地獄了。墮餓鬼了，一天二十四小時都在饑餓當中，沒有飲食。

墮畜生，畜生大家看到了，畜生也有苦有樂的，也有有福報的畜生。同是馬，有的馬，馱的很重，負擔很重，還要爬山。有的馬，牠就不同了，很享受。你經常的觀察畜生，完了再回想到人類，這些菩薩教化牠們，令牠們發道心，完了行道，行道把苦滅了，到究竟成佛。這是妙華龍髻主海神，他能滅一切眾生苦，給一切眾生安樂。

「普持光味主海神，得淨治一切眾生諸見愚癡性解脫門。」用你的智慧，滅你的黑暗，黑暗是什麼？就是愚癡，愚癡就是不知道，叫無知。我們最大的無知是不知道你過去的事，知道一生、兩生、十生、萬生都不行，得知道無量無量劫、無量無量生，我都做些什麼。過去做的我們不知道，從什麼時候知道呢？從現在你身所受的，現在感的果就可以知道。

我們說有的人他很幸福、很安定，在他身上看不到怎麼苦惱。有些人一天都在苦惱當中，你也看到了。這個不在乎有錢沒錢，或者有病沒病。你看有些人他一天在煩惱當中，這樣過生活，有些人他安安靜靜的、愉愉快快的。在這個問題上，我們在家的優婆塞、優婆夷要嚴重些，比丘、比丘尼要清淨得多。在家二眾，到普壽寺來可以參觀參觀，看看我們這出家二眾，比丘、比丘尼他們是怎麼生活的。你看看他們，衣服沒幾件，但是他自己用不著備辦，缺了，常住會給他備辦。吃飯了，反正吃的也少，兩頓，沒有第三頓，他們沒什麼過高的要求，魚、肉跟他們沒有緣。他們生活過得很平淡，但是非常安靜。

這可以比，社會上有這麼兩句話，不怕不識貨，就怕貨比貨。這件東西你認不得眞假，認不得好壞，你比一比，多拿幾件同樣的東西比一比，就知道好壞了。人生的煩惱都是自己找的，因爲你找快樂，快樂沒有，找到的是煩惱不是快樂，你可以對比。

普持光味主海神對於衆生的教導，就是一定要離開愚癡，怎麼離開呢？得有智慧，我們來學佛所說的法，我們是學佛的智慧，用佛的智慧來滅我們的黑暗，等我們自己生起智慧來了，愚癡就滅了，滅了就能知道，能見著你自己的本性。有智慧了，你的生活有指導了，不用盲目地去奔波，也不要盲目地去追求。你沒有的，追求不到，追求到了，最後也是會捨掉。「有」，總有一天會沒有的。

我們看社會上搶劫的亡命之徒，他下的賭注非常的大，他比你做什麼生意本錢都大。他把人家的東西搶去了，好像他得到了，他是拿生命換的。你看他們搶銀行，是用他們的生命去換的。正搶的時候，員警來了，保衛治安的來了，可能把他打死。在這上頭，就要善於觀察，得到也是假的，爲什麼這樣說？因爲你的生命，最多也就一百年，何況活不到一百歲的多得很！多數人都活不到一百歲，或者再多一點，兩百歲，兩百歲之後呢？你還是得消失。

現在我們都是幾十歲的人了，十幾歲的很少很少。再過五十年，再過一百年，我們這個法堂裡頭，一個存在的都沒有，不是這樣子嗎？但是我們的思想妄念，想的可不是一百年，想的是一千年。和尚該沒有這個吧？和尚照樣的。前人修廟，後人來住，現在我們不正在修建嗎？廟修好了，人已經老了，那就等後來的人。後來人，我們又失掉了，衆生沒福了，那就等著拆廟吧！修的修，拆的拆，毀的毀，破壞的破壞，這類事很多。這個廟在修，那個廟在拆，這邊是蓋洋樓，修大樓，那邊一個導彈就打得好幾層樓沒有了，火一燒就沒有了。一切諸法都如是，成住壞空，能明白嗎？能開悟嗎？

「寶燄華光主海神，得出生一切寶種性菩提心解脫門。」寶種性有六種，都是出生菩提心的。我們的道友，有些入佛門不久的，經常說要發菩提心，什麼叫菩提心？就是覺悟的覺，就是剛才說的有智慧。「菩提」是印度話，中國話就翻「覺」，覺醒了，覺悟了，明白了，叫菩提。光發心不行，還得去做，還得行菩提道，完了證菩提果。發菩提心，很不容易，得經過多少時間呢？像我們人的壽命，得經過億萬萬年，遇不到一個發心的因緣。即或遇到了，發不起來，菩提心發不起來。現在我們聽經的，都是四衆弟子，都是佛弟子，大家都是發心，怎麼樣發？發完了怎麼樣保持這個心相續？不要中斷？儘管我們重複又重複，從一入佛門，就聽到說發菩提心、行菩薩道，成佛，可以說聽到億萬次了。

發菩提心，第一個得先厭離世間，世間上什麼都不貪戀，貪戀是顛倒。貪戀心，就是顛倒心，明明是苦的，還要在苦裡頭取樂，有嗎？在黃蓮裡頭吃黃蓮，又想像白糖那麼甜，不可能的了！黃蓮就是苦的，黃蓮裡頭沒含著冰糖，也沒含著白糖，沒有甜味，都是苦的，因爲它是苦因。這個涵義就是說，你在這個世界上，想取快樂，就像想吃刀刃上的蜂蜜，你去舔吧，把舌頭都割了。

這個快樂是取不得的！你必須厭離世間，這是菩提心剛開始的一種。厭離這個世界，求生極樂世界，厭離得深，生極樂世界那就穩定，厭離得淺，這個世界你離不開。你怎麼樣才能厭離？得有智慧，得有般若智。「般若」是印度話，爲什麼不把它翻成華言呢？因爲翻成「慧」，翻成「智慧」，翻成「聰明」，那都不是般若。世間的聰明，我們人世間的智慧，不是般若義。般若義是離開生死。生死有兩種，凡夫所受的生死叫分段生死，就是一段一段的，死了又來，來了又死。成道了，阿羅漢斷了分段生死了，他只能得這麼一半的智慧。還有個變異生死，那是菩薩斷的。到究竟沒有生死了，涅槃了，不生不滅，那是佛果，那才叫菩提道成了。

發菩提心，行菩提道，成就佛果，成就菩提果，這個過程非常的長。你想把菩提道的因學明白了，恐怕不是這一輩子的事吧？起碼你得經過千萬億、千萬億的分段，還得你生生世世相續不斷。大家都知道西藏密宗，第一個，你非得先把菩提道次第學好不可。密宗的三要道，出離心、大慈悲心、般若智慧，這三者具足了，成就菩提心；這不是一百萬年、兩百萬年、一千萬年、兩千萬年所能夠成就得到的，說的容易，做起來非常難。

在《瓔珞經》裡，「寶種性」有六種。第一種是習種性，性的性分，永遠不變，智分永遠不改，這是人人本具的佛種性。這佛種性我們迷失掉了，我們的本覺智迷了，迷了就成不覺了，不覺了又開始能夠有殊勝因緣遇到佛法，開始覺，這叫始覺。始覺，就是我們從不明白生死是怎麼回事，開始明白了；這就是我們四衆弟子，開始皈依佛法僧三寶。始覺完了就產生相似覺，相似覺並沒有覺悟，那是相似覺悟。在佛教的教義講，十住、十行、十迴向，這三十個心都是相似覺。人人都有佛性，人人都可以成佛，但是你迷了，迷了就要經過學，學了之後，才能又恢復你的本覺，這叫習種性。

習種性，先修學空觀，修一個信心，要一萬大劫，一位、一位的。現在我們的這個信不到位，只是欣樂心。怎麼樣才能算是有信心呢？有信心的，他知道思念的不對，馬上就能斷，念頭不對，覺得念起，一起心動念的念起，就能夠把它止住。那是善，讓它增長，這是惡，馬上就止住，止心不起。

這必須得經過修習，修行十信滿心了，信到位了，這個還是在凡夫位。像剛才說一萬大劫修成功了，這叫入初住，這是入位的菩薩。初住菩薩發菩提心，這個發菩提心跟現在我們發菩提心是兩回事，他是眞正地相似見了眞理了，相信自己是佛，他肯定了。他就住在菩提心上，初住、二住、三住、四住到十住，中間要經過相當長的時間。這叫什麼種性呢？叫習種性，熏習修行。他能破什麼迷惑呢？見著什麼他都認得是無常的，是空的，因爲在熏習、修行當中，成了種性了，所以叫習種性。這個時候他研究空觀，觀一切法都是空的，修成就了，身見破了，破了見惑，破了思惑。

《華嚴經》初住的菩薩，跟阿羅漢是相等的，十住的菩薩斷了見思惑，斷惑是相等的，叫習種性。我們講〈大乘起信論〉的時候，叫熏習修，假什麼熏習呢？假佛、佛教導的法，他不離開法，不離開善友，不離開大眾僧，這叫熏習修，這叫習種性。

第二種叫性種性，他的地位就高了，十住滿了，十行的菩薩，他是研究自己本具的佛性，本具就是我們經常說的，眾生的心、佛心跟我們現在的心，三心無差別。佛是修成了，迷了之後又修成了。現在我們相信自己是佛，但是你還得熏習修，不修就不行了，不修不能顯現，這叫性種性。他證知了自己的本性是眞空的，證得眞空的理了，但是他不住於空。不住於空的意思就是他分別諸法，化度眾生，所以跟二乘人不同，羅漢住於空，他不去化度眾生，只能破見思惑，比不上十行的菩薩。十行的菩薩證得本性眞空之理了，他又不住於空，分別一切諸法，如何是染、如何是淨，如何是符合於菩提道的，如何是不符合於菩提道的，他這樣去化度眾生，這叫性種性。

第三種是道種性，這就是十迴向的菩薩。十住、十行、十迴向，在位的不同，悟得的情況也不同。十迴向的菩薩，他修中道妙觀，既不著於空，也不執於有。執有，落於凡夫之見；執空，落於二乘之見，他行的是中道觀，這叫菩提道，他所作的都是菩提道，專門利益眾生。

第四種是聖種性，這是登了初地的菩薩。前頭的十住、十行、十迴向叫三賢位的菩薩，是賢位，跟凡夫二乘不同了。現在登了地了，初地歡喜地，他親自證得了，證得什麼呢？證得佛成道所得的那個菩提道的眞理。十地，一位一位地證，他修的觀行，是中道。眞正的菩提道，既不執於空，也不執於有。凡夫是斷常二見，不是斷了，沒有了，斷見，就是常了，常見。我們很少想到我們會死亡的，有病就去治療，怕死，怕死的決定得死。說不怕的該不死了，不怕的也得死，不過這樣死會解脫一些。他知道這是分段，這一段了又來一段，但這就是苦，叫分段苦。

所以他不執於有，不落於凡夫，不執於空，不落於二乘。他把這個空變成眞空，把有變成妙有。眞空是不空的，什麼不空呢？眾生空不了，要度眾生。那眾生就是有了，這個有非有，知道眾生是幻化的，非有就是妙有，這就是眞空妙有，妙有眞空。

登地的菩薩就是聖種性的菩薩，斷一分無明，證一分法身，跟佛就有一分相等。十地，一地一地的往前斷，十分無明斷完了，就是等覺菩薩了。這個「等」是等什麼呢？等妙覺，妙覺就是佛。你自己覺悟了，菩提道究竟了，覺他，讓他也證究竟了。或者有人這樣問：「釋迦牟尼佛覺他，但我還是眾生，佛並沒有把我度了？」他看見你不是眾生，佛觀一切眾生都是平等的。自覺覺他就是覺到眾生，知道眾生的本性了，眾生的本性跟佛無二無別的。他行菩薩道行到究竟了，恢復了他本來的覺性。為什麼加個「妙」字呢？是說這個事非常不可思議，所以佛成佛之後，他就感歎，大地眾生皆有佛性，我所證得的沒有得什麼，這眾生都有，就是迷悟之差。

大家記住這個分位非常重要，習種性、性種性、道種性、聖種性、等覺種性、妙覺種性，這叫六覺。但這都是約果說的，還有個因呢？果必回顧於因，你做什麼事情這個結果發生了，結果得到了，這結果怎麼來的？必有因。像我們得到個人身，我這個人身是怎麼來的？為什麼我是女的，他是男的？為什麼我是男的，她是女的？為什麼他很幸福，為什麼我很苦惱？你必須得知道因。知道因，先瞭解你，我跟佛無二無別，這就是正因，「正因佛性」。不是邪知邪見，邪知邪見就不是正因了，正因就是成佛之因，就叫正因佛性。還有個「了因佛性」，了就是照了的意思，說智慧照了，照什麼呢？照眞如，就照我們原來本具那個眞心。

我們從一開始的時候就講了，相信自己是毗盧遮那佛。《大方廣佛華嚴經》所顯示的，就是顯示眾生跟佛無二無別。「了」就是明了、知道，知道我的佛性跟佛所成就的佛性是一個，但是我是迷，佛是悟，這就叫照了了眞如的道理，這樣產生的智慧叫了因佛性。成了佛，約果德來說就叫智德，般若智德。

還有一個「緣因佛性」，緣是助成、促成的意思。緣能助成嗎？助成什麼呢？

緣能助你的了因，開發你的正因，一切善根本具足的功德。我們現在迷了，我們所具足的功德跟佛所成就的功德，平等具足，但是我們不能運用。現在我們遇著佛法的緣，因爲學習佛法，我們一位一位的成就，來促成我們本具足的佛性能夠成就。要知道正因、了因、緣因，有這麼三種因。要使你正因顯，必須得假了因、緣因。

「金剛妙髻主海神，得不動心功德海解脫門。」我們經常講如如不動，說你的心遇著任何境界相，不隨外緣所轉。這裡頭含著很多的意思，含著降魔的意思，魔要擾亂你，你的心不爲魔所轉。《金剛經》說不取於相，如如不動，不在相上轉。其他的經論也這樣說。

唐朝時代有一位禪師，叫慧嵬菩薩，他在山林裡修定的時候，快要成就了，惡鬼就現前了，來嚇唬他。那鬼現前了，突然沒有腦殼，沒有手，嚇唬慧嵬禪師。慧嵬禪師說：「哎，你很好，沒腦殼了，將來不會再害頭痛了，腦殼沒有了！」那鬼本來是嚇他的，禪師不爲他所動，還跟他開玩笑，說沒腦殼了，你再不害頭痛了。這個鬼又變了，變個沒肚腹的。禪師又跟他說：「你好了，也不要吃飯了，你沒有五臟六腑了，不會害肚子痛了。」

那鬼不能把他嚇倒，又變了，這回變的不同，變個天女，非常的美妙，說：「天帝令我來幫助你，給你打掃清潔，來照顧你的生活。」禪師跟她說：「勿以革囊見試，吾不用。」說妳不要拿這個臭皮袋來考驗我，妳自己感覺很美妙，其實皮裡頭包的東西全不是清淨的。天帝派也好，幹什麼也好，我不用妳。那這個天女就升空了，魔王化現的。他說：「大海可竭，須彌可傾，道人心不可動。」稱讚慧嵬禪師執志堅貞，修道的心非常堅定。讚歎完了，那天女就走了。

這是什麼意思呢？在任何情況下都不動心。金剛妙髻主海神，他就得到了不動心功德海解脫門，能夠度化一切眾生，讓眾生也對任何事情不要動心。佛教有兩句話，「隨緣消舊業，更莫造新殃」，一起心動念，就造業了，說我是做好事，好事也是造業，業是造作義，好事也防礙你修道。修道的時候，在這個過程當中，有時候一切境界相，都要讓它停止不動，不動心才能不造業。

「海潮雷音主海神，得普入法界三昧門解脫門。」這叫入法界定，三昧就是定。到《華嚴經》最後入三昧門，眞如三昧，也叫法界定，這是普賢菩薩所得的法界定，修法界觀得法界定，透徹一眞法界的究竟妙理。

爾時出現寶光主海神承佛威力。普觀一切主海神眾。而說頌言。

不可思議大劫海　供養一切諸如來

普以功德施羣生　是故端嚴最無比

「不可思議大劫海，供養一切諸如來」，說我們供養佛，供養佛有供養佛的功德，完了再利益眾生，供養佛的這個功德，自己不貪著，施給一切眾生，平等心施捨，「是故端嚴最無比」。因地當中，佛就是如是作的，佛也供養一切諸佛，完了又把供養諸佛的功德，下化布施給一切眾生，所以才感得無比的福德智慧。佛所現的佛身、佛的智慧、佛的解脫，不是其他九法界眾生所能比的。

一切世間皆出現　眾生根欲靡不知
普為弘宣大法海　此是堅幢所欣悟

佛出現世間利益眾生，他能知道一切眾生的根性。我們經常說這個人眞是劣根性，劣根性就是很壞很壞，那是過去的業。稱讚這個人的性情很好，善根很深厚的，這都是眾生的根。眾生的欲望也不一樣，有的喜歡熱鬧，有的又喜歡清淨，有的喜歡做工，有的喜歡務農，眾生的欲望無窮，佛都能知道。佛利益眾生有大智慧，知道眾生過去他怎麼修的，佛給他一說法當時就成就了。但是你得有這個善根，能夠遇見佛，如果你沒有這個善根遇不到佛。雖然遇不到佛，還能聞到法，現在我們是處在末法時代，法將要滅了，快沒有了，在這個時代眾生根機非常薄，很不容易遇到佛法。

現在地球上大概是六十多億人口，能聞到佛法的有好多？聞到了是不是眞正信哪，眞正信就能放得下、看得破。遇著法了能夠照著佛所教授的方法去做，又有好多呢？很少很少，可以說幾乎沒有。你肚子餓得不得了，前面擺著燒餅、果子、油條、麵條、大米飯，什麼都有，你得吃，不吃肚子還是飽不了。佛說的種種教法你得去做，做就是行，你如果行了，你就得到了。你不去做，不去做怎麼能證，怎麼能解脫？所以這就叫末法，聞到了他不去做。世間的名聞利養、愛憎毀譽稱譏苦樂、貪瞋癡你不教他去做，他要去做，甚至腦袋削個尖往裡鑽，為什麼？這就叫業。我們都說業障業障，這就是業障的表現。

不可壞金剛幢主海神他得到善巧方便，守護一切眾生善根。眾生都有一定的善根，每個眾生都有，只是他深厚淺薄的不同而已。有的善根深厚的他能夠看破，看破了他就能放下，一切世間是無常的、是苦的、是空的、是假的，如夢幻泡影，真能這樣認識了，看破了，心不貪戀意不顛倒，世間的名聞利養對他不相干，這就叫放下看破。哪一類眾生能看破能得度，佛就給他說哪一類的法。

一切世間眾導師　法雲大雨不可測
消竭無窮諸苦海　此離垢塵入法門

不雜塵垢主海神在塵垢之中，來度眾生，讓一切眾生的煩惱海消竭。

一切眾生煩惱覆　流轉諸趣受眾苦

為其開示如來境　普水宮神入此門

恆住波浪主水神，他令一切衆生離惡道苦。三惡道的苦是不間斷的，人間是苦樂摻半，三惡道純是苦。讓衆生離開苦，能夠得樂、能夠解脫。

佛於難思劫海中　修行諸行無有盡
永截眾生癡惑網　寶月於此能明入

吉祥寶月主海神，他能夠滅一切衆生的癡暗，讓一切衆生有光明有智慧，消滅愚癡。

佛見眾生常恐怖　流轉生死大海中
示彼如來無上道　龍髻悟解生欣悅

妙華龍髻主海神，他能滅一切衆生在六道輪迴中的恐怖和一切自取的苦難，得到安樂解脫。

諸佛境界不思議　法界虛空平等相

能淨眾生癡惑網　如是持味能宣說

這是第七個主海神，普持光味主海神，得淨治一切眾生諸見愚癡性解脫門。

佛眼清淨不思議　一切境界悉該覽
普示眾生諸妙道　此是華光心所悟

寶燄華光主海神，他得出生一切寶種性菩提心解脫門，我們前頭講了六種寶種性，這裡沒說哪一種，就是普徧都具足的。寶種性就是菩提心，勸一切眾生發菩提心，開示一切眾生令他發菩提心。

魔軍廣大無央數　一剎那中悉摧滅
心無傾動難測量　金剛妙髻之方便

金剛妙髻主海神，他得到什麼解脫門呢？不動心功德海解脫門，對任何事物不動心。我們經常說「管他去！」反正我的心念不動，不隨貪欲、不隨世間相轉變心念，心常住於三寶，不為世間功名富貴所轉，他得到這樣的解脫。這得要靠定力。

普於十方演妙音　其音法界靡不周
此是如來三昧境　海潮音神所行處

「海潮雷音主海神，得普入法界三昧門解脫門。」法界三昧就是一眞法界三昧。界就是心，心生萬法，萬法歸心。在《華嚴經》有這麼兩句話「無不從此法界流，無不還歸此法界。」一切法從心生，心生故種種法生，心滅故種種法滅。心不生，心不滅，既不生也就不滅，就是不生不滅。一切法從此法界流，就是示現一切法，一切法無不還歸此法界，就是歸於寂然。寂靜不動，隨緣故，隨一切衆生緣，一切法生，緣盡了，法就滅了。

我們衆生誰跟誰，一面之緣的，家庭、夫婦、朋友乃至於共住的因緣，這就是緣起，緣盡了各走各的路，毫不相干。現在的緣，好像是很脆弱的。現在家庭破裂的太多太多了，這就是緣盡了，緣盡了再留也留不住。爲什麼緣這麼淺呢？福太薄、業太重了，業深慧淺，這本身就是災難性的，到末法時代就是這個樣子。在我們佛教說刀兵水火饑饉，災害頻繁，這就是末法的現相。

我們怎麼樣扭轉呢？相信三寶，堅定地相信三寶。信的深得到的安靜就大，信的淺安靜就少。現在我們所處的社會是動盪的，人類所受的災害是頻繁的，水也給我們做災害，海也給我們做災害。

現在我們講主海神，下頭就講主河神了，前頭講主水神，那水是海不？水是河不？各有各的不同，海的水性，河的水性不同。這條江的水性跟那條江的水性，這條河跟那條河，江河湖海各各不同，看著都是水，水跟水不一樣。如果是做研究的，你就知道，有的水的浮性大，有的水的浮性小，有的水一點浮性都沒有，你丟一點什麼東西它都沉下去，水浮性很大，你丟下無所謂了。

說海在山上你相信嗎？你絕不相信。如果到過西藏，西藏山頂上有個堰塘，叫騰格里海。爲什麼？因爲那水都是鹹的，把水舀上來都可以曬鹽巴。喜瑪拉雅山的珠穆朗瑪峯，過去是海底，你在那可以撿到很多貝殼，都是海底下的東西，它就在山頂上，這是大自然的變化哪。知道這個，你就知道一切事物都是在運動變化當中，沒有一時停歇的，任何事物都如是。

人，比這變化還快，人的心從早晨到晚上變化好多次，這個每個人都知道了。因此，我們講到發菩提心、修菩提道，後頭再加上幾個字，難難難。發心就很難了，發不起來；發心修道，更難了，更少了。我們現在學《華嚴經》的因緣是不是能成熟，很難得說。我九十歲了，也許生病，也許突然死亡。如果有人能說還可以接著說，沒人說就不說了。每個聞者的因緣也不一樣，障礙非常之多。法大，法圓滿，法圓滿世間相上不圓滿，會有很多障礙出生的。若是能夠都圓滿，那是大家的福德，大家的智慧。

就我所知道的，從我的老師的老師講《華嚴經》，圓滿的時候非常少，障礙非常多。你能聞一回算一回，《華嚴經》叫「雜華」，雜華就是因非常多，列神衆，我們就講了二百多種，每一類又分好多種。東海絕不是黃海，也不是北海，海有很多類，我們不能詳細講它，水也如是。爲什麼有這麼多主海神哪？這些主海神都是菩薩示現的。懂得這個道理了，認識佛法了，再以佛法來認識世界，你把外境認識好了，再認識認識你自己。認識你自己，就是你的這個心變化無常，時而向道，時而罷道，時而向善，時而造惡。我們將來講到〈淨行品〉，文殊師利菩薩告訴我們「善用其心」，希望大家「善用其心」。

主河神十法

復次普發迅流主河神。得普雨無邊法雨解脫門。普潔泉澗主河神。得普現一切衆生前令永離煩惱解脫門。離塵淨眼主河神。得以大悲方便普滌一切衆生諸惑塵垢解脫門。十方徧吼主河神。得恆出饒益衆生音解脫門。普救護衆生主河神。得於一切含識中恆起無惱害慈解脫門。無熱淨光主河神。得普示一切清涼善根解脫門。普生歡喜主河神。得修行具足施令一切衆生永離慳著解脫門。廣德勝幢主河神。得作一切歡喜福田解脫門。光照普世主河神。得能令一切衆生雜染者清淨瞋毒

者歡喜解脫門。海德光明主河神。得能令一切眾生入解脫海恆受具足樂解脫門。

這是主河神，就包括中國的四大湖，還有一切泉，一切比河小的溪流都在內。河和海、江跟河是通的。在中國最大的河流，是黃河。大家有冤業，有什麼冤屈了，跳到黃河洗不清，知道這句話吧？想過沒有，爲什麼跳到黃河洗不清？跳到長江就洗清？跳到鄱陽湖，洪澤湖就洗清了？不是這個涵義。

大家知道黃河發源地，是巴顏喀拉山底下。青海省湟源縣跟玉樹之間，這個發源地，方圓有好幾百里，地下往上冒水，現在沒有了。從青海一直到山東入海，經過這麼多個省份。因爲黃河從青海發源，它所經的省份都是黃土高原，河裡的泥沙很重，黃河水永遠不會清的。爲什麼呢？泥沙太重。你不跳黃河洗，還乾淨一點兒，跳到黃河洗，弄得一身黃泥巴，所以說跳到黃河洗不清，這是一種通俗的俗話。

這只是說黃河，中國的河很多，因爲這是主河神，沒有說江了，江湖以河就代替了。拿河來比喻菩薩行菩薩道。這些菩薩表法的時候，並沒有說河的字眼，例如普發迅流主河神得普雨無邊法雨，把這河的水形容成雨，雨有大有小，形容得到法益，有大有小。有的還得不到，有的得到少分，有的得到多分。形容諸菩薩行菩薩道的時候，利益衆生就像河水滋潤衆生一樣的。

這是形容佛所說的法。但是，在《華嚴經》所說的河，可不是專指中國的河，而是指所有世界上的一切河。一般地說，河水比江水還要小一點，因爲河是普徧性的，舉河就包括江了。海下來就是河，形容菩薩行菩薩道的時候，就像那雨法雨一樣的，大法霈然的洪霔，這是形容詞。普發迅流，迅流就是流水的情況不同，怎麼不同呢？有時候高山懸流下來的像瀑布一樣，有的平平急流。菩薩利益衆生的時候，就像河水滋潤衆生一樣。有時候很迅急，從高原往下流的時候，就迅急。

在佛經上當然不是單指中國說的，也不是單指南閻浮提說的，這些菩薩在無量世界，無量國土，普行教化，行法雨，佛法永遠不會斷的，像河水永遠不會乾涸的，等河水乾涸了，地球也毀滅了。所以，這是形容菩薩來度衆生的時候，像河水滋潤兩岸一切衆生一樣的。

普潔泉澗主河神，泉，大家知道很小，山澗，就是山裡流下的水，在那停留一段時間，叫澗。他得到這個法門，普現衆生前永離煩惱。很多沒有人煙的泉水，例如從四川的西康一直到西藏，到印度西里卡里，十萬里大山，全是山，就在山上爬，下到坡上還是山，全是山，山裡頭中間流的水叫澗。

泉，中國很多了，山東的趵突泉，各地都有泉，我們這後頭山上冒的水就叫泉。爲什麼把他說成主河神？因爲泉、江、湖，我們有幾大湖：太湖、鄱陽湖、洪澤湖，這些河、泉澗，都把它攝成一個裡頭去了，形容眾生的煩惱。眾生的煩惱是熱，要清涼，到泉澗去洗洗吧，形容洗你心的煩惱。普潔泉澗主河神，他就現眾生前，讓你斷除煩惱。

這是形容眾生的煩惱特別多，要把我們這幾百人，登記一下，匯聚煩惱，你現在有什麼煩惱？登記一下，恐怕寫十部《華嚴經》也寫不完。現在把這些煩惱都消除、永離，就是洗你現身的熱惱，洗洗你的心。

「離塵淨眼主河神，得以大悲方便普滌一切眾生諸惑塵垢解脫門。」一切惑染就像微塵那樣子，北方經常有颳風，還不說風暴了，風暴就是微塵，落下來那個灰塵，在刮大風的時候，衣服、鼻孔、耳朵、眼裡頭都是灰塵，把它洗乾淨。如果風沙大的時候，天昏地暗，眼睛睜不開的。離開塵了，讓它清淨清淨。塵垢在身上你見得到，在心裡你又怎麼知道呢？你自身感覺起那些妄想，心裡動念，那就叫惑，這是心裡的塵垢。要眞實的把這些塵垢洗了，靠什麼？靠菩薩的慈，靠菩薩的智慧。光有慈，沒有智慧，不解決問題的。有了大慈悲的心，再加上你的智慧方便，讓塵不起。

有些泉、池塘，沒有什麼泥巴，從上頭能看到底下。淨眼，離開塵得清淨的法眼，觀這眞空的體。法眼當觀塵，把一切的色相，認爲它是空的、假的，如夢幻泡影的，這裡就含著法義。

「十方徧吼主河神，得恆出饒益衆生音解脫門。」這形容著河的浪，沖激，山水一激下來，浪頭非常高，因爲水是從高原往下流，那個水有時候沖激力量很大的。以河水流的聲音形容法音。爲了不讓衆生生恐怖，有些河水的瀑流，會生恐怖感，離一兩里路，都能聽見河的吼聲，河水沖激力量的關係。菩薩行菩薩道，像佛一樣的，圓音。圓音是圓滿的意思，這個音聲能普利衆生。河水的音，不管你說哪種語言，音聲總是那一個音聲，沖激的音聲了，形容著佛菩薩的圓音在利益衆生的時候，能讓衆生聞法得度，就像那個浪一樣的。

「普救護衆生主河神，得於一切含識中恆起無惱害慈解脫門。」含識就是有情、有識的，不是無情動物，專指有情動物。有情動物他都有恐怖感，怕受惱害。普救護衆生的主河神，他就得到這種慈心，成就在五欲境界裡漂流一切衆生，被五欲的漂流，沉溺在五欲之中，淹到五欲裡頭，給他們說法度他們，讓他們離開五欲境界。

「無熱淨光主河神，得普示一切清涼善根解脫門。」善根是去惑染的，表示善根能去你的熱惱。這裡舉阿耨達池，阿耨達池永遠清涼，永無熱惱的。在印度古代傳說是閻浮提四大洲的發源地，意思就說這個地方無熱惱，是清涼的。

「普生歡喜主河神，得修行具足施令一切衆生永離慳著解脫門。」施就是布施。得修行具足施，就是修行布施，捨慳貪、嫉妒，令一切衆生不要慳吝，常時行布施。這裡包含著有物質的、有精神、有法的，反正令一切人生歡喜就對了。

「廣德勝幢主河神，得作一切歡喜福田解脫門。」作一切歡喜福田，這是種福田的善根。什麼的福田最大呢？給眾生說，勸眾生相信自己是佛，契合你原來所具足的實相理體，一眞法界，簡單說契合佛的心。不論湖也好、江也好、河也好，凡是水都是供給眾生的，這也算布施眾生，供養眾生水。這個菩薩他所行的，自己修行所得到的，把這個施給眾生，就像江、湖、河似的，把自己的福德，把自己的水供給一切眾生，就這麼個涵義。

「光照普世主河神，得能令一切眾生雜染者清淨瞋毒者歡喜解脫門。」有瞋恨心的，不要生瞋，見一切境界都生歡喜心，學彌勒菩薩，這叫眞正慈。離染，染是染著。染著的東西太多了，我們現在一天就在染缸裡頭染，一會染這個，一會染那個。如果一個純白的白布，你染什麼顏色都可以。如果你有了顏色，是個黑布，染什麼都不行，染不上去了。我們清淨的心，離開這些雜染，沒有染垢的，慈悲把怨敵都化解了。瞋恨，你要能夠不瞋恨，變成歡喜，像彌勒菩薩笑口常開，一切都結個善緣，把瞋恨心度過了，修好了變成歡喜心。一個河、一個江、一個海、一個湖，那個水清清淨淨的，人人在那看見清波就生歡喜，坐在船上遊玩去了。如果一起波濤，完了，你恐怖了。

人的心若是一起瞋念，本來很清淨的水變成波濤洶湧了，本來很清淨的心，一有瞋恨了、一有怨毒了，最受傷害的還是你自己。你的心不靜了，睡覺也睡不著了，吃飯也吃不香了，要放下看破！不要起瞋恨心，不要生怨恨。好比人家對不起你了，傷害到你，你應當觀想，「我前生一定傷害過他，還他的債吧！」但是眾生在雜染之中，恩愛反成仇。多分的先是恩愛，後來反目成仇了，就成怨害了，怨害就起瞋恨心。

「海德光明主河神，得能令一切眾生入解脫海恆受具足樂解脫門。」「具足樂」，就是能夠諸善奉行，把一切水會歸大海，這個海是什麼海呢？智慧海！有了智慧了。河必歸於海，海是容納百川的。一切善法，總歸於成就佛果。這個海是什麼海？般若海、智慧海，那就叫「海德光明」。「海德光明」的意思就是一切河流必歸於海。海的光明，就是智慧光明。一切眾生所行的善業，萬善歸於般若，歸於智慧，那叫作「海德光明」，一切怨害、怨業，都把它解脫了。這十個神，就他的名字略微解釋一下。

爾時普發迅流主河神承佛威力。普觀一切主河神眾。而說頌言。

前面我們講過，文殊、普賢，觀音、彌勒、地藏說法的時候，一定加一個「承佛神力」。這些護法神他所說的、所觀想的、所修的，也都有個「承佛威力」、「承佛神力」、「承佛加持力」，他所得到的，都是因爲佛的教化。這個佛沒指哪個佛，一切佛都包括了。他就承佛的威力，觀這一切主河神所說的讚歎偈頌。

如來往昔為眾生　修治法海無邊行
譬如霈澤清炎暑　普滅眾生煩惱熱

普發迅流主河神，他是法雨普施，令眾生沾著法雨得到清涼，清涼是形容解脫的意思。

佛昔難宣無量劫　以願光明淨世間
諸根熟者令悟道　此普潔神心所悟

普潔泉澗主河神，他普現一切衆生前，令他永離煩惱，得到解脫。凡是衆生熱惱地渴了，喝到他的泉水，聞到他的法音，就得到解脫了。

大悲方便等眾生　悉現其前常化誘
普使淨治煩惱垢　淨眼見此深歡悦

離塵淨眼主河神，他得到是大悲方便普滌一切衆生的塵垢，把一切衆生的垢染、塵垢都洗乾淨了，把一切衆生煩惱都洗除，得到清涼了。

佛演妙音普使聞　衆生愛樂心歡喜
悉使滌除無量苦　此徧吼神之解脫

十方徧吼主河神，他得到饒益衆生的音。也就是說法度衆生，饒益衆生，使衆生能得到好處，得到利益。解脫之因，是衆生最喜歡的解脫因，說法度衆生。

佛昔修習菩提行　為利衆生無量劫
是故光明徧世間　護神憶念生歡喜

普救護衆生主河神，他得到一個法門，在有情界當中，無惱害，衆生互相之間沒有惱害，得到這麼一個慈。給衆生的快樂，無惱害，就是快樂了，他得到這個解脫門。佛修行的目的，就是願衆生得到解脫。菩提行，就是覺悟的行。這個覺悟的行，讓一切衆生都覺悟。「光明徧世間」，這個護法神普救護衆生的主河神，他得到這種法，「普救護衆生主河神，得於一切含識中恆起無惱害慈解脫門。」

佛昔修行為衆生　種種方便令成熟

普淨福海除眾苦　無熱見此心欣慶

佛所修行的種種方便，是令衆生成就，成就什麼呢？成就無惱害，讓衆生離苦得樂。那麼「無熱見此心欣慶」，無熱淨光的主河神，他得一個普示一切清涼善根解脫門。清涼善根，無熱惱了。無熱惱就是沒有瞋恨心，因爲熱惱是最厲害的。貪欲心也冒火，凡是熱惱的都屬於熱，讓他清涼一下，你要發高燒了，腦袋要熱了，拿個涼帕子敷一下，讓腦殼清淨一下，他不就清涼了？但是，這是世間相，佛法才能究竟讓人得到清涼。

施門廣大無窮盡　一切眾生咸利益
能令見者無慳著　此普喜神之所悟

普生歡喜主河神，他得到一個法門，具足施，令一切衆生永離慳著。布施者，誰都生歡喜！慳貪嫉妒，慳貪、不捨，當然沒有人敢求你了，求你你也不捨。所以能布施，這個主河神令一切衆生永離慳著，他並不是光給他東西，令他離了慳貪嫉妒的執著，慳貪就是不肯捨。千萬不要一毛不拔，以前跟大家講過一毛不拔的故事，那不錯了，他還拔一根汗毛，如果連一毛也不拔，那是慳貪到極點了！

佛昔修行實方便　成就無邊功德海
能令見者靡不欣　此勝幢神心悟悅

廣德勝幢主河神，他得到一個什麼法門呢？令眾生歡喜種福田，他得了這麼個解脫門，意思跟布施的涵義相當的。怎麼樣才種福田？要捨，這個捨是指法說的，不是指財物說的，以法布施爲最。法施，人家聞到你說的法，心地清涼了，他得到解脫了，那個歡喜才是無盡的。

眾生有垢咸淨治　一切怨害等生慈
故得光照滿虛空　普世河神見歡喜
佛是福田功德海　能令一切離諸惡
乃至成就大菩提　此海光神之解脫

光照普世主河神，能令一切眾生雜染都除掉，得到清淨了。他以瞋毒爲甚，所以單舉出來，消滅瞋毒，不要起瞋恨心，把瞋恨心變成歡喜心。凡是瞋恨心的人，相貌都變了，臉部的表情就變了。大家念岳飛的詩歌：「怒髮衝冠，憑欄處，蕭蕭雨歇。」那頭髮一生氣把帽子給衝掉，這瞋恨心好重？這不是英雄，這是業障鬼。

瞋恨心那麼重，還得了嗎？要離掉瞋恨，瞋毒最厲害。

瞋是怨恨！因為我們沒有智慧，不能知道無量世的因果，看著這個事好像是眞正的不平，不平就是不平等，不平則鳴！不平了，就要說話了。說話了，沒有解決問題，爲什麼？他不是像佛所說的，佛是知道三世的，乃至無量劫的，互相的因果，你現在看著他不平，你不知道他那時候害別人的時候是怎麼害的。中國有句老話，就含著因果的涵義，「不平則鳴」，因爲你沒見到過去的因果，只是看到眼前，不知道前因後果。你看這個人打那個人，那人很軟弱，被他打得一動不動，你知道他以前害過他的時候怎麼害的？因爲你不知道，你今生看到，這不平！強凌弱！他過去強的時候，欺負別人的時候，你沒有看見。看見這人很可憐，你先考慮考慮他的歷史，不只現生，看看前生，再看看無量生，他是怎麼害別人的？如果沒害別人，他不會受這個報！這點一定得懂。

我們佛教說慈悲，這是有智慧的慈悲。對無量劫的因果你都能瞭解，你這個慈悲才是眞正大慈悲。爲什麼說諸佛菩薩大慈悲呢？你把他的冤業給解了，不要再結仇了，冤業宜解不宜結，結是結合到一起的，解是解脫，這冤家聚到一起，把它解脫了就好了，不要再結了，越結越深，衆生無量劫來糾纏不清，沒完沒了。

爲什麼？無量宿業！無量宿業在那裡糾纏，這一生你看著不平等，無量生呢？中國有句老話，不是佛教的，「可憐之人必可恨」，你看這個人很可憐，他有他可恨的一面！你沒有看見他可恨的一面。

我說個現實的例子，在廈門南普陀寺，有一個殘廢人，據說他的兩個腿是別人打殘廢的，兩隻手還好一點，就坐那裡討口。已經殘廢到這樣，他的很多動作很可恨。怎麼可恨法呢？南普陀寺門前的車子非常多，他就等你車子要開的時候，路很窄，他就坐那了，「拿錢來！不給，我不動，你車子不敢把我壓死。」開車的想下來打他，一看他殘廢那樣，又不忍心打他，只好給他幾個錢，他拿手拄著地離開。

我就跟他說：「你念佛！」他說：「念佛幹什麼？」我說：「你在廟門口要錢，你不念佛？」「在廟門口是人多，我不是跟你們廟上要。我都殘廢到這樣子了，我還念佛幹什麼？」他連這麼個善根都沒有，在廟門前不念佛！我經常跟他講，他還是不聽。

等我後來再回到南普陀，又去找他，不見了，被人打死了，怎麼打死的不知道了。這個人是很可憐的，他也有可恨的一面。你只是看他這一面，沒看他的那一面。如果可憐的人，你再給他講佛法，勸他做點好事。如果能接受的，這是他的轉化，十個有八個不接受的。

我一九三二年第一次朝九華山，沿著九華山，從青陽縣上去，盡是殘廢的，沒鼻子，沒眼睛的，把你嚇得不得了，簡直是跟地獄差不多。你勸他念佛，他不念，勸他念地藏聖號，他不念。怎麼辦呢？就拿錢給他，拿東西給他，念一句佛才給你一個錢，他寧可不念，也不要你這個錢。《地藏經》上說，眾生剛強難調難伏，你才看到。他在九華山要錢，爲什麼呢？朝山的人多。但是他爲什麼不肯念？「你在九華山要錢，讓你念聲地藏菩薩聖號，給你個錢。」他就是不念，寧可不要你這個錢。你還哪找業障鬼去，這是眞正的業障鬼。

所以，學法的時候先懂得，能夠聞著《大方廣佛華嚴經》，念一聲《大方廣佛華嚴經》，有的來到山上，聽著那有講經的，他能趕去聽一座，或聽一個鐘頭都好。沒有緣的，他只是來看風景的，我講佛母洞的好處，讓他去，他說：「我不鑽洞子！」你怎麼跟他說，他就是不信。

這就是沒有善根，怎麼說也度不了，沒辦法，這才知道眾生難度。你想跟他結個緣，今生結緣，再來生緣越結越深了，他不跟你結這個緣。佛在世東林老母，東林就在佛的精舍東邊住，佛怎麼度她都度不了，她不信。佛現神通，她也不願意，閉上眼睛，佛又正在她眼睛裡頭現，她跳著腳，就是不信。

大家知道業障，什麼叫業障？這才眞叫業障。這從歷史的故事，一直到我們現在的故事非常多。你看住在五臺山底下的，住在普陀山底下的，住在峨嵋山底下的，住在九華山底下的，「名山底下無善人」，你去看，你才體會到眾生的業。什麼叫業？這就叫他的業。他那個業久了，而且堅持不放，在什麼苦難當中，他都不肯放棄那個業障，不肯回心轉意。大家都可能遇到過，遇到這樣的你行菩薩道怎麼行呢？他不接受你的，那你給他念聖號，他不接受也好，你念完了給他迴向，迴向讓佛菩薩加持他，怎麼也給他結個緣，種個善根，以這個善根去轉化。

主稼神十法

復次柔軟勝味主稼神。得與一切眾生法滋味令成就佛身解脫門。時華淨光主稼神。得能令一切眾生受廣大喜樂解脫門。色力勇健主稼神。得以一切圓滿法門淨諸境界解脫門。增益精氣主稼神。得見佛大悲無量神通變化力解脫門。普生根果主稼神。得普現佛福田令下種無失壞解脫門。妙嚴環髻主稼神。得普發眾生淨信華解脫門。潤澤淨華主稼神。得大慈愍濟諸眾生令增長福德海解脫門。成就妙香主稼神。得廣開示一切行法解脫門。見者愛樂主稼神。得能令法界一切眾生捨離懈怠憂惱等諸惡普清淨解脫門。離垢光明主稼神。得觀察一切眾生善根隨應說法令眾會歡喜滿足解脫門。

十個主稼神，稼是稼禾，稼禾就是糧食，種到地上長的糧食，就是五穀。沒有糧食怎麼生活？糧食也有神在管理。

「柔軟勝味主稼神，得與一切眾生法滋味令成就佛身解脫門。」這都是形容，必須得說法，令得法的滋味，令成就佛的解脫門。大家知道，我們這個色身，就靠世間糧食來滋養，你一天不吃糧食還能活嗎？必須得吃糧食。如果想入佛門，想種善根，不聞法你怎麼能夠成就呢？菩薩利益眾生，你不給眾生說法，怎麼能利益一切眾生呢？報佛恩，莫逾說法，「若不說法利眾生，畢竟無有報恩者」。

給他說什麼法？就是兩種：功德、智慧。這就是入法的道糧，成佛道的道糧。你要想成菩提道嗎？沿著菩提道上走，有兩種：功德、智慧。功就是修行，用功夫，得到這功夫了，行道有得於心就叫功德。智慧呢？那得學，不學怎麼能發生智慧？學的當中，學禪定、學觀，至於學布施，布施福這個得的智慧不大的，自己得也不大，給他也得的不大，這只是福，若墮落世間福更糟糕了，人天福也不好。給他說法，法得的功德的福，這個福是無盡的，這叫功德。

智慧呢？從慧而達到智，這是兩種，我們經常是連著說智慧、智慧，你先由慧解而達到智。智有根本智，有方便善巧智，方便善巧智就開出來了智慧，從般若度開出來的。還要發願，這願、慧產生力量了叫力，得有方便善巧，慧、方、願、力、智，這都是智慧裡包含的。給他說怎麼樣能得到智慧？修道怎麼樣能得到功德？

這幾天有人打電話給我，他出家二十多年，到現在還不知道怎麼修行。他問我，我說：「念句阿彌陀佛也好，不是修行嗎？」他說：「阿彌陀佛怎麼念？」我說：「南無阿彌陀佛，不會念嗎？」「這是修行嗎？」「那這是幹什麼？」

我們吃飯穿衣，你入佛門之後都是修行，你的一切行動都在修行。吃飯穿衣都是修行？對，吃飯穿衣就是修行。你看看〈淨行品〉吧！〈淨行品〉穿上衣服怎麼念，穿下衣服怎麼念，到了齋堂吃飯你要念很多吧，除了給人家消災，你自己求，求福德智慧，甚至你拉屎撒尿都在修行，入廁所要念，去貪瞋癡，蠲除罪法。

這樣才能資助你成佛，這才叫作修行。你學法，受持法，行持法，聞了之後就去做。你入廁所，棄貪瞋癡，蠲除罪法，這該會吧？連睡覺都是修行。

所以入佛門之後，你的一舉一動，都是按著佛教的意思去做，看著是在作儀式，實際上就是修行。一天、兩天、一年、兩年，到你臨死的時候，總結你這一生所作的善，所作的惡。你一下生，在佛經裡頭說有兩種神隨著你，一個記你的善，一個記你的惡。你心裡起個念，給你記下了，起個惡念，記下了，到後來給你算總帳。這就是資助你成佛的資本，積集就是資本，這積累了，到你的資本雄厚了，道力成就了，惑業就不能染了也不迷惑了。你能安靜在這住，這不是功德嗎？你每天都在增長智慧，可是你自己不認識了。

但是你積累多了才有效果。你剛入佛門就想成道，哪有這個事，不可能了。禪宗大德一開悟，豈止看他現在，你沒看見他過去是怎麼修行的。你看釋迦牟尼佛在人間示現的，還去跟外道六師學，完了還示現受苦行，修了六年苦行，覺得這個不靈；坐菩提樹下開悟了，大徹大悟。

人家在兜率陀天就是等覺菩薩，你看看他的歷史。你看人家只看現在不行，得要過去，因為我們不知道三世，你必須得有這種功德，這樣你才能資助，能夠成佛。

「時華淨光主稼神，得能令一切眾生受廣大喜樂解脫門。」「喜樂」，把苦除了就喜了，離苦得樂，離苦不能得樂嗎？那只要離苦法了。我們現在所學的都是離苦的方法。

「色力勇健主稼神，得以一切圓滿法門淨諸境界解脫門。」不但自淨，而且淨眾生的境界。境界就是世間相，界是生長義，生長一切境，境是驗你的心。一切境，沒善沒惡的，看你怎麼運用。色力勇健主稼神得以一切圓滿法門淨諸境界，眾生就是他所住的境，讓眾生都清淨。

「增益精氣主稼神，得見佛大悲無量神通變化力解脫門。」大悲變化從哪得來的？從悲得來的。佛的大悲無量神通力。悲心必須得深，怎麼樣才叫深呢？度一切眾生，不捨棄一切眾生。深了就有智慧了，就通了，那叫神通。悲是心悲，心悲要利益眾生，淺悲得不到通，就是沒成道，深悲成道了。六種神通，一切眾生的根都知道，所以深通了，那個大悲，悲深了得了通，通了能知道眾生心的思惟，能知道度生的方法。

「普生根果主稼神，得普現佛福田令下種無失壞解脫門。」普生善根主稼神就像那種地似的，什麼時候下種，冬天大雪天，你下種還能長嗎？都凍死了。爲什麼中國有二十四個節氣，你得到那個節氣才種，沒到節氣不能種。你在佛的福德田下種，就是種福田，布施、持戒、忍辱、禪定、供僧、聞法、供佛，這都是下種，這個種不會壞的。

「妙嚴環髻主稼神，得普發衆生淨信華解脫門。」普發衆生的淨信花，以智慧開演法，令一切衆生都能信，這個是因，因必結果。把你的智慧普徧供養給衆生，讓他們生信，以這個信的因得到果，果必還因，因能成果。生淨信的花因，一定得清淨的佛果。

「潤澤淨華主稼神，得大慈愍濟諸衆生令增長福德海解脫門。」現在這些神把悲和慈分開了，悲作悲解釋，慈作慈解釋。慈眼視物，等觀衆生。但是慈是恬和的、安靜的，布施給衆生，讓衆生安靜。安靜之後能生長智慧，這就是增長福德的，讓衆生也學。慈是對著瞋恨說的，慈是對著貪愛說的，慈就不是愚癡，這就是以慈來消滅你的貪瞋癡。以大慈的心給衆生的快樂，讓他種得無量福能夠成道。

「成就妙香主稼神，得廣開示一切行法解脫門。」開示一切的行法，修行的方法。修行的方法太多了，觀就有無量的觀。觀就是思惟修，以無量的思想對治你的煩惱。這樣子你能得到成就，才能生歡喜。我們有時候下種，世間說下種種子爛了，這個種子不好，或者種下去，雨水不調，氣候不正常，它就失壞了。但是，學佛的人，在佛種子下種的時候，如我們念一句阿彌陀佛，這個種子種下無失壞，但是你得滋潤它，令能成長。壞是不壞，但是成長的快慢就不同了，如果懈怠就不行。懈怠，這個時間要經過很長很長，種子雖然不壞，但是它不能生長發芽，果結的就慢了。下種佛福田，根雖然不壞，但是你得培育它，得灌溉它，得用你精進來灌溉它。以行成佛，成了就證果。

「見者愛樂主稼神，得能令法界一切衆生捨離懈怠憂惱等諸惡普清淨解脫門。」「懈怠」，種子雖然不壞，一懈怠它不能成長了。憂惱是惡業，你不能對治你的煩惱，怎麼培養這個因哪？因爲懈怠，在修行當中煩惱就生起了，平常把你的六根警誡好，清除你的惡業，這樣才能成就。

「離垢光明主稼神，得觀察一切衆生善根隨應說法令衆會歡喜滿足解脫門。」隨根說法，說法不是遇著什麼人都可以說，這是不行的。衆生根機差別不等，隨他所欲給他說什麼法，他喜歡什麼說什麼。你盡給他說對治憂悲苦惱的法，他不高興。你給他說功德法，說念佛念菩薩聖號，能得到很多福德，他高興了就念。

我們學佛有一個大障礙，特別是在漢地，信佛不信佛是看你吃葷吃素，剛一引他進入佛門，你可不能吃肉，吃肉還報，下地獄，他聽著不耐煩了。吃葷吃素不是出家的條件，也不是信佛的條件。但是我們中國不行，中國漢地信佛不信佛的標誌就是你吃葷吃素，這使很多人望而生歎，因爲他忌不了肉。他可以到泰國去出家，到日本去出家，到緬甸去出家，印度現在沒有佛法了。這些國土裡頭他不要求你吃葷吃素，而是讓你信，信了佛之後給你講慈悲，慈悲利益衆生。等慢慢進入了，再讓他吃素。

他一受三皈，讓他吃素，要求過高了，也要求太早了，她是家庭主婦，她來信了佛了，師父這麼一講，她也不買肉了，管他孩子、先生、家庭老人，一律不能吃肉！因此特別要注意，得對他的根性，應以何法得度者，給他說何法，這是個條件。你等他當了菩薩，你給他三皈，當了菩薩得有大悲心，還吃衆生肉，還行嗎？他自己就不吃。

現在有個善巧方便，因爲肉類容易得傳染病，吃肉類你的病很多，健康要壞了，他就信了吃素食。美國現在開素食館的很多，他不是信佛，而是因爲身體健康的原因。所以要「隨應說法」。

爾時柔軟勝味主稼神承佛威力。普觀一切主稼神衆。而說頌言。

如來無上功德海　普現明燈照世間

一切衆生咸救護　悉與安樂無遺者

得與一切衆生滋味。滋味就是糧食的滋味，五穀雜糧的滋味。再給他說法，他得到了佛法的滋味，以法滋潤，他會得到解脫。

世尊功德無有邊　衆生聞者不唐捐
悉使離苦常歡喜　此是時華之所入

時華淨光主稼神能利益衆生，聞法生廣大的喜樂，得了解脫。

善逝諸力皆圓滿　功德莊嚴現世間
一切衆生悉調伏　此法勇力能明證

色力勇健的主稼神，他得到一個圓滿法門，清淨一切境界，怎麼清淨？觀心。

佛昔修治大悲海　其心念念等世間
是故神通無有邊　增益精氣能觀見

增益精氣主稼神，得見佛的大悲無量，神通變化力。大悲是無量的，佛的大悲是無量的，佛的變化神力能夠使衆生得解脫。

佛徧世間常現前　一切方便無空過
悉淨眾生諸惑惱　此普生神之解脫

普生根果主稼神，這個主稼神就是使糧食根果能夠不腐爛，能夠成長。佛的福田令一切下種無失壞，一切衆生種善根，入佛門種了善根，乃至皈依三寶就是種善根了令他成長，不要壞。根不壞故才能成長。

佛是世間大智海　放淨光明無不徧
廣大信解悉從生　如是嚴髻能明入

妙嚴環髻主稼神，他得普發衆生的清淨信。華就是生起這麼個因，將來一定能結果，一定得到解脫。

如來觀世起慈心　為利眾生而出現
示彼恬怡最勝道　此淨華神之解脫

潤澤淨華主稼神，得一個大慈悲哀愍衆生，令增長福德海。怎麼樣增長呢？常時的安靜和悅，你就能得到增長福德。和悅，對人家都是歡歡喜喜的，讓人家生起喜悅。安靜，不是躁動的。人家看見你的行爲，看見你的相貌，就生歡喜心，得到安樂感，本來他是很躁動很煩惱的，見著你，他的煩惱就消除了，喜歡見你。

善逝所修清淨行　菩提樹下具宣說
如是教化滿十方　此妙香神能聽受

這是成就妙香主稼神，他生長五穀，有股香氣，這也得有福德。我十幾歲在我們家鄉，燜那個高粱米，或者燜豆子，飯鍋一揭開離著很遠聞到香氣了。現在到東北，不煮高粱了，都改吃大米了。我讓他們煮鍋高粱飯，白高粱，買不到，東找西找，找點高粱煮了，香氣沒有了。所以，我才知道人奸地薄，福淺了，糧食那個味道也都變了。三十年前吃著四川大米，最初吃著很香很好，並不是肚子餓了。我剛到四川的時候吃那米很香，等離開四川的時候，經過三十三年，都變味了。爲什麼變味了？他想高產好看，可是不好吃。現在很多的物質比以前好看，又大又肥又光亮，蘋果也如是，果園也如是。

我一找這個原因，什麼原因呢？農藥打太多，不打農藥，上市的時候，人家看見了就沒有打農藥的好看。衆生愚癡，看著是進步了，很難說這是進步。

這個成就妙香的主稼神，他能夠加持一切糧食生起妙香的味道。現在糧食沒有那個味道了，哪有妙香，他該負負責任？他也說，不是我不負責任，而是衆生業障太重了，度不了他，就是這樣子。眾生不接受，佛也沒有辦法。

佛於一切諸世間　悉使離憂生大喜
所有根欲皆治淨　可愛樂神斯悟入

見者愛樂主稼神，他能令法界眾生千萬莫懈怠。不懈怠精進，憂惱就消除，一切諸惡都消除。你一懈怠就不行了。這主要是說心，不管你一天都在拜懺，都在磕頭，心裡的妄想就是除不去。天天觀照你這個心，讓心不懈怠就叫不失念。念佛念法，念念不離心，心要緣念佛法僧三寶。念佛要心念哪，念念還歸於心，心即是佛，是心作佛，是你的心裡清淨。

如來出現於世間　普觀眾生心所樂
種種方便而成熟　此淨光神解脫門

離垢光明主稼神，觀察一切眾生善根，隨應說法，應以何法得度者就給他說什麼法，令他生歡喜，令他滿足，讓他得解脫。

世主妙嚴品（中冊）竟

國家圖書館出版品預行編目資料

世主妙嚴品 / 夢參老和尚主講 ; 方廣編輯部整理. --
初版. -- 臺北市 : 方廣文化, 2012.09-
冊 ; 公分. --(大方廣佛華嚴經 ; 2-)

ISBN 978-986-7078-41-4(中冊 : 精裝)

1.華嚴部

221.22　　101010113

大方廣佛華嚴經《八十華嚴講述》

世主妙嚴品【中冊】

主　　講：夢參老和尚
編輯整理：方廣文化編輯部
封面攝影：仁智
美編設計：隆睿
印　　製：鎏坊工作室
出　　版：方廣文化事業有限公司
住　　址：台北市大安區和平東路
電　　話：02-2392-0003
傳　　真：02-2391-9603

◎地址變更：2024年已搬遷
通訊地址改爲106-907
台北青田郵局第120號信箱
(方廣文化)

劃撥帳號：17623463　方廣文化事業有限公司
網　　址：*http://www.fangoan.com.tw*
電子信箱：*fangoan@ms37.hinet.net*
裝　　訂：精益裝訂股份有限公司
出版日期：2023年6月 初版3刷
定　　價：新台幣460元(軟精裝)
經 銷 商：聯合發行股份有限公司
電　　話：02-2917-8022
傳　　真：02- 2915-6275
行政院新聞局出版登記證：局版臺業字第六〇九〇號
ISBN：978-986-7078-41-4
*No.*H209-2　　*Printed in Taiwan*